ALEXANDER STRAUCH

MIT LIEBE LEITEN

DER NOCH BESSERE WEG

Alexander Strauch
Mit Liebe leiten
Der noch bessere Weg

Best.-Nr. 271922
ISBN 978-3-86353-922-1
Christliche Verlagsgesellschaft Dillenburg

Originally published in English under the title
Leading with Love

Wenn nicht anders angegeben, wurde
folgende Bibelübersetzung verwendet:
Elberfelder Bibel 2006, © 2006 by SCM R.Brockhaus in der
SCM Verlagsgruppe GmbH Witten/Holzgerlingen.

5. Auflage 2024

www.cv-dillenburg.de

Übersetzung: Ulrike Wilhelm, Renningen
Satz und Umschlaggestaltung: Christliche Verlagsgesellschaft Dillenburg
Umschlagmotiv: © Shutterstock.com/Viktorya170377

Druck: GGP Media GmbH, Pößneck
Printed in Germany

Wenn Sie Rechtschreib- oder Zeichensetzungsfehler entdeckt haben,
können Sie uns gern kontaktieren: info@cv-dillenburg.de

Inhalt

Liebe und christlichen Führungsstil miteinander verbinden

„Strebt nach der Liebe …“
(1Kor 14,1)

Es ist keine Übertreibung, wenn man sagt, dass die Bibel ein Buch der Liebe ist. Die Geschichte des Evangeliums, *„denn so hat Gott die Welt geliebt, dass er seinen einzigen Sohn gab“* (Joh 3,16), ist die größte Liebesgeschichte, die jemals erzählt wurde. Weil Gott uns so sehr liebt, sollen auch wir den Herrn, unseren Gott, lieben aus unserem ganzen Herzen, aus unserer ganzen Seele, aus unserem ganzen Verstand und aus unserer ganzen Kraft und unseren Nächsten wie uns selbst (Mk 12,30-31). Da dieses Gebot an alle wahren Gläubigen gerichtet ist, habe ich mich auf das Thema Liebe in Bezug auf christliche Leiter und Lehrer konzentriert. Hier sind die Gründe dafür:

Erstens: Obwohl sich das Christentum von allen Weltreligionen mit seiner Lehre über die Liebe Gottes und der Anweisung an christliche Gläubige, Liebe zu üben, deutlich abhebt, konzentrieren sich christliche Leiter gewöhnlich nicht auf die Liebe, wenn sie eine Leitungsfunktion übernehmen. Es wurde schon viel Gutes über Führungseigenschaften wie Mut, Ideenreichtum, Charisma, Überzeugungskraft, Ausdauer, visionäres Denken, Selbstdisziplin und Entschlossenheit geschrieben. Doch nur wenige Bücher über Gemeindeleitung beziehen die Liebe mit ein. Das ist ein tragischer Fehler, denn das Neue Testament sagt ganz klar, dass die Liebe für die Gabe der Führung und Unterweisung unentbehrlich ist. Tatsächlich ordnet das Neue Testament an, dass Geistesgaben in Liebe ausgeübt werden sollen. Paulus erklärt sogar, dass man ein *„tönendes Erz ... oder eine schallende Zimbel"* ist (1Kor 13,1), wenn man ohne Liebe leitet und lehrt. Wenn ein christlicher Leiter alle oben erwähnten Führungsqualitäten besitzt, aber keine Liebe hat, dann ist er zum Scheitern verurteilt (s. 1Kor 13,1-3).

Zweitens: Leiter und Lehrer geben den geistlichen Ton einer Gemeinde an. Sie haben die Macht, in ihrer Gemeinde eine liebevollere Atmosphäre zu schaffen. Wenn sie Gott und die Menschen lieben, werden höchstwahrscheinlich auch ihre Gemeindeglieder Gott und die Menschen lieben. Wenn die Leiter jedoch egozentrisch, kritiksüchtig, stolz, böse und herzlos sind, werden die Gläubigen dieselben schlechten Eigenschaften annehmen.

In den letzten Jahren habe ich mit vielen Menschen gesprochen, die mit ihrer örtlichen Gemeinde unzufrieden waren, aber nicht genau wussten, warum. Ich glaube, dass in vielen Fällen jene Liebe fehlte, die im Neuen Testament beschrieben wird. Der Mangel an Liebe ist weit verbreitet und die Ursache vieler Probleme – wie die vom Streit geplagte Gemeinde in Korinth beweist. Darum besteht die Heilige Schrift darauf, dass Leiter und Lehrer Vorbilder in der Liebe sein sollen: *„Niemand verachte deine Jugend, sondern sei ein Vorbild der Gläubigen im Wort, im Wandel, in Liebe, im Glauben, in Keuschheit!"* (1Tim 4,12). Für die Gemeinde ist die Liebe lebenswichtig, denn sie ist ihr „Lebensatem"[1] und unentbehrlich für die Evangelisation und für das geistliche Wachstum (s. Eph 4,16).

Drittens: In der Gemeindefamilie müssen die Gläubigen als Brüder und Schwestern in Christus eng zusammenarbeiten, um Entscheidungen zu treffen und ihren christlichen Dienst zu tun. Manchmal ist das schwierig. In jeder Ortsgemeinde gibt es Sitzungen in den verschiedenen Gruppen: Sitzungen der Ältesten und Diakone, Mitarbeiterbesprechungen, Vorstandssitzungen, Ausschusstreffen und überregionale Konferenzen. Je länger wir zusammenarbeiten, desto mehr lernen wir die Fehler und unangenehmen persönlichen

Eigenschaften des anderen kennen, die das gemeinsame Leben belasten können. Doch sobald man das neutestamentliche Prinzip der Liebe versteht, wird das die Gruppenleitung, die Gruppentreffen und das Gemeindeleben erheblich verbessern. Ohne Liebe können wir nicht in Eintracht miteinander leben und arbeiten.

Viertens: Es gibt viele falsche Vorstellungen von der Liebe, die korrigiert werden müssen. Im Namen der Liebe haben Christen schon ihre Familien verlassen, alle möglichen sexuellen Sünden begangen, Gemeindezucht abgelehnt und das Wesen Gottes sowie die Erlösung – entsprechend der zeitgemäßen Vorstellung von Liebe und Toleranz – neu ausgelegt. Obwohl die Liebe die *„Erfüllung des Gesetzes"* ist, wurde sie zum Feind des Gesetzes gemacht (Röm 13,8-10). Obwohl die Liebe *„alles Böse"* verabscheut, wurde sie dazu benutzt, das Böse zu rechtfertigen (Röm 12,9). In seinem klassischen Werk *Testaments of Love* erklärt Leon Morris: „Es gibt nichts Schreckliches, das nicht schon im Namen der Liebe begangen wurde."[2]

Trotz dieser Schattenseiten bin ich davon überzeugt, dass Älteste und Lehrer ihre Fähigkeit im Umgang mit Menschen und ihren Gemeindedienst deutlich verbessern würden, wenn sie wirklich verständen, was die Bibel über die Liebe sagt. Ein richtiges Verständnis der Liebe würde sinnlose Konflikte und Streit mindern, die Evangelisation fördern und geistlich gesunde Gemeinden zur Folge haben. Aber am meisten würde es den Herrn freuen.

Dieses Buch wurde daher für alle Leiter und Lehrer in Gemeinden geschrieben – egal, welchen Dienst sie ausüben. Wenn Sie Menschen anleiten oder lehren – wie etwa in der Sonntagsschule, der Jungschar, dem Frauen- oder Männerkreis, dem Bibelgesprächskreis, in der Verwaltung, in Musikgruppen oder als Ältester, Diakon, Pastor, Evangelist oder in der Mission –, dann ist die Liebe für Sie und Ihre Gemeinde unentbehrlich. Michael Green drückt es wunderbar aus: „Die Liebe ist die begehrenswerteste Eigenschaft in der Welt. Und sie ist das Herzstück der Christenheit."[3] Aus diesem Grund fordert Gott uns auf, dass Sie und ich mit Liebe leiten und lehren und in der Liebe zu ihm und allen Menschen stetig wachsen.

Anmerkungen

1. William Kelly, *Notes on the First Epistle to the Corinthians* (London: Morrish, 1878), S. 220.
2. Leon Morris, *Testaments of Love* (Grand Rapids, Mich.: Eerdmans, 1981), S. 3.
3. Michael Green, *Evangelism through the Local Church* (Nashville: Thomas Nelson, 1992), S. 97.

TEIL 1

Die Liebe ist für die christliche Leiterschaft unentbehrlich

1

Fünf minus eins ist gleich null

„Und ich will euch einen noch besseren Weg zeigen.“
(1Kor 12,31: Lutherbibel)

Dwight L. Moody, der „Billy Graham des 19. Jahrhunderts“, erzählt, wie die christliche Lehre von der Liebe sein Leben veränderte. Alles begann damit, dass der 27-jährige britische Evangelist Henry Moorhouse eine Woche lang in Moodys Gemeinde predigte. Zum Erstaunen aller predigte Moorhouse sieben Mal nacheinander über Johannes 3,16. Um *„so hat Gott die Welt geliebt“* zu beweisen, predigte er über Gottes Liebe, von der die Bibel von der Schöpfungsgeschichte bis zur Offenbarung erzählt. Moodys Sohn berichtet, wie sehr Moorhouses Predigt seinen Vater beeindruckte:

> *Sechs Abende lang hatte er über diesen Text gepredigt. Als er am siebten Abend auf die Kanzel ging, waren alle Augen auf ihn gerichtet. Er sagte: „Liebe Freunde, ich habe den ganzen Tag nach einem neuen Text gesucht, aber keiner ist so gut wie der alte Text; also werden wir uns wieder dem 16. Vers des dritten Kapitels des Johannesevangeliums zuwenden.“ Dann hielt er seine siebte Predigt über jene wunderbaren Worte:* „Denn so hat Gott die Welt geliebt.“ *Am Ende der Predigt sagte er: „Meine lieben Freunde, ich habe euch eine ganze Woche lang versucht zu erklären, wie sehr Gott euch liebt, aber ich kann nur stottern. Hätte ich Jakobs Leiter, um zum Himmel hinaufzusteigen. und*

könnte ich dort Gabriel, der in der Gegenwart des Allmächtigen steht, bitten, mir zu sagen, wie viel Liebe der Vater für die Welt hat, dann könnte er nur sagen: ‚Denn so hat Gott die Welt geliebt, dass er seinen einzigen Sohn gab, damit jeder, der an ihn glaubt, nicht verloren geht, sondern ewiges Leben hat.'"[1]

Moody konnte die Tränen nicht zurückhalten, als Moorhouse darüber predigte, dass Gott die Menschen so sehr geliebt hat, dass er seinen einzigen Sohn sandte, um für die Sünder zu sterben. Moody bekannte:

Bis zu diesem Zeitpunkt habe ich nicht gewusst, wie sehr Gott uns liebte. Mir wurde ganz warm ums Herz, und ich konnte die Tränen nicht zurückhalten. Das war wie eine Nachricht aus einem fernen Land: Ich sog alles auf. Und das tat auch die versammelte Gemeinde. Es gibt etwas auf der Welt, das alles in den Schatten stellt, und das ist die Liebe.[2]

Aufgrund des Eindrucks, den Moorhouse auf ihn gemacht hatte, begann Moody, sich näher mit der christlichen Lehre von der Liebe zu beschäftigen. Das veränderte sein Leben und seine Predigten. Später sagte er:

Ich begann, das Wort „Liebe" näher zu betrachten. Ich weiß nicht, wie viele Wochen es dauerte, bis ich alle Bibelverse gelesen hatte, in denen das Wort erwähnt wird. Zum Schluss konnte ich gar nicht anders, als die Menschen zu lieben! Ich hatte mich so viel mit dem Thema Liebe beschäftigt, dass ich jedem, dem ich begegnete, etwas Gutes tun wollte.

Die Liebe erfüllte mich ganz, und ich konnte sie nicht zurückhalten. Wenn man sich mit dem Thema der Liebe in der Bibel beschäftigt, ist man so davon durchdrungen, dass man nur noch über die Liebe Gottes sprechen kann. Christlicher Dienst ohne Liebe ist völlig wertlos. Ein Arzt oder ein Rechtsanwalt könnte ohne Liebe gute Arbeit leisten, aber Gottes Arbeit kann nicht ohne Liebe getan werden.[3]

D. L. Moody hätte nicht biblisch korrekter sein können, als er sagte: „Gottes Arbeit kann nicht ohne Liebe getan werden." Genau das ist die Botschaft des bekanntesten Kapitels über die Liebe in der Bibel, nämlich 1. Korinther 13.

Der noch bessere Weg

Man stimmt allgemein darin überein, dass Paulus der größte erste Missionar, Gelehrte, Lehrer, Evangelist und Glaubensheld ist. Trotzdem wusste er, dass sein Scharfsinn, seine vielseitige Begabung und seine aufopfernde Hingabe nichts wert sind, wenn die Liebe ihn nicht vollkommen durchdringt. *Kein anderer Schreiber des Neuen Testaments sprach mehr über die Liebe und lieferte mehr praktische Beispiele für christliche Leiterschaft als Paulus. Mit dessen Briefen und seinem lebenslangen geistlichen Dienst schenkte Gott seiner Gemeinde und allen christlichen Leitern und Lehrern ein Vorbild für liebevolle Leiterschaft.* In der gesamten Heiligen Schrift wird nirgends so klar und deutlich zum Ausdruck gebracht, dass die Liebe für die Gemeindeleitung und deren Unterweisung unverzichtbar ist, wie in 1. Korinther 13.

Paulus schrieb dieses Kapitel als Reaktion auf die Streitigkeiten über geistliche Gaben in der Gemeinde von Korinth. Um die falschen Ansichten der Gemeinde über Geistesgaben und ihr insgesamt selbstzerstörerisches Verhalten zu korrigieren, versprach Paulus den Korinthern, ihnen einen *„noch besseren Weg"* zu zeigen (1Kor 12,31). Sie sollten verstehen, dass es etwas weitaus Wichtigeres als übernatürliche Gaben gibt. Etwas, das die hervorragendsten Gaben übersteigt und ohne das sie alle wertlos sind. Dieses Etwas ist die Liebe.

Die Liebe, von der Paulus spricht, meint in erster Linie die Liebe zu anderen Gläubigen. Als Jesus nämlich allen seinen Jüngern ein neues Gebot gab, erklärte er, dass sie sich gegenseitig lieben sollen, „genauso wie" er sie geliebt hat (s. Joh 13,34-35). Diese Liebe opfert sich vollkommen für den Nächsten auf. Jesus brachte sie zum Ausdruck, indem er demütig die Füße der Jünger wusch (s. Joh 13,4-7) und sein Leben für andere am Kreuz opferte. Johannes drückt das so aus: *„Hieran haben wir die Liebe erkannt, dass er für uns sein Leben hingegeben hat; auch wir sind schuldig, für die Brüder [und Schwestern] das Leben hinzugeben"* (1Jo 3,16).

Um jeden Zweifel auszuräumen, dass die Liebe tatsächlich der *„noch bessere Weg"* ist, und um die Korinther von ihren falschen Vorstellungen über Geistesgaben zu korrigieren, gebraucht Paulus seine ganze Redekunst und seine ganze Kraft, wenn er schreibt:

> *Und ich will euch einen noch besseren Weg zeigen. Wenn ich mit Menschen- und mit Engelzungen redete und hätte der Liebe nicht, so wäre ich ein tönendes Erz oder eine klingende Schelle. Und wenn ich prophetisch reden könnte und wüsste alle Geheimnisse und alle Erkenntnis und hätte allen Glauben, sodass ich Berge versetzen könnte, und hätte der Liebe nicht, so wäre ich nichts. Und wenn ich alle meine Habe den Armen gäbe und meinen Leib dahingäbe, mich zu rühmen, und hätte der Liebe nicht, so wäre mir's nichts nütze.* (1Kor 12,31b–13,3; Lutherbibel)

Für ein besseres Verständnis dieser Verse wollen wir sie näher betrachten.

Ohne Liebe macht sogar die himmlische Sprache nur Lärm

Die geistlichen Gaben sollten zur Erbauung und Einheit des Leibes – der Gemeinde – dienen. Doch die Begeisterung der Korinther über die übernatürliche Gabe des Zungenredens verursachte in dieser Gemeinde nur Stolz und Streit. Sie gebrauchten ihre Gaben zur eigenen Befriedigung. Das spaltete die Gemeinde.

Um diesen Irrtum zu korrigieren, nimmt Paulus einmal an, er sei der „begabteste Zungenredner der Welt“[4], der fließend *„mit Menschen- und mit Engelzungen“* reden kann. Solch eine Gabe hätte die Korinther sehr beeindruckt. Paulus erklärt jedoch, dass er, selbst wenn er diese wunderbare himmlische Gabe besäße, nur ein *„tönendes Erz oder eine schallende Zimbel“* wäre – d. h. ein störendes, lautes und leeres Geräusch –, wenn er, gemäß den Versen 4 bis 7, keine Liebe hätte. Ohne die barmherzige Liebe wäre seine wunderbare Gabe des Zungenredens nur ein Krampf.

Paulus sagt nicht nur, dass seine Sprache nur Lärm machen würde, sondern auch, dass er selbst ein hohles, schallendes Geräusch wäre. Ohne Liebe wäre er nicht das, was er sein sollte. Als Christ würde ihm etwas Wesentliches fehlen; und er würde nicht gemäß dem *„noch besseren Weg“* leben, weil er ein liebloser Zungenredner wäre. Er würde die Gabe des Zungenredens benutzen, um sich selbst großzumachen, statt der Gemeinde und ihrer Erbauung zu dienen, was die eigentliche Absicht der Liebe ist (s. 1Kor 8,1).

Wenn ich in Predigten oder Vorträgen über dieses Kapitel spreche, verwende ich oft Anschauungsmaterial. Ich hole hinter der Kanzel einen Blechtopf und einen Hammer hervor und fange an, auf den Topf zu schlagen, während ich über Geistesgaben und die Notwendigkeit der Liebe spreche. Am Anfang lachen die Leute. Sie denken, dass es eine wunderbare Illustration ist. Aber ich mache weiter. Während ich auf den Topf schlage, spreche ich weiterhin über geistliche Gaben. Es dauert nicht lange, bis die Leute nicht mehr lachen. Sie sind genervt, verärgert und regen sich immer mehr auf, aber ich schlage weiter auf den Topf. Wenn ich merke, dass sie es nicht länger aushalten, höre ich auf und frage: „Sind Sie verärgert? Genießen Sie es? Gefällt es Ihnen? Finden Sie es erbaulich? Möchten Sie, dass ich für den Rest der Rede weiter auf den Topf schlage?“ Jeder möchte, dass ich aufhöre, und so erkläre ich ihnen nun, dass sie auf andere und auf Gott genauso wirken, wenn sie ihre Gaben ohne Liebe einsetzen. Sie sind nichts anderes als *„ein tönendes Erz und eine schallende Zimbel“*.

Ohne Liebe ist alle Erkenntnis nutzlos

Paulus spricht als Nächstes darüber, was wäre, wenn er die Gabe der Prophetie besäße, und zwar so vollkommen, dass er „alle" Geheimnisse wüsste und „alle" Erkenntnis hätte. Er wüsste auf alle Fragen eine Antwort. Er wäre ein wandelndes, sprechendes Lexikon.

Manche Menschen stellen gern ihren Intellekt und ihre theologische Überlegenheit zur Schau. Sie sind stolz auf ihr Wissen und auf ihre Redegewandtheit. Dieser Stolz war in Korinth zu einem ernsten Problem geworden. Manche Gläubige waren aufgrund ihres Wissens arrogant und prahlten vor lauter Selbstgefälligkeit. Sie wollten wegen ihrer prophetischen Erkenntnis und ihrer großen Weisheit bewundert werden. Auf andere mit weniger Wissen und Begabung schauten sie herab. Mit ihrem Hochmut über ihre Erkenntnis verletzten sie den Leib, die Gemeinde (s. 1Kor 8).

Erkenntnis ohne Liebe bläht den Menschen auf und verwirrt seinen Verstand. Das kann dazu führen, dass man intellektuell überheblich wird, andere spöttisch behandelt, sich über andere Ansichten lustig macht und andere mit weniger Wissen bzw. einer anderen Meinung verachtet und beleidigt. Ich kenne einen Pastor, der ein unglaubliches Bibelwissen hatte, der aber viele Menschen mit seiner arroganten Rechthaberei verletzte und seine eigene Gemeinde immer wieder spaltete, bis er allein war. Er hatte zwar viel im Kopf, aber ein kleines Herz. Seine Theologie war so klar wie Eis, aber doppelt so kalt. So entwickelt sich ein Mensch, der viel weiß, aber keine Liebe hat.

Paulus erklärt daher, dass er ohne die Liebe „nichts" wäre – eine geistliche Niete –, auch wenn er vollkommene Erkenntnis besäße. Er betont, dass ein liebloser Prophet, ein liebloser Gelehrter oder ein liebloser Lehrer für die Gemeinde Gottes wertlos ist. Nach John Short hat die Geschichte das bewiesen:

> *Durch die Jahrhunderte hindurch waren liebloser Glaube und liebloses Predigen verantwortlich für so manche Tragödie in der Kirchengeschichte. Es wurden sogenannte Ketzer verbrannt, und*

die ernsthafte Suche nach der Wahrheit wurde unterdrückt. Durch Lieblosigkeit entbrannten heftige Kontroversen, die alles schlimmer machten, und am Ende behandelten sich sogar die Christen untereinander schlecht.[5]

Eine ähnliche Beobachtung machte auch George Sweeting, der ehemalige Präsident des *Moody Bible Instituts:* „Ich bin tief enttäuscht, dass es Menschen gibt, die sich mehr um die verborgenen Geheimnisse der Bibel als um Menschen in Not kümmern ... Christen machen sich oft zu viele Gedanken um verborgene Wahrheiten der Bibel und haben für schwierige Menschen zu wenig Liebe übrig."[6]

Nur in Verbindung mit der Liebe kann die Erkenntnis gemäß dem *„noch besseren Weg"* für eine Gemeinde erbaulich sein und sie schützen (s. Eph 4,11-16).

Ohne Liebe ist ein risikobereiter Glaube wertlos

Die dritte geistliche Gabe, die Paulus erwähnt, ist der Glaube (vgl. 1Kor 12,9). Er stellt sich vor, die größte aller denkbaren Gaben zu besitzen, mit der er sogar *„Berge versetzen könnte"*. Wie Abraham würde er Gott das Unmögliche zutrauen, Wunder zu vollbringen. Er wäre ein machtvoller Beter, ein geistlicher Draufgänger, so eine Art Georg Müller[7], der von allen bewundert und geschätzt würde. Er wäre ein mutiger David, der in den Kampf zieht, um den Philister und Riesen Goliath zu töten (s. 1Sam 17,32). Diese mächtige geistliche Gabe wäre jedoch ohne Liebe nur ein Mittel, um sich selbst großzumachen. Für andere Menschen wäre sie wertlos.

Einige „Wundertäter" im Fernsehen behaupten, dass ihr Glaube Unmögliches vollbringt, aber sie sprechen mehr über Geld, Erfolg und sich selbst als über die Menschen, denen sie eigentlich helfen sollten. Wie die Pharisäer, die sich selbst zur Schau stellten, wollen sie *„von den Menschen gesehen werden"* (Mt 6,5). Es gefällt ihnen, von anderen gelobt und für geistliche Helden gehalten zu werden, die für

Gott große Taten vollbringen. Sie benutzen ihre wunderbaren Gaben, um sich selbst, aber nicht den Leib Christi zu fördern.

Ich erinnere mich an einen Radioprediger, der oft über die großartigen Dinge sprach, die Gott durch seine Sendung tat, und wie Gott ihm wie durch ein Wunder Geld gab, ohne dass er darum bitten musste (was er dadurch aber auf eine subtile Art tat). Jeder, der diesen Mann persönlich kannte und für ihn arbeitete, hatte jedoch ein anderes Bild von ihm. Sie kannten ihn als einen Mann, der von Geld und Ansehen in der Öffentlichkeit besessen war. Sie sahen, wie er seine Gabe des Glaubens benutzte, um seine eigene finanzielle Sicherheit zu garantieren. Er war für sie ein Mann, der sich überhaupt nichts aus anderen Menschen machte, sondern nur um sich selbst besorgt war.

Es ist kein Wunder, dass Paulus so nachdrücklich betont, dass solch eine mächtige Gabe ohne Liebe „nichts" wert ist. Er wusste, dass er ohne Liebe mehr tot als eine lebendige geistliche Kraftquelle wäre.

Ohne Liebe ist ein christlicher Leiter in seinem Glaubensleben auf dem falschen Weg. Aber Glaube, verbunden mit Liebe, baut den Leib Christi auf und bringt ihn auf den königlichen, den *„noch besseren Weg"* der Liebe.

Ohne Liebe ist alles Geldspenden an Arme wertlos

Als Nächstes überlegt Paulus, wie es wohl wäre, seinen gesamten weltlichen Besitz – sein Zuhause, sein Vermögen, seine Möbel und alle seine wertvollen Dinge – an die Armen zu verschenken. Er gibt alles weg, um vollkommen arm zu sein. Natürlich wäre das eine außerordentlich selbstlose Tat. Würde nicht schon allein das per Definition *Liebe* bedeuten? Nicht unbedingt. Paulus macht deutlich, dass sogar die selbstloseste Tat ohne Liebe getan werden kann.

Selbstaufopferung kann nämlich auch aus Eigeninteresse geschehen, wie die Geschichte von Hananias und Saphira in der Apostelgeschichte zeigt. Dieses Paar verkaufte sein Eigentum und gab das Geld den Aposteln zur Verteilung an die Armen (s. Apg 5,1-11).

Doch taten die beiden dies ohne Liebe. Ihre Sorge galt in Wirklichkeit nicht den Armen, sondern sich selbst. Sie liebten weder Gott noch ihren Nächsten. Wie jene Pharisäer, die Jesus in der Bergpredigt verurteilte, weil sie ihre Taten herumposaunten, opferten auch Hananias und Saphira nur, um in der Gemeinde angesehener zu sein. Sie spendeten, damit die Menschen sie bewunderten, denn ihre Liebe war heuchlerisch (s. Röm 12,9). Sie gaben den Armen, jedoch ohne die echte, innere motivierende Kraft der Liebe. Somit nutze ihre Opfergabe ihnen gar nichts. Obwohl sie den Armen Geld gaben, waren sie geistlich bankrott, und Gott lehnte ihr Geschenk ab.

Daher sagt Paulus: Auch wenn er seinen gesamten Besitz den Armen gäbe, aber keine Liebe hätte, wäre alles sinn- und nutzlos und ohne Ewigkeitswert. Trotz dieser Opfergabe wäre er ein geistlich bankrotter Mann. Er würde nicht anderen Menschen demütig dienen, sondern nur sich selbst.

Wird jemand hingegen von der Liebe angetrieben, die Not der Armen zu lindern, dann profitiert jeder von dem Geschenk. Genau diese Liebe war es, die den Herrn Jesus Christus motivierte, seinen gesamten himmlischen Reichtum aufzugeben und sich für uns arm zu machen. Aus diesem Grund *„hat Gott ihn auch hoch erhoben und ihm den Namen verliehen, der über jeden Namen ist"* (Phil 2,9). Jesu Opfergabe entsprach dem *„noch besseren Weg"*.

Ohne Liebe das eigene Leben zu opfern ist sinnlos

Schließlich denkt Paulus darüber nach, wie es wäre, als Märtyrer zu sterben. Er opfert sich für Christus und übergibt seinen Körper den schmerzenden Flammen des Feuers. Andere Gläubige würden durch solch ein Opfer natürlich ermutigt werden, treu im Glauben zu bleiben, und es würde sie zu größerer Hingabe inspirieren. Für Nichtgläubige wäre es ein machtvolles Zeugnis für das Evangelium. Doch Paulus weist darauf hin, dass sogar Leiden und Martyrium für Christus aus falschen Motiven heraus geschehen können.

Einige Menschen sind sehr stolz darauf, für ihren Glauben zu leiden. Andere wollen mit ihrem Tod als Glaubenshelden in die Geschichte eingehen. Am Anfang des Christentums war das Martyrium manchmal ein Mittel, um berühmt zu werden. Ein Historiker bemerkt dazu: „Schon bald wurde allen Christen klar, dass das Martyrium mit außergewöhnlichem Ruhm und Ehre verbunden war."[8] Einige Märtyrer, wie Ignatius, standen schon vor ihrem Martyrium in hohem Ansehen. Auch wenn Ignatius mit seinem Martyrium nicht auf persönliche Anerkennung aus war, könnten andere sehr wohl in der Gefahr gestanden haben, danach zu trachten, als Märtyrer für Christus ehrenvoll in die Kirchengeschichte einzugehen, und damit eine gewisse Unsterblichkeit zu erlangen. Von Polycarp, der lebendig verbrannt wurde, wird gesagt, dass seine Knochen „wertvoller als die wertvollsten Steine und feiner als das feinste Gold" waren und dass sein Grab ein heiliger Ort wurde, an dem man sich versammelte.[9] Weil Paulus die Gefahr einer solchen Verherrlichung erkannte, musste er betonen, dass das Opfer des eigenen Lebens ohne Liebe ein wertloses Opfer ist – lediglich eine leere, religiöse Show, eine inhaltslose Vorstellung.

Wenn das Wohl anderer und die Herrlichkeit Christi die Motivation für die Selbstaufopferung sind, dann ist das Martyrium das größte Liebesopfer. Jonathan Edwards fasst in seinem Buch *Charity and Its Fruits* zusammen, was Gott über Liebe und Selbstaufopferung sagt:

> *Gott freut sich über die kleinen Dinge, wenn sie aus echter Liebe zu ihm geschehen. Aus Liebe einem Jünger ein Glas kalten Wassers zu geben, ist in Gottes Augen mehr wert als alle Güter, ja, sogar als alle Reichtümer eines Königreiches, die ohne Liebe den Armen gegeben werden, oder ein Leib, der den Flammen übergeben wird.*[10]

Nur wenn das Martyrium aus Liebe zu Gott und den Mitmenschen geschieht, ist es der *„noch bessere Weg"*.

Göttliche Mathematik

Stellen Sie sich einen Moment lang vor, was die Korinther gedacht haben müssen, als sie zum ersten Mal Paulus' Worte hörten, als diese beim Gemeindetreffen öffentlich vorgelesen wurden. Sie konnten wahrscheinlich ihren eigenen Ohren nicht trauen! Paulus' Botschaft stand im totalen Gegensatz zu ihrem Denken und Verhalten. Ihnen fehlte die Liebe, und sie merkten es nicht einmal! Ihre Erkenntnis und ihre wundersamen Gaben hatten sie verführt und stolz gemacht.

D. A. Carson, Bibelausleger und Professor des Neuen Testaments an der *Trinity Evangelical Divinity School*, nennt Paulus' Gedanken in diesem Abschnitt „göttliche Mathematik". Gemäß der göttlichen Mathematik sei „fünf minus eins gleich null."[11] Oder wie George Sweeting sagt: „Alle Gaben minus Liebe gleich null."[12]

Der Schriftsteller Jerry Bridges veranschaulicht diese göttliche Mathematik, indem er seine Leser bittet, Folgendes zu tun:

> *Schreiben Sie auf ein Blatt oder in Gedanken eine Reihe Nullen. Schreiben Sie eine ganze Zeile auf. Was ist die Summe? Natürlich Null! Auch wenn Sie eintausend Nullen aufschreiben würden, ergäbe es die Summe Null. Aber wenn nur eine positive Zahl davor steht, ergibt sich sofort ein Wert. Genauso ist es auch mit unseren Gaben, mit dem Glauben und mit der Hingabe. Sie stellen die Nullen auf unserem Blatt dar. Ohne Liebe haben sie gar keinen Wert. Wenn jedoch Liebe davorgesetzt wird, haben sie sofort einen Wert. Und genauso wie die Zahl 2 der Reihe von Nullen einen höheren Wert gibt als die Zahl 1, so steigt auch der Wert unserer Gaben exponentiell, je größer die Liebe dabei ist.*[13]

Ohne Liebe bleiben unsere besten Gaben und unsere höchsten Leistungen für die Gemeinde und vor Gott letztlich fruchtlos. Nach Paulus' Gedankengang gibt es nichts, was einen dauernden geistlichen Wert hat, wenn es nicht aus Liebe geschieht.

Eine moderne Umschreibung

Hätte Paulus, als einer der größten Lehrer und Leiter, den Text von 1. Korinther 13 in unseren Tagen geschrieben, könnten wir vielleicht Folgendes lesen:

> Wäre ich der begnadeteste Prediger aller Zeiten, sodass Millionen von Menschen von meiner Rede bewegt wären, hätte aber keine Liebe, wäre ich für Gott und die Menschen nur ein lästiger, hohler Schwätzer.
>
> Hätte ich so viel Charisma und Persönlichkeit, dass ich wie ein mächtiger Magnet alle Menschen anziehen würde, hätte aber keine christusähnliche Liebe, wäre ich nur ein Schwindler und Versager.
>
> Wäre ich der größte Visionär und Leiter, den die Gemeinde jemals gehört hätte, hätte aber keine Liebe, dann wäre ich in die Irre gegangen und verloren.
>
> Wäre ich der meistverkaufte Schriftsteller zum Thema Theologie und Gemeindewachstum, hätte aber keine Liebe, dann wäre ich ein hohlköpfiger Versager.
>
> Wenn ich alle meine Zeit aufopfern würde, um zukünftige Leiter zu schulen, hätte aber keine Liebe, dann wäre ich ein schlechter Leiter und ein schlechtes Vorbild.

Anmerkungen zu Kapitel 1

1. William R. Moody, *The Life of Dwight L. Moody* (Chicago: Revell, 1900), S. 140. Siehe auch Dwight Lyman Moody, *New Sermons, Addresses and Prayers* (Chicago: Goodspeed, 1877), S. 178.
2. Moody, *The Life of Dwight L. Moody*, S. 139.
3. Richard Ellsworth Day, *Bush Aglow: The Life Story of Dwight Lyman Moody, Commoner of Northfield* (Philadelphia: The Judson Press, 1936), S. 146. Siehe auch D. L. Moody, *Pleasure and Profit in Bible Study* (Chicago: The Bible Institute Colportage Association, 1895), S. 87. [dt. *Wie die Bibel zum Genuss und Gewinn wird* (Langerwehe: ceBooks.de, 2019).]
4. Gregory J. Lockwood, *1 Corinthians, Concordia Commentary* (St. Louis: Concordia, 2000), S. 458.
5. John Short, „*The First Epistle to the Corinthians*", in: *The Interpreter's Bible, Band 10*, Hg. Arthur C. Buttrick (New York: Abingdon-Cokesbury, 1953), S. 170.
6. George Sweeting, *Love Is the Greatest* (Chicago: Moody Press, 1974), S. 40. [dt. *Handbuch der Liebe* (Marburg: Francke, 1978).]
7. Georg Müller war der Gründer und Direktor des Waisenheims Ashley Down in Bristol, England; 122 683 Waisen lebten im Laufe der Jahre in diesem Waisenhaus. Über Müllers Glaubens- und Gebetsleben gibt es einige Biografien.
8. Rodney Stark, *The Rise of Christianity* (San Francisco: HarperCollins, 1996), S. 182. [dt. *Der Aufstieg des Christentums. Neue Erkenntnisse aus soziologischer Sicht* (Weinheim: Beltz Athenäum 1997.)]
9. *Martyrdom of S. Polycarp*, S. 18.
10. Jonathan Edwards, *Charity and Its Fruits* (1852; aktual. Aufl., Edinburgh: Banner of Truth, 1978), S. 61f.
11. D. A. Carson, *Showing the Spirit: A Theological Exposition of 1 Corinthians 12–14* (Grand Rapids, Mich.: Baker, 1987), S. 60.
12. Sweeting, *Love Is the Greatest*, S. 117.
13. Jerry Bridges, *Growing Your Faith* (Colorado Springs: NavPress, 2004), S. 164f.

2

Lieben oder Sterben

„Aber ich habe gegen dich,
dass du deine erste Liebe verlassen hast."
(Offb 2,4)

Meine erste Erfahrung, die ich mit der christlichen Liebe machte und die mein Leben verändern sollte, war der Moment, als ein Freund mir das Buch *Brother Indeed* gab, eine Biografie über Robert Chapman aus Barnstable, England.[1] Abgesehen von der Bibel hat niemand meine Einstellung zur Liebe und christlichen Leiterschaft mehr beeinflusst als Robert Chapman.

Zu seiner Zeit nannte man ihn den „Apostel der Liebe", und Charles Haddon Spurgeon bezeichnete ihn als den „heiligsten Mann", den er jemals kannte.

Robert Chapman gab seinen Beruf als Anwalt in London auf, um in einer kleinen Baptistengemeinde in Barnstable Pastor zu werden. Vor Chapman hatte diese kleine zerstrittene Gemeinde innerhalb von achtzehn Monaten drei verschiedene Pastoren gehabt. Wie Chapman diese streitende Gemeinde mit seiner Liebe, seiner Geduld und seinem Bibelunterricht veränderte, ist eine Mut machende Lektion über liebevolle Leiterschaft. Aus der Gemeinde wurde schließlich eine große, harmonische Gemeinde. Sie war in ganz England für ihre Liebe, ihren missionarischen Einsatz und ihren leidenschaftlichen Dienst an den Armen bekannt.

Am Ende seines Lebens, im Alter von neunundneunzig Jahren, war Chapman für seine Liebe und Weisheit so bekannt, dass ein Brief aus dem Ausland mit der einfachen Adressangabe

„R. C. Chapman, Universität der Liebe, England“ korrekt bei ihm zu Hause ankam.

Vor Chapmans Wirken war die Gemeinde in Barnstable auf ihre Erkenntnisse in Lehrfragen und ihre Gemeindepraxis stolz gewesen, aber ihre Lieblosigkeit hatte sie sterben lassen. Doch als Robert Chapman kam, hauchte er dieser Gemeinde die Leben spendende Liebe ein. Schon bald glühte sie vor Liebe für Christus, vor Liebe füreinander, vor Liebe für die Wahrheit des Evangeliums und vor Liebe für die Verlorenen. Sie wurde zu einer Universität der Liebe.

Im 2. Kapitel der Offenbarung lesen wir von einer anderen Gemeinde, die auf ihre Gerechtigkeit und Treue stolz war, aber wegen ihrer fehlenden Liebe im Begriff stand zu sterben. Unser Herr selbst sagt dieser Gemeinde und ihren Leitern, sie sollten Buße tun und offen sein für die Liebe, die sie wieder lebendig machen würde. Lesen Sie aufmerksam die heiligen Worte und die Warnung Jesu Christi an die Gemeinde in Ephesus:

> *Ich kenne deine Werke und deine Mühe und dein Ausharren, und dass du Böse nicht ertragen kannst; und du hast die geprüft, die sich Apostel nennen und es nicht sind, und hast sie als Lügner befunden … Aber ich habe gegen dich, dass du deine erste Liebe verlassen hast. Denke nun daran, wovon du gefallen bist, und tue Buße und tue die ersten Werke! Wenn aber nicht, so komme ich zu dir und werde deinen Leuchter von seiner Stelle wegrücken, wenn du nicht Buße tust.* (Offb 2,2.4-5)

Lob und Tadel

Am Anfang lobt unser Herr die Gemeinde in Ephesus für ihre guten Werke, ihre Mühe, ihr Ausharren im Glauben, dafür, dass sie das Böse nicht toleriert hat, und für das geduldige Ertragen der Verfolgung. Es gab in dieser Gemeinde viel zu loben, und wir sollten ihre vorbildlichen Eigenschaften schätzen. Es schien alles in Ordnung zu sein. Die Epheser hätten ein Buch über erfolgreichen Gemeindedienst schreiben können. Es war jedoch nicht alles in Ordnung, denn es fehlte etwas Grundlegendes. Mit der göttlichen Einsicht in den wahren geistlichen Zustand dieser nach außen hin erfolgreichen Gemeinde wechselte Jesus Christus vom Lob zum Tadel. Er sagt: *„Aber ich habe gegen dich, dass du deine erste Liebe verlassen hast."*

Im Licht aller gelobten Eigenschaften dieser Gemeinde schien die Kritik Jesu fast belanglos zu sein. Aber in seinen Augen hatte das Herz der Gemeinde aufgehört zu schlagen.

Das Verlassen der ersten Liebe

Einst blühte die Gemeinde vor echter Liebe. Aber das hatte sich geändert. Es gab immer noch ein gewisses Maß an Liebe, weil sie für die Wahrheit des Evangeliums kämpfte und gute Werke vollbrachte (s. Offb 2,2-3.6). Aber ihre Liebe war nicht mehr das, was sie einmal war. Anstatt immer stärker und tiefer zu werden, verschwand ihre Liebe. Die Gemeinde tat Werke, aber die Freude, die Kreativität, die Aufgeschlossenheit und die Kraft, die die Liebe hervorbringt, waren verschwunden. Die Eigenschaft ihrer Liebe hatte sich verändert, und das wurde sogar in ihren Werken sichtbar. Deswegen tadelt Jesus sie und sagt ihr, sie solle *„die ersten Werke"* tun. Er ermahnt sie, daran zu denken, wovon sie *„gefallen"* ist (Offb 2,5).

Der Gegenstand dieser Liebe wird in dem Text nicht näher bestimmt. Es heißt nicht „Liebe zu Christus" oder „Liebe zu den Gläubigen". Jesus meinte damit wohl damit die Liebe im Allgemeinen (Liebe zu Christus, zum Nächsten und zu den Verlorenen).

Gott fordert von seinen Gläubigen, dass sie ihn vollkommen und ungeteilt lieben (s. 5Mo 6,4-6). Wir sollen Gott mit *unserem ganzen* Herzen und *unserer ganzen* Seele und *unserem ganzen* Verstand lieben (s. Mt 22,37). Außerdem ist die Beziehung zwischen Jesus Christus und seiner Gemeinde der Offenbarung zufolge die einer Ehe; Christus ist der Bräutigam und die Gemeinde ist die Braut.[2] Die

Braut, die Gemeinde, soll Christus, dem Bräutigam, freudige und ungeteilte Hingabe entgegenbringen. In Ephesus hatte die Braut die wichtigen Eigenschaften ihrer Liebe verloren: die Freude, Gott lobzupreisen; den Hunger, ihn durch sein Wort besser kennenzulernen; den Wunsch, seine Liebe vollkommen zu verstehen; den Durst, geistlich zu wachsen; und die Freude an seinem Lob und seiner Anbetung.

Wir sollen uns gegenseitig so lieben, wie Jesus uns geliebt hat. Es handelt sich um eine ungeheuchelte Liebe (s. 1Petr 1,22), die uns bereit macht, füreinander zu leben (s. 1Jo 3,16). Von den Gläubigen in Ephesus wollte der Herr, dass sie sich selbstlos um die gegenseitigen Bedürfnisse kümmern, ihre Häuser füreinander öffnen, wie eine große Familie zusammenleben, sich gegenseitig freudig dienen, aus tiefstem Herzen füreinander beten, Vorurteile gegenüber Fremden überwinden und sich gemeinsam am Leben in der Gemeinde und zu Hause erfreuen. Doch ihre Liebe war verdorrt.

Amy Carmichael, die sich um misshandelte Kinder kümmerte und ihnen in der *Dohnavur-Fellowship* in Indien ein Heim bieten konnte, erkannte, wie tödlich es sein konnte, wenn unter ihren Mitarbeitern die Liebe nachließ. So legte sie für das Zusammenleben der Frauen, die mit ihr in dem Waisenhaus arbeiteten, folgende Grundsätze fest:

> *Lieblosigkeit ist so tödlich wie Krebs. Auch wenn die Krankheit langsam tötet, führt sie letztlich zum Tod. Wir sollten uns vor Lieblosigkeit genauso fürchten wie vor einer Kobra. Sie ist sogar gefährlicher als eine Kobra. So wie ein winziger Tropfen des Kobragiftes sich schnell im ganzen Körper ausbreitet, so genügt ein Tropfen galliger Lieblosigkeit in meinem oder deinem Herzen, der sich unsichtbar und mit schrecklicher Macht in der ganzen Familie ausbreitet, denn wir sind ein Leib – wir sind untereinander Glieder am Leib.*
>
> *Wir müssen die jungen Menschen die Wahrheit lehren, dass ohne echte Liebe gemeinsames Beten nicht möglich ist. Wenn du irgendwo Lieblosigkeit entdeckst, lass alles liegen und bringe es in Ordnung – wenn möglich, sofort.*[3]

Christus fordert uns auf, alle Menschen zu lieben (s. 1Thes 3,12). Diese Liebe versucht, die körperliche und geistliche Not der Menschen zu lindern. Der barmherzige Samariter gab diese Liebe einem fremden, zusammengeschlagenen Mann (s. Lk 10,30-37). Sie zeigt sich in der Evangelisation und in der Hinwendung zu den Verlorenen. Paulus hatte diese Liebe für Israel: *„Ich habe große Traurigkeit und unaufhörlichen Schmerz in meinem Herzen; denn ich selbst, ich habe gewünscht, verflucht zu sein von Christus weg für meine Brüder, meine Verwandten nach dem Fleisch"* (Röm 9,2-3). Diese Liebe für die Verlorenen und die Bedürftigen war in Ephesus völlig verschwunden.

Die Gemeinde in Ephesus hatte sich auf tragische Weise verändert. Sie hatte ihre erste Liebe verlassen, und es musste etwas geschehen, sonst würde der Herr diese Gemeinde richten. „Es ist kein Wunder", schreibt der puritanische Prediger Nathaniel Vincent, „dass der Satan, der daran arbeitet, die Gemeinden zu vernichten, danach trachtet, die Liebe zu töten."[4]

Christi Heilmittel gegen fehlende Liebe

Jesus fordert die Gemeinde auf, sofort drei Dinge zu tun, *„wenn aber nicht, so komme ich zu dir und werde deinen Leuchter von seiner Stelle wegrücken"*. Auch wenn man darüber diskutiert, was genau mit diesem Gericht gemeint ist, so ist der Ernst der Lage ganz klar. Wenn es keine Veränderung gibt, wird Christus kommen und diese Gemeinde richten.

Fehlende Liebe ist Sünde. Jesus weist zwar in Offenbarung 2,4-5 die Gemeinde zurecht, aber er bietet auch ein Heilmittel an:

1. *„Denke nun daran, wovon du gefallen bist"*
2. *„Tue Buße"*
3. *„Tue die ersten Werke"*

Die Situation war noch nicht verloren, aber die Gemeinde sollte sofort handeln, um die ursprüngliche Flamme der Liebe wieder anzuzünden. Ohne eine Reaktion würde eine Katastrophe über die Gemeinde kommen. Der Herr warnt eindringlich: *„Wenn aber nicht, so komme ich zu dir und werde deinen Leuchter von seiner Stelle wegrücken.“* Diese Warnung zeigt, wie ernst Jesus den Verlust der Liebe nimmt. Dieses Drohen bedeutet, dass er dafür sorgen wird, dass diese Gemeinde nicht mehr existiert.

Eine Warnung an alle Gemeinden und Leiter

Mit den Briefen an die sieben Gemeinden wird Christi Warnung an alle Gemeinden und christlichen Leiter hinausposaunt (s. Offb 2–3). Jesus warnt die Gemeinde in Ephesus und ihre Leiter, dass sie, obwohl sie hart arbeiten, gegen Irrlehre ankämpfen, Geistesgaben und eine gesunde Lehre haben, dennoch keine Liebe haben und kurz vor der göttlichen Strafe stehen. Da die Liebe für das Überleben aller Gemeinden absolut notwendig ist, müssen die Leiter ihre eigene tiefe Liebe zu Christus bewahren sowie kontinuierlich die Liebe in der Gemeinde beobachten und dazu ermutigen.

Auf die eigene Liebe zu Christus achthaben

Wenn christliche Leiter ihre Liebe verlieren, dann dauert es nicht lange, bis auch die Gemeindeglieder sie verlieren. Daher müssen die Leiter auf ihre eigene Liebesbeziehung zum Herrn Jesus Christus achten. Es gibt nichts, was einer tiefen und größer werdenden Liebe zum Herrn Jesus Christus gleichwertig wäre. Ihn zu lieben, ist unsere erste und wichtigste Pflicht. Die Gläubigen in Ephesus dachten, dass ihre rechtgläubige Lehre ausreichen würde. Aber das stimmte nicht. Wenn wir unsere Liebe zu Gott und Christus nicht bewahren und pflegen, dann geht jede andere Liebe verloren: unsere Liebe zu anderen Gläubigen, zu den Bedürftigen, zu den Verlorenen und zur Wahrheit.

Der Evangelist Francis Schaeffer und seine Frau Edith waren mit ihrem offenen Haus in der Schweiz große Vorbilder für die christliche Liebe. Er wusste, wie wichtig die Liebe ist:

> *Wir müssen uns fragen:* Kämpfe ich bloß für absolute Genauigkeit und Treue in Lehrfragen? *Das ist wie eine Frau, die zwar nur mit dem eigenen Ehemann schläft, ihm jedoch nie Liebe entgegenbringt. Reicht das für eine Ehe aus? Nein, zehntausendmal nein. Wenn ich als Christ meinem Bräutigam immer treu bin, ihn jedoch nicht liebe, dann bin ich wie jene Frau. Gott möchte nicht nur, dass wir uns gewissenhaft an die christliche Lehre halten, sondern er möchte täglich unsere Liebe. Nicht in der Theorie, wohlgemerkt, sondern in der Praxis.*[5]

C. H. Mackintosh, dessen Bücher über die fünf Bücher Mose als Standardwerk zur Bibelauslegung gelten, sagt, dass die Liebe zu Christus unerlässlich ist:

> *Wenn wir unserer Arbeit erlauben, sich zwischen unser Herz und den Herrn zu drängen, so wird sie von geringem Wert sein. Nur wenn unsere Freude in Christus ist, werden wir ihm wirksam dienen können. Nur wenn das Herz in seiner Nähe bleibt, sind die Hände fähig, seinem Namen in wohlgefälliger Weise zu dienen ... Man kann wohl eine Predigt oder einen Vortrag halten, Gebete sprechen, Bücher schreiben und den äußeren Dienst ausüben, und dennoch Christus nicht dienen. Wer ihn vor anderen bezeugen will, muss selbst von ihm durchdrungen sein.*[6]

Liebe zu Gott und Christus ist die Voraussetzung, um alle anderen Dinge lieben zu können. Liebe zu Gott ist das *„große und erste Gebot"* (Mt 22,38).

Sich vor Äußerlichkeiten und bloßen religiösen Riten in Acht nehmen

Wir müssen die Gemeinde davor schützen, auf äußerliche Bräuche, religiöse Rituale, Traditionen und Regeln zu vertrauen und die lebendige und wahrhaftige Liebe zu Christus und zum Nächsten zu vernachlässigen.

Die Gläubigen in Ephesus hielten sicherlich Gottesdienste ab, sie kannten die Lehre und lehnten Irrlehrer ab, sie vollbrachten gute Taten, führten ein aufrichtiges Leben, beteten und sangen Loblieder – aber ihre echte Hingabe und ihre wahre Liebe ließen immer mehr nach. Ihr tiefer Glaube und ihre wahre Liebe waren durch äußere Riten ersetzt worden. Die frühere Liebe zu Christus und zum Nächsten war verschwunden. So wurde ihr Glaube immer mehr zum äußerlichen Formalismus. Ihr Glaube kam nicht mehr aus tiefstem Herzen, sondern war nur noch mechanisch:

> *Sie verkündigen zwar Liebe, aber ihn, der die Wahrheit ist, lieben sie nicht mehr aus ganzem Herzen. Sie vollbringen immer noch gute Taten, aber nicht mehr aus Barmherzigkeit und Liebe zu den Gläubigen heraus. Sie schützen die Wahrheit und sind mutige Zeugen, vergessen jedoch, dass Liebe die Wahrheit am besten bezeugt. Nicht ihre Tugenden an sich haben die Liebe verdrängt, sondern die Tatsache, dass alle guten Taten, alle Weisheit und Erkenntnis, Gemeindezucht und geduldiges Ausharren in Not, aller Sündenhass und alles Erfüllen von Geboten ohne Liebe getan wurden.*[7]

Die Gemeinde zur Buße und zur Erneuerung führen

In einer Welt voller Sünden muss immer wieder Buße geschehen und eine geistliche Neubelebung stattfinden. Daher sollen die Leiter und Lehrer ihre Gemeinde dazu anhalten, Lieblosigkeit und heuchlerische Liebe zu bereuen (s. Röm 12,9). Liebe kann wieder aufblühen und neu wachsen (s. Offb 2,5). Das Feuer kann wieder angezündet und das Leben wieder auf Christus und den Nächsten ausgerichtet werden. Das neue Leben voller Liebe kann sich in Gebet und Bibelstudium, in der Evangelisation, im Lobpreis und in der Gemeinschaft mit dem Nächsten ausdrücken. Dafür sollten wir immer beten und uns auf dieses Ziel konzentrieren. Der puritanische Prediger Nathaniel Vincent betete:

> *Oh Liebe! Wie sehr wirst du doch in der Gemeinde Christi gebraucht! Und wie sehr sehnt sich die Gemeinde danach! Sie stöhnt, sie schmachtet, sie stirbt täglich, weil du nicht da bist. Komm zurück, oh Liebe, komm zurück! Heile Verletzungen, komm zurück auf den rechten Weg, zum wahren Licht und Leben und sei die Grundlage für zukünftige Generationen.*[8]

Anmerkungen zu Kapitel 2

1. Frank Holmes, *Brother Indeed – The Life of Robert Cleaver Chapman* (London: Victory Press, 1956). Holmes' Biografie wird nicht mehr verlegt. Es gibt eine neue Biografie von Robert L. Peterson, *Robert Chapman* (Littleton, Colo.: Lewis & Roth, 1995) [dt. *Robert C. Chapman. Der Mann, der Christus lebte* (Bielefeld: CLV, 2022)]. Über Chapmans Leben und seine bemerkenswerte Art, mit Menschen umzugehen, siehe Robert L. Peterson und Alexander Strauch, *Mit Liebe leiten – Praxis. Lernen am Beispiel von Robert C. Chapman* (Dillenburg: Christliche Verlagsgesellschaft, 2010).
2. Offb 19,7.9; 21,9; 22,17.
3. Frank L. Houghton, *Amy Carmichael of Dohnavur: The Story of a Lover and Her Beloved* (1979; aktual. Aufl., Fort Washington, Pa: Christian Literature Crusade, 1992), S. 219.
4. Nathaniel Vincent, *A Discourse Concerning Love* (1684; aktual. Aufl., Morgan, Pa: Soli Deo Gloria, 1998), S. 94.
5. Francis Schaeffer, *The Church before the Watching World* (Downers Grove, Ill.: InterVarsity, 1971), S. 60. [dt. *Die Kirche Jesu Christi – Auftrag und Irrweg* (Neuhausen-Stuttgart: Hänssler 1981.)]
6. C. H. Mackintosh, *Genesis to Deuteronomy: Notes on the Pentateuch* (Neptune, NJ: Loizeaux, 1972), S. 155.
7. D. A. Carson, „*A Church that Does All the Right Things, but …*“, In: *Christianity Today* (29. Juni 1979), S. 30.
8. Vincent, *A Discourse Concerning Love*, S. 88.

3

Die motivierende Kraft der Liebe

„Die Liebe Christi drängt uns.“
(2Kor 5,14)

Warum möchten Sie Menschen führen und lehren? Ist es der Wunsch, Menschen zu helfen; ein Pflichtgefühl; die Freude, Menschen zu führen; Geld; das Vergnügen, Menschen zu unterrichten; sozialer Druck? Für christliche Leiter sollte die erste Antwort die Liebe sein. Die Liebe ist die größte motivierende Macht im Universum. Sie ist das Herzstück des Evangeliums. Aus Liebe gab Gott seinen Sohn, damit wir errettet werden. Liebe ist die motivierende Kraft, die für jeden christlichen Dienst unentbehrlich ist. Christliche Leiterschaft sollte von drei Arten der Liebe angeregt werden: Christi Liebe zu uns, unsere Liebe zu Christus und die Liebe zum Nächsten.

Motiviert von der Liebe Christi

In einem äußerst aufschlussreichen Abschnitt der Bibel offenbart Paulus die einzigartige, treibende und motivierende Kraft in seinem Leben:

> *Denn die Liebe Christi drängt uns, da wir zu diesem Urteil gekommen sind, dass einer für alle gestorben ist und somit alle gestorben sind. Und für alle ist er gestorben, damit die, welche leben, nicht mehr sich selbst leben, sondern dem, der für sie gestorben und auferweckt worden ist.* (2Kor 5,14-15)

Man beachte, dass Paulus hier nicht über seine Liebe zu Christus spricht, sondern über dessen Liebe zu ihm. Paulus ist immer wieder über die Liebe Christi erstaunt, die dieser den Sündern mit seinem Tod am Kreuz entgegenbringt. Alles, was Paulus tat, tat er, weil Christus ihn liebte.

Ein Missionar, der Paulus und dessen Verständnis von der Liebe Christi erkannte, schrieb: „Wenn Jesus Christus Gott ist und für mich starb, dann ist mir für ihn kein Opfer zu groß."[1] Der Liederdichter Isaac Watts brachte Paulus' Verständnis in dem Lied *When I survey the Wondrous Cross (Schau ich zu deinem Kreuze hin)* zum Ausdruck. Das Loblied endet mit dem unvergesslichen Satz: *„Love so amazing, so divine, demands my soul, my life, my all"* (deutsch etwa: *„Du staunenswerte, göttliche Liebe begehrst meine Seele und mein ganzes Leben"*).

Da es für einen Christen sehr wichtig ist, die Liebe Christi wirklich zu verstehen, betet Paulus eines der bemerkenswertesten Gebete der Bibel, indem er Gott bittet, dass er allen Gläubigen die Kraft geben wolle, die gewaltige, unbegreifliche Liebe Christi zu verstehen:

> *... dass der Christus durch den Glauben in euren Herzen wohnt und ihr in Liebe gewurzelt und gegründet seid, damit ihr imstande seid, mit allen Heiligen völlig zu erfassen, was die Breite und Länge und Höhe und Tiefe ist, und zu erkennen die die Erkenntnis übersteigende Liebe des Christus.* (Eph 3,17-19)

Auch wenn sie „die Erkenntnis übersteigt", sollen wir die Liebe Christi nicht nur mit unserem Verstand erfassen, sondern auch persönlich erfahren. Der Bibelkommentator Harold Hoehner verdeutlicht diesen Kontrast:

> *Allein die Tatsache, dass Christi Liebe sich darin ausgedrückt hat, dass er bereit war, für die Sünder zu sterben, übersteigt unser Verständnis. Dass Christus uns wirklich liebt, ist für alle Gläubigen überwältigend ... Es ist egal, wie groß unsere Erkenntnis über Christus und sein Werk ist, seine Liebe übersteigt*

diese Erkenntnis. Je mehr wir seine Liebe kennenlernen, desto mehr erstaunt sie uns.[2]

In der Geschichte gibt es viele Beispiele christlicher Leiter und Lehrer, die von der motivierenden Macht der Liebe Christi erzählen. Der methodistische Prediger und Pastor William Alfred Quayle zum Beispiel erinnert sich an ein Gespräch mit einem Prediger, der im 19. Jahrhundert auf dem Weg zu den nordamerikanischen Siedlern war. Der Pioniermissionar sagte zu Quayle:

Ich fühle den Jammer der Heiden: Ich kenne ihr bitteres und armseliges Leben; aber das war nicht der Grund, bei ihnen zu bleiben. Man gewöhnt sich an das Heidentum, und schon bald berührt ihr furchtbares Schicksal uns nicht mehr. Nicht die menschliche Liebe hält mich die ganzen Jahre von meiner Frau und meinen Kindern fern, sondern die Liebe Christi macht mich dazu fähig.[3]

Iain Murray erzählt uns, dass es die Erkenntnis der Liebe Christi war, die den berühmten Prediger D. Martyn Lloyd-Jones dazu bewegte, seine blendende medizinische Karriere aufzugeben, um Gottes Wort zu predigen:

Die Liebe Gottes, die sich durch Christi Tod offenbarte, überwältigte ihn. Alles, was ihm in seinem neuen geistlichen Leben geschah, passierte aufgrund dessen, was zuerst Christus widerfahren war.[4]

Die brasilianische Missionarin Hope MacDonald beschreibt, wie sie Gottes Liebe erkannte:

Ich erkannte zum ersten Mal die uralte Wahrheit: „Wir lieben, weil er uns zuerst geliebt hat" (1Jo 4,19). Wie konnte ich das übersehen? Ich kannte diese Verse schon auswendig, bevor ich in die Schule ging! Als ich mir seiner Liebe zum ersten Mal bewusst

> *wurde, wollte ich vor Freude aus dem Bett springen. Ich wollte auf das Dach steigen und der Welt zurufen: „Wacht auf! Gott liebt mich!" Diesen Augenblick werde ich nie vergessen. Seitdem habe ich nie mehr an seiner Liebe zu mir gezweifelt.*[5]

Und Hudson Taylor, der Gründer der *China-Inland-Mission* (heute *OMF International Deutschland*) glaubte, wenn britische Händler dazu bereit sind, für Geld ihr Leben aufs Spiel zu setzen, lebensbedrohliche Meere zu überqueren und in das Landesinnere Chinas zu reisen, dann wären Missionare um der Liebe Christi und des Evangeliums willen auch bereit, dasselbe zu tun.[6]

Wir müssen in unserem Leben immer wieder diese überwältigende Wahrheit erkennen: Die Liebe besteht nicht darin, dass wir Gott geliebt haben, sondern darin, dass er uns zuerst geliebt hat. Gott zeigte diese Liebe dadurch, dass er *„seinen einzigen Sohn in die Welt gesandt hat … als eine Sühnung für unsere Sünden"* (1Jo 4,9-10). Das sollte unsere Herzen am meisten begeistern und uns dazu motivieren, anderen zu dienen.

Motiviert von der Liebe zu Christus

Die Tatsache, dass wir Christus kennen und seine wunderbare Liebe begreifen, bringt uns dazu, ihm zu dienen und ihn zu lieben. Wir lieben ihn, weil er uns zuerst geliebt hat (s. 1Jo 4,19), und er macht uns dazu fähig, andere zu lieben. Liebe sollte unser Hauptmotiv dafür sein, anderen Menschen zu dienen. Sie sollte die Kraftquelle sein, die uns befähigt, alle auftretenden Probleme eines Leiters auszuhalten.

Unser Herr sagt, dass das *„große und erste Gebot"* ist, Gott mit unserer ganzen Person zu lieben – *„mit unseren ganzen Herzen und mit unserer ganzen Seele und mit unserem ganzen Verstand"* (Mt 22,35-40). Unsere Liebe ist zuallererst auf Jesus Christus ausgerichtet. Mehr als alles andere auf der Welt ist er der Mittelpunkt unserer Liebe, unserer Wertschätzung und unseres Glücks. Er sollte vor allen anderen Menschen geliebt werden, ja, sogar vor unseren engsten Familienmitgliedern: „*Wer Vater oder Mutter mehr liebt als mich, ist meiner nicht würdig; und wer Sohn oder Tochter mehr liebt als mich, ist meiner nicht würdig*“ (Mt 10,37).

Wenn es die Liebe zu Gott und Christus ist, die uns dazu motiviert, in einer Gemeinde Leitungsfunktionen zu übernehmen, dann erfreuen wir Gott am meisten und dienen den Menschen am wirkungsvollsten. Sie können ein begabter Redner und ein dynamischer Leiter sein, aber wenn Sie Gott nicht zuerst und am meisten lieben, dann hat Gott keine Freude daran. Sie werden weder Ihren Dienst gottgefällig ausführen noch wird er vom Geist geleitet sein. Christlicher Dienst nur um des Dienens willen gefällt Gott nicht. Nur der Dienst, der aus Liebe zu ihm geschieht, erfreut ihn und wird von ihm angenommen (s. 1Kor 13,1-3). „Alle Gebote“, so schreibt David Jones, „sollen aus Liebe zu ihm erfüllt werden, auch der Dienst am Nächsten und der Gottesdienst.“[7]

Natürlich sollten wir darauf achten, unsere Fähigkeiten als geistliche Leiter, unsere persönliche Disziplin, unser Zeitmanagement, unsere zwischenmenschlichen Beziehungen und unsere Lehrfähigkeit kontinuierlich zu verbessern. Vor allem aber sollten wir bestrebt sein, Jesus Christus immer besser kennenzulernen und unsere Freude in ihm und unsere Liebe zu ihm zu vertiefen (s. Phil 3,8-14). Je tiefer unsere Liebe zu ihm ist, desto mehr wird sie seiner Liebe ähneln und umso besser werden wir anderen zeigen können, wie man liebt.

Das Beste, was wir als Leiter für Menschen tun können, ist, den Herrn Jesus Christus mit unserer ganzen Kraft zu lieben sowie täglich unsere liebevolle Beziehung zu ihm zu erneuern und sie wachsen zu lassen! Aus dieser gesegneten und heiligen Liebesbeziehung heraus wird Gottes Liebe in uns sichtbar, die wie ein Licht andere Menschen zu Christus zieht.

Amy Carmichael lebte solch ein Leben der Liebe:

> *Sie war so sehr von der Liebe Gottes durchdrungen, dass sie wie ein kraftvoller Magnet ihr ganzes Leben lang andere Menschen unwiderstehlich anzog. Es war kein Wunder, dass die Hindus sie*

„Missie Ammal, die Kinderfängerin" nannten, denn sie glaubten wirklich, dass Amy ihren Kindern ein geheimnisvolles Puder gab, damit sie bei ihr sein wollten.[8]

Es macht nicht immer Freude, sich um Gottes Gemeinde zu kümmern. Gerade die Menschen, denen wir dienen und unser Leben schenken, sind unvollkommen und sündhaft. Sie können uns böswillig angreifen, uns ärgern und undankbar sein.

Obwohl Mose und David zwei der gottesfürchtigsten Leiter dieser Welt waren, beklagten sich die Menschen bitterlich über sie und waren sogar bereit, sie zu töten. Auch den heutigen christlichen Leitern ergeht es nicht anders. Ein Ältester einer Gemeinde erzählte mir, dass er in den vielen Jahren seines Dienstes von seiner Gemeinde oft misshandelt worden war. Man hatte ihn gewürgt, geprügelt, sein Kinn gebrochen, angespuckt, verflucht, falsch angeklagt und ihm ein Gerichtsverfahren angedroht.

Das alles erklärt, warum so viele Pastoren und Gemeindemitarbeiter von Menschen enttäuscht und desillusioniert sind und nicht mehr für den Herrn arbeiten. Wenn unser Dienst jedoch von der Liebe zu Christus motiviert ist, dann haben wir mehr Durchhaltevermögen und finden in unserer Arbeit größere Erfüllung. Oswald Chambers, der Autor des klassischen Andachtsbuches *Mein Äußerstes für sein Höchstes,* erklärte es gut:

Das Weiden und Hüten von Schafen ist harte, beschwerliche Arbeit. Die Liebe zu den Schafen allein genügt nicht, sondern man muss eine verzehrende Liebe zum großen Hirten, dem Herrn Jesus Christus, haben. Dann wird seine leidenschaftliche Liebe durch Sie fließen und Menschen zu ihm ziehen.[9]

Damit ein christlicher Leiter durchhalten kann, muss er also Folgendes tun: Sein Dienst am Menschen muss aus Liebe zu Christus geschehen. Wenn wir das tun, dann wird uns die Arbeit Freude machen. Aber am wichtigsten ist: Gott wird unseren Dienst anerkennen und Freude daran haben. Daher sollte ein christlicher Leiter unbedingt von Christi Liebe und von seiner Liebe zu Christus motiviert sein. Sie sind die Grundlage für jeden christlichen Dienst.

Motiviert von der Liebe zu Menschen

Einige Stunden vor seinem Tod, nachdem er seinen Jüngern die Füße gewaschen hatte, gab Jesus ihnen *„ein neues Gebot“:*

> *Ein neues Gebot gebe ich euch, dass ihr einander liebt, damit, wie ich euch geliebt habe, auch ihr einander liebt. Daran werden alle erkennen, dass ihr meine Jünger seid, wenn ihr Liebe untereinander habt.* (Joh 13,34-35)

Wenn man das neue Gebot nicht versteht, kann man christliches Leben, Evangelisation oder Gemeindeleitung einfach nicht nachvollziehen. Beachten Sie, dass Jesus nicht nur sagte: „Liebt einander.“ Seine Aussage war viel tiefgreifender: Liebt einander, „wie ich euch geliebt habe“. Jesus nennt sich selbst als Vorbild für die Liebe. Seine Liebe gilt sowohl den ungeliebten als auch den geliebten Menschen. Es handelt sich um eine Liebe, die umsorgt und dem Nächsten uneigennützig dient. Darum wusch er seinen Jüngern die Füße und opferte sein Leben für uns am Kreuz.

Johannes erklärt, was es bedeutet, Jesu Liebe nachzuahmen: *„Hieran haben wir die Liebe erkannt, dass er für uns sein Leben hingegeben hat; auch wir sind schuldig, für die Brüder das Leben hinzugeben“* (1Jo 3,16). Benjamin B. Warfield sagt: „Aufopfernde Liebe ist das Herzstück des christlichen Lebens.“[10]

Das neue Gebot gilt jedem Christen und besonders den Leitern und Lehrern einer Gemeinde. Unser ganzer Dienst – wie Leiten, Lehren, Ermahnen, Schützen, Reden, Dienen, Motivieren, Organisieren, Planen, Besuchen, Beten, Beraten oder Evangelisieren – soll unter diesem Gebot stehen. So wie Jesus liebte, sollen auch wir unseren

Nächsten lieben. Wir sollen wie der große Hirte lieben, der sein Leben für die Schafe ließ (s. Joh 10,11).

Mehr als jeder andere Leiter im Neuen Testament zeigte Paulus allen, die er lehrte und anleitete, was diese aufopfernde Liebe Jesu bedeutet. Wie er mit der hitzigen Gemeinde in Korinth umging, zeigt, wie sehr Paulus von der Liebe motiviert war. Die Korinther machten ihm viel Kummer. Die meisten von uns hätten schon längst aufgegeben und wären verärgert weggegangen; aber Paulus versicherte ihnen immer wieder, wie sehr er sie liebte, obwohl sie ihm so viele Sorgen machten.

Der Ausleger Paul Barnett bemerkt dazu: „In der gesamten Geschichte haben nur wenige Geistliche unter ihrer Gemeinde so viel gelitten wie Paulus unter dem Verhalten der Korinther. Trotzdem behielt er sie weiter in seinem Herzen."[11]

Im 2. Korintherbrief sagt Paulus: *„Ich habe vorhin gesagt, dass ihr in unseren Herzen seid, um mitzusterben und mitzuleben"* (2Kor 7,3). Später schreibt er noch: *„Ich suche nicht das Eure, sondern euch … Ich will aber sehr gern alles aufwenden und mich aufopfern für eure Seelen"* (2Kor 12,14-15). James Denny erklärt, dass diese Sätze zu den „ergreifendsten Aussagen der Bibel gehören".[12] Weiter sagt Denny: „‚Nicht das Eure, sondern euch' sollte das Ziel eines jeden Geistlichen sein, der von Christus gelernt hat."[13]

Philip Hughes hat sich eingehend mit dem 2. Korintherbrief befasst, der Paulus' Herzenshaltung und sein Leben enthüllt. Er schreibt: „Kein Mensch auf der Welt hatte ein wärmeres und selbstloseres Herz als der Apostel Paulus. Sein ganzes Leben lang war die Liebe die Triebkraft für seinen Dienst als Apostel Christi."[14]

Paulus hatte gewaltige Gaben, aber es war seine Liebe, die ihn fähig machte, alles zu ertragen (s. 1Kor 13,7) und mit schwierigen Menschen gut umzugehen. Das Gleiche trifft auch heute auf christliche Leiter und Lehrer zu. Wie zum Beispiel auf Anthony Norris Groves, ein Missionar im Irak und in Indien. Er wurde der „Vater der Glaubensmission" genannt. Wie Paulus musste auch er viel für Christus leiden. Trotzdem war seine selbstlose Liebe zu den

Menschen eine herausragende Eigenschaft in seinem Leben. Diese Liebe hatte ihre Wurzeln in seiner Liebe zu Christus.

Der Biograf Robert Dann schreibt, wie Groves' Liebe zu den Menschen ihn trotz seiner Schwächen zu einem großen Missionar machte:

> *Er war kein begnadeter Evangelist oder begabter Redner. Auch war er nicht besonders gesellig, und Beziehungen waren für ihn oftmals schmerzlich. Er konnte weder gut organisieren noch leiten, noch war er körperlich und seelisch stark. Man könnte meinen, dass er eigentlich gar nicht zum Missionar taugte. Aber er besaß eine Eigenschaft, die alle seine Fehler überragte: Er wusste, wie man liebt. Liebe war der Schlüssel zu allem: „Ich fühle, dass die Liebe etwas unwahrscheinlich Heiliges ist: Sie tötet jenen abscheulichen Egoismus, der alle Menschen im Griff hat." Es war Liebe, die Menschen zu Christus brachte – und nicht irgendwelche Riten oder Regeln oder Bräuche oder Lehren, sondern nur Liebe. Und es war Liebe, die Menschen zu Norris Groves zog.*[15]

Auch der indische Evangelist und Gemeindegründer John Christian Arulappan, der erlebte, wie sich in Indien tausende Menschen bekehrten und viele Gemeinden gegründet wurden, bestätigt, wie Groves' Liebe wirkte. Er schreibt: „Er zeigte mir als sein geliebtes Kind in Christus Jesus eine tiefe Liebe. Ich habe noch nie jemanden gekannt, der mich um des Herrn Jesu willen so sehr geliebt hat."[16]

Christliche Leiterschaft, die von der Liebe motiviert ist, hat eine große Wirkung auf Menschen, weil diese sich nach Liebe sehnen. Diese Aussage wurde mir erst durch zwei Freunde, die eine Gemeinde gründeten, richtig bewusst. Kurz nach der Gründung veranstalteten sie für die neue Gemeinde eine Frage- und Antwortstunde. Während der Versammlung stellte eine junge Frau, die erst vor kurzem Christ geworden war, ihnen die Frage: „Wärt ihr bereit, für mich zu sterben?"

Sie waren von ihrer Frage vollkommen überrascht. Da sie nicht unaufrichtig sein wollten, gaben sie ihr eine weise Antwort. Sie sagten ihr, dass sie zuerst ihre Herzen vor Gott ehrlich prüfen wollten, um herauszufinden, ob ihre Liebe zu ihr wirklich so groß sei. Danach würden sie ihr antworten. Die Frage dieser jung bekehrten Frau war zutiefst biblisch. Was hätten Sie ihr geantwortet?

Anmerkungen zu Kapitel 3

1. Norman P. Grubb, *C. T. Studd: Cricketer and Pioneer* (Fort Washington, Pa.: Christian Literature Crusade, 1933), S. 132. [dt. *Charles T. Studd: Kein Opfer zu groß* (Gießen: Brunnen, 2014).]
2. Harold W. Hoehner, *Ephesians: An Exegetical Commentary* (Grand Rapids, Mich.: Baker, 2002), S. 489f.
3. William A. Quayle, *The Pastor-Preacher*, Hg. Warren W. Wiersbe (Grand Rapids, Mich.: Baker, 1979), S. 39.
4. Iain H. Murray, *David Martyn Lloyd-Jones: The First Forty Years 1899–1939* (Edinburgh: Banner of Truth, 1982), S. 85.
5. Hope MacDonald, *Discovering the Joy of Obedience* (Grand Rapids, Mich.: Zondervan, 1971), S. 45. [dt. *Herr, ich höre auf dich. Leben mit Gott – Leben im Gehorsam* (Stuttgart: Junge Gemeinde, 1982).]
6. A. J. Broomhall, *Hudson Taylor and China's Open Century*, Band 3: *If I Had a Thousand Lives* (London: Hodder and Stoughton, 1982), S. 442.
7. David Jones, „*Love: The Impelling Motive of the Christian Life*", in: *Presbyterion* 12 (Herbst 1986), S. 65.
8. Frank L. Houghton, *Amy Carmichael of Dohnavur* (1979; aktual. Aufl., Fort Washington, Pa.: Christian Literature Crusade, 1992), S. 105.
9. Oswald Chambers, *The Complete Works of Oswald Chambers* (Grand Rapids, Mich.: Discovery, 2000), S. 1361.

10. Benjamin Breckenridge Warfield, „*The Emotional Life of Our Lord*“, in: *The Person and Work of Christ* (Philadelphia: Presbyterian and Reformed, 1950), S. 64.
11. Paul Barnett, *The Second Epistle to the Corinthians,* NICNT (Grand Rapids, Mich.: Eerdmans, 1997), S. 361.
12. James Denny, *The Second Epistle to the Corinthians,* The Expositor's Bible (New York: Funk & Wagnalls, 1900), S. 363.
13. Ebd., S. 365.
14. Philip Edgcumbe Hughes, *Paul's Second Epistle to the Corinthians,* NICNT (Grand Rapids, Mich.: Eerdmans, 1962), S. 390.
15. Robert Bernard Dann, *Father of Faith Missions: The Life and Times of Anthony Norris Groves* (Waynesboro, Ga.: Authentic Media, 2004), S. 372.
16. Ebd.

TEIL 2

Charakter und Verhalten eines liebevollen Leiters

4

Langmut und Güte

„Die Liebe ist langmütig, die Liebe ist gütig.“
(1Kor 13,4)

Stellen Sie sich vor, wie mehr als dreihundert Christen aus vierzig verschiedenen Ländern und unterschiedlichen Glaubensrichtungen vierundzwanzig Stunden am Tag zusammen leben. Stellen Sie sich vor, wie alle in extrem engen Quartieren arbeiten, die meisten von ihnen zwei Jahre lang, manche sogar länger. Stellen Sie sich vor, dass alle dies ohne Bezahlung und ehrenamtlich tun! Tatsächlich läuft so das Leben an Bord des Schiffes MV *Doulos.*

In den vergangenen zwanzig Jahren segelte die *Doulos* um die Welt, legte in Häfen von mehr als hundert Ländern an und diente als christlicher Buchladen und Konferenzzentrum, das von achtzehn Millionen Menschen besucht wurde. Die *Doulos* und zwei andere ähnliche Schiffe sind das Ergebnis einer Vision George Verwers, des Gründers von *Operation Mobilisation* (bekannt als OM).[1] OM war damals eine der ersten Missionsgesellschaften für Kurzzeit-Einsätze und hat seither mehr als 150 000 Menschen für die Mission ausgebildet.

Die Ehrenamtlichen, die auf dem Schiff arbeiten, sind ganz gewöhnliche Menschen. Sie haben die gleichen Schwächen und Fehler wie andere Menschen. Sie durchleben an Bord der *Doulos* die gleichen Schwierigkeiten wie die Menschen an Land. Der einzige Unterschied ist, dass man auf dem Schiff vor Konflikten nicht wegrennen kann. Wie können die Menschen unter solch extremen Bedingungen zusammen leben und arbeiten, ohne sich gegenseitig zu zerstören? Die Antwort ist: durch Liebe.

George Verwer predigte schon zu Beginn von OM, dass ohne eine *Revolution der Liebe*[2] die Vision für die Schiffe und für tausende Kurzzeit-Verteileinsätze nur ein fantastischer Traum bleiben würde. Die Art der Liebe, die man für die Zusammenarbeit auf diesen Schiffen braucht, ist keine sentimentale, verweichlichte Liebe. Es bedarf der selbstlosen und aufopferungsvollen Liebe von Golgatha. Es braucht jene Liebe, die in 1. Korinther 13,4-7 beschrieben wird: *„Die Liebe ist langmütig, die Liebe ist gütig; sie neidet nicht; die Liebe tut nicht groß, sie bläht sich nicht auf, sie benimmt sich nicht unanständig, sie sucht nicht das Ihre, sie lässt sich nicht erbittern, sie rechnet Böses nicht zu, sie freut sich nicht über die Ungerechtigkeit; sondern sie freut sich mit der Wahrheit, sie erträgt alles, sie glaubt alles, sie hofft alles, sie erduldet alles.“* Das ist christusähnliche Liebe.

Keine Dichtung, sondern Anweisungen

Das 13. Kapitel des ersten Korintherbriefes ist keine theoretische Abhandlung über die Liebe oder ein hübsches Loblied, das die schönen Gefühle der Liebe verherrlicht. Paulus war kein romantischer Dichter. Er war ein Jünger Jesu Christi – ein globaler Missionar, Gemeindegründer, Pastor und Lehrer. Diese Worte sind ein wesentlicher Bestandteil seiner Belehrung und Zurechtweisung der Gemeinde in Korinth, die durch liebloses Verhalten gespalten wurde.

Um den Korinthern zu helfen, ihre eigenen Fehler und den *„noch besseren Weg“* zu verstehen, nennt Paulus fünfzehn positive und negative Ausdrücke für die Liebe.

Die Liebe ist

1. langmütig
2. gütig

Liebe ist *nicht:*

3. neidisch

4. prahlerisch
5. aufgeblasen
6. unanständig
7. selbstsüchtig
8. leicht reizbar
9. nachtragend
10. über Ungerechtigkeit erfreut

Die Liebe
11. freut sich mit der Wahrheit
12. erträgt alles
13. glaubt alles
14. hofft alles
15. erduldet alles

Diese fünfzehn Eigenschaften zeigen auf wunderbare Weise den Charakter und das Verhalten des Herrn Jesus Christus. Genau wie er sollen wir lieben und die Gemeinde leiten (s. 1Jo 2,6). Da Christus durch den Heiligen Geist in uns lebt und wirkt, sollten auch wir solch ein Verhalten zeigen – ob wir nun zu den Ältesten, Pastoren, Diakonen, Jungscharleitern, Sonntagsschulmitarbeitern, Chorleitern, Missionaren, Evangelisten, Bibelstudienleitern oder Gemeindeverantwortlichen gehören.

Wir sollten für unseren Dienst in der Gemeinde zuallererst nach diesen Eigenschaften trachten. Für das Leben in der Ortsgemeinde und für christliche Leiterschaft ist 1. Korinther 13 eines der wichtigsten Kapitel der Bibel. Hier wird beschrieben, wie wir uns in der Ehe, Freundschaft, Gemeinde und Gesellschaft zu verhalten haben. Es wird bestimmt, welchen Charakter wir haben sollten – denn *im christlichen Dienst ist der Charakter das Wichtigste.*

Paulus schrieb nicht nur schöne Worte über die Liebe, sondern er lebte diese auch vor, und die Korinther konnten die Wahrheit dieser Worte in seinem Leben sehen.

Die Liebe ist langmütig

Wenn wir unseren Herrn fragen könnten: „Wie ist ein liebevoller christlicher Leiter?“, würde er zuerst antworten: „Langmütig und gütig.“ Also beginnt und beendet Paulus seinen Liebeskatalog mit Langmut, jener Eigenschaft der Liebe, die alles erduldet (s. 1Kor 13,4.7). In einer unvollkommenen Welt muss ein geistlicher Leiter einen langmütigen Charakter haben.

Das griechische Wort für langmütig bedeutet „duldsam“ oder „nachsichtig“, besonders wenn es um persönliche Verletzungen oder ungerechte Behandlung geht. Der christliche Geist der Liebe trachtet nicht nach einer Revanche. Die Liebe lässt sich nicht schnell verärgern.

Gott selbst ist das allergrößte Vorbild für Langmut.[3] Wenn wir in der Gefahr stehen, mit anderen ungeduldig zu sein, sollten wir innehalten und darüber nachdenken, wie geduldig und barmherzig Gott mit uns und unserem Fehlverhalten ihm gegenüber ist. Wie anmaßend ist es doch im Lichte seiner Langmut uns gegenüber, zu denken, dass wir die Schwächen und Fehler anderer Menschen nicht geduldig ertragen können – oder dass wir es nicht aushalten, wenn sie uns ungerecht behandeln.

Fehlende Geduld ist bei einem christlichen Leiter ein gravierender Mangel. Unsere Arbeit mit Menschen ist in erster Linie geistliche Arbeit, daher sollte sie auf Gottes Art getan werden, also mit aller Langmut und gewissenhaft. Ein ungeduldiger Leiter wirkt sich auf Menschen genauso zerstörerisch aus wie ein ungeduldiger Vater auf seine Kinder oder ein ungeduldiger Hirte auf seine Schafe.

Langmut ist unentbehrlich, weil das Leben voller Enttäuschungen, Verletzungen und Ungerechtigkeiten ist. Es ist in der Tat unmöglich, Menschen zu führen, ohne irgendwann angegriffen zu werden. Die Menschen werden den Charakter ihrer Leiter angreifen, ihre Entscheidungen kritisieren, hinter ihrem Rücken böse über sie reden und ihre Liebe ausnutzen.

Die Liebe erduldet solche Angriffe. Daher sagt Paulus den Dienern des Herrn, dass sie langmütig sein sollen, wenn sie ungerecht behandelt werden:

> *Ein Knecht des Herrn aber soll nicht streiten, sondern gegen alle milde sein, lehrfähig, duldsam, und die Widersacher in Sanftmut zurechtweisen und hoffen, ob ihnen Gott nicht etwa Buße gibt zur Erkenntnis der Wahrheit und sie wieder aus dem Fallstrick des Teufels heraus nüchtern werden, da sie von ihm gefangen worden sind für seinen Willen.* (2Tim 2,24-26)

Langmut ist auch notwendig, um mit menschlichen Schwächen und Fehlern umzugehen. Wir müssen mit allen langmütig bzw. geduldig sein, die langsam lernen, die nicht bereit sind, sich zu ändern, die im Glauben schwach sind, die vorschnell klagen, die ihre Pflichten vergessen, die psychisch labil sind, die Angst haben oder die widerspenstig sind. Paulus lehrt: „*Weist die Unordentlichen zurecht, tröstet die Kleinmütigen, nehmt euch der Schwachen an,* ***seid langmütig gegen alle!***" (1Thes 5,14). Auch Timotheus gibt er die Anweisung: „*Predige das Wort … überführe, weise zurecht,* ***ermahne mit aller Langmut***" (2Tim 4,2).

Langmütige Leiter in Aktion

Langmütig zu sein bedeutet weder, dass man untätig ist, noch, dass man die Menschen nicht mit ihren Sünden konfrontiert. Ohne seinen langmütigen Dienst als Hirte wären Paulus und die Korinther getrennte Wege gegangen. Stattdessen konnte er die Beziehung durch seine bestimmte, aber geduldige Art, mit Problemen umzugehen, aufrechterhalten. Als die Korinther ihn ungerechtfertigt kritisierten, gab Paulus sie nicht einfach auf oder wandte sich von ihnen ab. Er war weder unversöhnlich, noch erwiderte er Böses mit Bösem oder war aggressiv. Stattdessen ging er auf ihre Kritik ein, zeigte ihnen ihre Sünden und warnte vor Strafe. Noch bemerkenswerter ist, dass er dabei echte Geduld und tief empfundene Liebe zeigte.

Daher konnte Paulus auch den Korinthern sagen, dass er ihnen in Langmut, Güte und Liebe diente:

> *Und wir geben in keiner Sache irgendeinen Anstoß, damit der Dienst nicht verlästert wird, sondern in allem empfehlen wir uns als Gottes Diener … in Langmut, in Güte, im Heiligen Geist, in ungeheuchelter Liebe.* (2Kor 6,3-4.6)

Heutzutage ist Langmut für christliche Leiter genauso wichtig wie zu Paulus' Zeiten. Oft wird die Langmut eines Leiters auf die Probe gestellt. Robert Chapman zum Beispiel war für seine Liebe sehr bekannt. Und wie alle liebevollen Leiter ging er mit schwierigen Menschen und Problemen bemerkenswert langmütig um.

Seine Langmut und seine Liebe zeigten sich deutlich, als zwischen zwei starken Persönlichkeiten einer bekannten Gemeinde in Plymouth, England, ein Streit ausbrach. Es waren John Nelson Darby, ein Vertreter des Dispensationalismus, und Benjamin W. Newton, der erste Lehrer der Gemeinde. Als Darby und Newton ihren Streit nicht beilegen konnten, verkündete Darby, dass er in Plymouth eine neue, konkurrierende Gemeinde gründen wolle. Darbys Vorschlag beunruhigte nicht nur viele Glieder der Gemeinde, sondern auch all jene, die mit dieser Gemeinde in Verbindung standen. Aus Liebe zu beiden Männern wollte Robert Chapman eine Versöhnung herbeiführen. Er drängte Darby, sein Vorhaben aufzugeben, doch Darby lehnte Chapmans Rat ab.

So entstanden durch Darby zwei ähnlich große Gemeinden in Plymouth. Es herrschte jedoch weiterhin Uneinigkeit, was wiederum andere Gemeinden mit einer ähnlichen Glaubensrichtung dazu brachte, sich für eine der beiden Seiten zu entscheiden. Ein Jahr später erhob John Darby noch ernstere Anklagen gegen B. W. Newtons Lehre. Mit der Zeit erkannte Newton seinen lehrmäßigen Irrtum und bekannte öffentlich, falsch gelegen zu haben. Aber Darby und seine Mitstreiter bestanden darauf, dass Newtons Umschwung nicht echt sei. Im Laufe der Zeit brachten sie viele Gemeinden dazu, Newton und seine Gemeinde aus ihrem Kreis auszuschließen. Newton erkannte seine Niederlage und verließ die Gemeinde in Plymouth für immer, doch der Kampf war noch lange nicht beendet. Er sollte sich über jedes vernünftige Maß ausweiten, so wie es bei Gemeindestreitigkeiten immer der Fall ist, und unsägliches Leid verursachen. Menschen auf beiden Seiten waren über den bitteren Streit untröstlich und versuchten immer wieder ohne Erfolg, sich zu versöhnen. Bei einem Treffen von zwölf einflussreichen Gemeindeleitern wurde versucht, den größer werdenden Streit zu schlichten. Während der Besprechung machte Robert Chapman eine seiner unvergesslichen Aussagen. Er konfrontierte John N. Darby mit den Worten „Du hättest mit der Trennung länger warten sollen", und bezog sich dabei auf Darbys Unfähigkeit, den Konflikt mit B. W. Newton zu lösen.

„Ich habe sechs Monate gewartet", erwiderte Darby.

Chapmans Antwort war ungewöhnlich grob: „Wenn es in Barnstable passiert wäre, hätten wir sechs Jahre gewartet."

Die weitere Entwicklung zeigte, dass Darby ungeduldig und unerbittlich war – nicht nur mit B. W. Newton, sondern auch mit vielen anderen.[4] Obwohl manche Menschen sehr unfreundlich über Darby sprachen und ihm die Gemeinschaft verweigerten, tat Robert Chapman das nicht. Seine Liebe zu John N. Darby blieb unvermindert. Er sprach nie geringschätzig über jene Geschwister, die Darby folgten, sondern nannte sie „geliebte Brüder, nach denen ich mich sehne". Chapmans Kummer war echt, weil er nach dem *„noch besseren Weg"* lebte.

Die Liebe ist gütig

Die ersten beiden von Paulus genannten Eigenschaften gehören zusammen und ergänzen sich perfekt: Die Liebe erduldet (die passive Eigenschaft) und die Liebe zeigt Güte (die aktive Eigenschaft). Langmut und Güte stellen die beiden Seiten der Münze Liebe dar. „Liebe ohne Güte ist genauso absurd wie ein Frühling ohne Blumen", schreibt W. Graham Scroggie.[5]

Güte ist die Bereitschaft, Gutes zu tun, zu helfen, Not zu lindern, nützlich zu sein, zu dienen, empfindsam zu sein und mit anderen mitzufühlen. Es wurde einmal gesagt: „Güte ist Liebe in Dienstkleidung."

Gott ist zu allen Menschen gütig[6], und mit dem Werk unseres Herrn Jesus Christus offenbarte sich diese überreiche und mitfühlende Güte. Die Evangelien sind voller Geschichten, wie Jesus Not leidenden Männern und Frauen seine Güte entgegenbrachte: Er berührte einen Mann, über den Lukas sagte, dass er *„voller Aussatz"* wäre (Lk 5,12-13). William Lane bezeichnet dies treffend als „eine unerhört barmherzige Tat".[7] Als Jesus eine körperbehinderte Frau traf, die nicht aufrecht gehen konnte und von einem dämonischen Geist besessen war, *„legte er ihr die Hände auf"* (Lk 13,13). Er berührte die Augen eines Blinden und speiste viele Menschen. Er nahm sich Zeit und segnete kleine Kinder. Jesus aß und sprach mit den am meisten gehassten Menschen seiner Zeit, den Zöllnern. Eine bekannte leichtlebige Frau fand zu seinen Füßen Güte und Gnade (s. Lk 7,37-39). Apostelgeschichte 10,38 fasst Jesu Wirken in einem Satz zusammen: *„Der ist umhergezogen und hat Gutes getan"* (Lutherbibel).

Die Macht der Güte

Die Bibel sagt, dass diejenigen, die die Gemeinde des Herrn leiten und lehren, Diener sind, die zu jedem gütig sein sollen (s. 2Tim 2,24). *„In allem empfehlen wir uns als Gottes Diener"*, schreibt Paulus, *„in Langmut, in Güte"* (2Kor 6,4.6).

Augustinus schreibt in seinem Buch *Bekenntnisse,* dass er, als er noch nicht bekehrt war, mehr von der Güte des begnadeten Predigers und Bischofs Ambrosius berührt war als von seiner hervorragenden Predigt:

> *Väterlich empfing mich jener Mann Gottes und freute sich wirklich bischöflich über meine Übersiedelung. Ich faßte Liebe zu ihm, doch liebte ich an ihm anfangs nicht den Lehrer der Wahrheit,*

weil ich an deiner Kirche gänzlich verzweifelte, sondern den mir gütig gesinnten Mann.[8]

Liebevolle Leiter sind auch zu den Leuten gütig, von denen sie kritisiert werden, die gegen sie arbeiten oder die sich ihnen widersetzen. Von Thomas Cranmer, dem Erzbischof der Kirche von England, wurde gesagt: „Auf Unrecht reagierte er mit Güte.“[9]

Leiterschaft ohne Güte ist eine Katastrophe. Das Alte Testament zeigt am Beispiel des Königs Rehabeam, Salomos Sohn, wie Unfreundlichkeit ihn vernichtete. Vor Rehabeams Krönung kam das Volk Israel zu ihm und wollte von ihm wissen, wie er über sie herrschen würde; denn sein Vater hatte sie hart unterdrückt. Bevor er dem Volk eine Antwort gab, beriet er sich mit den Ältesten – erfahrenen Männern, die seinem Vater gedient hatten und die guten und schlechten Prinzipien einer Herrschaft kannten. Sie gaben Rehabeam den Rat, mit Freundlichkeit und Güte zu regieren. Sie sagten: „*Wenn du zu diesem Volk gütig und ihnen zu Willen bist und gute Worte zu ihnen redest, dann werden sie alle deine Knechte sein*“ (2Chr 10,7).

Rehabeam ignorierte jedoch die Weisheit und Erfahrung dieser alten Männer und lehnte ihren Rat ab. Törichterweise nahm er stattdessen den Rat seiner jüngeren, unerfahrenen Freunde an, das Volk mit strenger, harter Hand zu regieren (s. 2Chr 10,10-11). Die Folge davon war ein Bürgerkrieg. Das Volk wollte keinen strengen, sondern einen gütigen König. Und die Menschen von heute sind kein bisschen anders. Güte ist der Schlüssel dazu, Menschen wirksam zu leiten.

Wenn wir Menschen für Jesus Christus gewinnen und sie positiv beeinflussen wollen, dann müssen wir uns immer wieder darum bemühen, gütig zu sein. Freundliche Gesten haben eine große Wirkung auf Menschen und wecken ihr Interesse: eine Karte an einen Kranken, ein fürsorglicher Telefonanruf, eine Einladung zum Abendessen, die Bereitschaft, in der Not zu helfen, eine mitfühlende Bemerkung, eine zärtliche Berührung, eine nette Geste, Interesse an den Sorgen des Nächsten zeigen, ein Besuch. Der Weg der Güte ist der „*noch bessere Weg*“.

Anmerkungen zu Kapitel 4

1. Weitere Schiffe sind die MV *Logos* (1970–1988), die vor der Küste Chiles sank, und die MV *Logos II* (fährt seit 1990). Ein weiteres neues Schiff ist die *Logos Hope,* die von der *Logos II* ersetzt werden wird. Geschichten über diese Schiffe schrieb Elaine Rhoton in *Die Doulos-Story* (Holzgerlingen: Hänssler, 2003) und in *Die Logos Story* (Neuhausen-Stuttgart: Hänssler, 1989).
2. George Verwer, *The Revolution of Love* (Waynesboro, Ga.: OM Lit., 1993).
3. 2Mo 34,6; Jes 7,13; Jer 15,15; Röm 2,4; 9,22; Gal 5,22; 1Tim 1,16; 2Petr 3,9.15.
4. Jonathan D. Burnham, *A Story of Conflict: The Controversial Relationship between Benjamin Wills Newton and John Nelson Darby* (Waynesboro, Ga.: Paternoster Press/Authentic Media, 2004).
5. W. Graham Scroggie, *The Love Life: A Study of 1 Corinthians 13* (London: Pickering & Inglis, o. J.), S. 39.
6. Rt 2,20; 2Sam 9,3; Ps 106,7; 145,17; Lk 6,35; Röm 2,4; 11,22; Eph 2,7; Tit 3,4; 1Petr 2,3.
7. William L. Lane, *The Gospel According to Mark,* NICNT (Grand Rapids, Mich.: Eerdmans, 1974), S. 87.
8. Augustinus, *Bekenntnisse. Des heiligen Kirchenvaters Aurelius Augustinus Bekenntnisse. Aus dem Lateinischen übersetzt von Dr. Alfred Hofmann.* Bibliothek der Kirchenväter, 1. Reihe, Band 18; Augustinus Band VII (München: Der Jos Kösel Buchhandlung, 1914), S. 182. URL: https://bkv.unifr.ch/de/works/cpl-251/versions/aug-conf-bkv/divisions/77
9. Alfred Tennyson, *Queen Mary* (Boston: James R. Osgood, 1875), S. 194.

5

Weder neidisch noch prahlerisch

„Die Liebe neidet nicht, die Liebe tut nicht groß.“
(1Kor 13,4)

Auf seiner zweiten Missionsreise kam Paulus nach Korinth, wo er achtzehn Monate lang blieb (s. Apg 18,11). Korinth war zu jener Zeit eine wohlhabende römische Kolonie und für Paulus eine strategisch wichtige Stadt, um das Evangelium weiterzuverbreiten. Korinth war Rom in Miniaturausgabe: ein blühendes, reiches Handelszentrum, das seinen Bürgern und Reisenden alle Vergnügen einer aufgeklärten Weltstadt bieten konnte. Die Menschen dieser Kultur setzten Erfolg mit Reichtum, persönlichem Ansehen, Leistungsstreben, Weisheit und Wissen gleich. Dieses Wertesystem durchdrang nicht nur die ganze Kultur, sondern hatte auch auf die christliche Gemeinde einen negativen Einfluss. Ein Ausleger schreibt: „Das Problem war nicht, dass die Gemeinde in Korinth war, sondern dass Korinth zu viel Einfluss auf die Gemeinde hatte.“[1]

Als Paulus den 1. Korintherbrief schrieb, ungefähr dreieinhalb Jahre nachdem er die Stadt verlassen hatte, machte er die Gemeinde auf ernsthafte Probleme aufmerksam. Die Wurzel dieser Probleme bestand in ihrer weltlichen Einstellung und Glaubenshaltung, die dem Evangelium vom Kreuz Christi und seiner Weisheit zutiefst feindlich gegenüberstanden.

Wegen der vielen Sünden in der Gemeinde fühlte sich Paulus gezwungen, acht Eigenschaften aufzuzählen, die mit der Liebe unvereinbar sind. Diese acht Eigenschaften – sie alle verraten einen schuldhaften Mangel an Liebe – spalteten die Gemeinde in Korinth, so wie sie auch heute die Gemeinden spalten.

Paulus sagt klar und deutlich, dass Liebe ...

1. nicht neidet
2. nicht großtut
3. sich nicht aufbläht
4. sich nicht unanständig benimmt
5. nicht das Ihre sucht
6. sich nicht erbittern lässt
7. das Böse nicht zurechnet
8. sich nicht über Ungerechtigkeit freut

Diese acht Laster sind mit der Liebe vollkommen unvereinbar. Sie sind Ausdruck einer egozentrischen Lebenseinstellung, die Beziehungen zerstört und die Einheit, die das Kennzeichen jeder Gemeinde sein sollte, vernichtet. Paulus' Aufzählung dient als objektiver Maßstab, um unser egoistisches Verhalten zu korrigieren und uns auf den *„noch besseren Weg"* zu führen.

Die Liebe neidet nicht

Zuallererst nennt Paulus ein Laster, das viele Beziehungen zerstört und zahlreiche Gemeinden gespalten hat – Neid bzw. Eifersucht. Die Eifersucht spaltete die Gemeinde in Korinth und widerlegte die prahlerische Behauptung der Korinther, geistliche Menschen zu sein: *„Denn wo Eifersucht und Streit unter euch sind, seid ihr da nicht fleischlich und wandelt nach Menschenweise?"* (1Kor 3,3).

Ein neidischer Mensch ärgert sich über das Glück des anderen. Neid begehrt die Gaben, den Besitz und die einflussreichen Positionen anderer Menschen. Neid ist misstrauisch und missgönnt dem Nächsten seine Beliebtheit. Nathaniel Vincent beschreibt unverblümt den quälenden, egoistischen neidischen Geist:

> *Wie höllisch ist doch die Laune eines neidischen Menschen! Das Glück und das Gute des anderen sind sein Elend und sein Leid.*

> *Auf die Tugend eines anderen Menschen schaut der neidische Mensch missgünstig, und wenn ein anderer gelobt wird, bedauert er es so sehr, als hätte man dieses Lob von ihm genommen. Neid macht ihn zum Hasser seines Nächsten und zu seinem eigenen Folterer.*[2]

Neid ist mit der Liebe vollkommen unvereinbar. Neid zerstört Liebe – und somit auch den Charakter eines geistlichen Leiters.

Neid ist zerstörerisch

Die Geschichte von König Saul und David zeigt deutlich, wie zerstörerisch Neid im Leben eines Leiters ist. Am Anfang hatte Saul David lieb, aber unmittelbar nach dem erstaunlichen Sieg des Hirtenjungen über den Riesen Goliat wurde der König neidisch auf ihn.

Tatsächlich gab es an David viel zu beneiden. Er war jung, sah gut aus, war stark, klug, talentiert und beliebt. In allem, was er tat, segnete Gott ihn reichlich, und er wurde ein erfolgreicher Krieger *„und sein Name wurde sehr berühmt"* (1Sam 18,30). Er war so sehr beliebt und wurde so sehr bewundert, dass die Frauen sangen: *„Saul hat seine Tausende erschlagen und David seine Zehntausende"* (1Sam 18,7).

Dieser Vergleich der Siege Sauls mit den größeren Erfolgen Davids verärgerte den König und löste in ihm abscheuliche Gefühle der Eifersucht aus. Er fing an, David zu hassen, und stellte sich ihm bei jeder Gelegenheit in den Weg. Wann immer er konnte, sprach er schlecht über ihn und trachtete danach, David zu vernichten. Anstatt seinen Neid zu bereuen und zu versuchen, David mit Gottes Hilfe als Gottes Geschenk für die Nation anzuerkennen, gab Saul seiner Sünde freien Lauf. Sein Neid führte zu Unzufriedenheit, paranoiden Gedanken, persönlichem Elend und Mordgedanken. Am Ende zerstörte Saul sich selbst und verlor sein Königreich. Sein Leben beweist, dass es da, wo Neid und Eifersucht herrschen, keinen Platz für die Liebe gibt.

Keiner von uns ist gegen egozentrische und neidische Gefühle immun. Sogar die selbstlosesten Missionare und Diener des Herrn haben mit dieser Sünde gekämpft.

Georg Müller war der Gründer des Ashley-Down-Waisenhauses in Bristol, England. Als er gemeinsam mit Henry Craik die geistliche Leitung der Gemeinde in Bristol übernahm, bemerkte Müller, dass die Menschen lieber dem anderen Prediger als ihm zuhörten. Henry Craik war nicht nur ein hervorragender Bibellehrer, sondern auch ein erstklassiger Gelehrter des Hebräischen. Im Gegensatz zu König Saul war Müller jedoch ein Mann des Gebets, der außergewöhnlichen Glauben besaß. Er bekannte seinen Neid, den er seinem Mitarbeiter gegenüber fühlte, und stellte sich seiner Sünde:

> *Als ich 1832 bemerkte, dass manche Menschen lieber meinem teuren Freund als mir zuhörten, beschloss ich, in der Kraft Gottes, mich darüber zu freuen, anstatt ihn zu beneiden. Ich sagte wie Johannes der Täufer:* „Ein Mensch kann nichts empfangen, es sei ihm denn aus dem Himmel gegeben" *(Joh 3,27).*[3]

Indem er so dem Teufel widerstand, verhinderte Georg Müller eine Trennung.

Die Freundschaft zwischen Georg Müller und Henry Craik dauerte sechsunddreißig Jahre, bis Craik starb.[4] Obwohl beide Männer sehr starke und viel begabte Männer mit ziemlich unterschiedlichen Persönlichkeiten waren, war ihre lange Freundschaft ein offenes Zeugnis für die Macht der christlichen Liebe. Müller war für seine zahlreichen lebenslangen Freundschaften mit Menschen wie Hudson Taylor, Charles Spurgeon, D. L. Moody, Robert Chapman und anderen bekannt. Leider haben neidische Menschen nur wenige echte Freunde und dafür viele Schwierigkeiten.

Wir müssen uns der Tatsache bewusst sein, dass unter der Gemeinde Gottes und den christlichen Leitern Neid eine vorherrschende Sünde ist. Pastoren können absonderliche Dinge tun, um begabte Menschen, die ihnen gefährlich werden können, aus ihrer Gemeinde zu vertreiben. Gemeinden können andere Gemeinden darum beneiden, dass sie größer sind oder schneller wachsen. Missionare können andere Missionare darum beneiden, dass sie erfolgreicher sind oder mehr unterstützt werden. Bibellehrer können andere Bibellehrer beneiden, weil sie beliebter sind. Sänger können andere Sänger beneiden, weil diese öfter singen oder mehr Applaus erhalten. Älteste können andere Älteste der Gemeinde beneiden, die mit ihrem Wissen glänzen oder eine Gemeinde besser leiten können. Diakone können andere Diakone beneiden, weil deren Dienst effektiver ist oder weil sie öfter um Hilfe gebeten werden.

Die Liebe freut sich mit den anderen

Die Liebe „brennt nicht vor Neid".[5] Die Liebe ist großherzig und am Nächsten orientiert, sie ist bescheiden und will dem Nächsten nur Gutes tun. „Wenn die Liebe jemanden sieht, der beliebt, erfolgreich, schön oder begabt ist, dann freut sie sich für denjenigen und ist niemals eifersüchtig oder neidisch."[6] Die Bruderliebe versucht *„in Ehrerbietung einer dem anderen voranzugehen"* (Röm 12,10).

Der liebevolle Barnabas zum Beispiel, der Mitarbeiter des Paulus', freute sich über dessen große Begabung und lud ihn ein, als ein Lehrer in der Gemeinde in Antiochien wichtige Aufgaben zu übernehmen (s. Apg 11,19-26). Der liebevolle Jonatan, König Sauls Sohn, war vollkommen anders als sein neidischer Vater. Er bewunderte und schätzte Davids Führungsfähigkeiten. Er war bereit, seine eigene Zukunft als König zu gefährden, um David zu beschützen und zu unterstützen (s. 1Sam 23,16-17).

Als christliche Leiter sollte die Liebe uns dazu bringen, uns bewusst über den Erfolg und die Gaben anderer zu freuen. Wir sollten bestrebt sein, andere bei ihrer Gemeindearbeit zu unterstützen und mit ihren Stärken und Gaben so umgehen, als wären es unsere (s. 1Kor 12,25-26). Wenn wir spüren, dass wir andere beneiden, dann müssen wir diese Gefühle bekennen und genau benennen – nämlich Sünde und Egoismus. Wie Georg Müller sollten wir, mit Gottes Hilfe, uns dazu entschließen, uns über den Erfolg unseres Nächsten zu freuen. Wir werden glücklicher und zufriedener sein; und Gott wird Freude daran haben, wenn wir unser Denken und Handeln nach dem *„noch besseren Weg"* ausrichten.

Die Liebe tut nicht groß

So wie Neid Sünde ist, so ist auch die Prahlerei eine sündige Beschäftigung mit dem eigenen Ich. Prahler sehnen sich nach Aufmerksamkeit. Sie wollen, dass andere ihre Fähigkeiten, ihr Wissen, ihren Erfolg und sogar ihr Leiden für Gott bewundern. Weil sie Anerkennung wollen, sprechen sie viel zu oft und in den höchsten Tönen über sich selbst, auch wenn sie nichts Wichtiges zu sagen haben.

Prahlerei war lange Zeit ein ernstes Problem unter den religiösen Menschen. Die scheinheiligen, großspurigen Pharisäer begehrten schamlos die Aufmerksamkeit der Menschen. Sie waren fromme Angeber. Jesus erwähnte, wie sehr es ihnen gefiel, in der vordersten Reihe der Synagoge zu sitzen, in der Öffentlichkeit respektvoll gegrüßt und für ihre öffentlichen frommen Taten gelobt zu werden. Genauso prahlten auch die Gläubigen der Gemeinde in Korinth mit ihrer Klugheit und Weisheit, mit der Redekunst ihrer Lehrer und mit ihren außerordentlichen geistlichen Erfahrungen. Sie waren eingebildet und hatten absolut keine Liebe.

Diese Art der Prahlerei gibt es auch heute noch. Ich kann mich noch gut an einen Missionar und Evangelisten erinnern, der mit einigen anderen zu mir zum Abendessen kam. Drei Stunden lang erzählte er nur von sich selbst, seinem Dienst und seinem Erfolg. Er erzählte uns, wie hart er arbeitete, wie oft und wie weit er reiste und wie sehr Gott ihn segnete. Während des gesamten Abendessens stellte er den anderen nicht eine einzige Frage. Er war ein Prahler.

Ein anderes Mal war ich auf einer Gemeindekonferenz, wo sich Hunderte Organisationen und Büchertische vorstellten. Unser

Büchertisch stand neben dem Stand eines international bekannten Predigers und Autors. Die ganze Zeit, die er an seinem Stand verbrachte, sprach er ununterbrochen von sich selbst. Wir mussten zufällig mit anhören, wie er ganze zwei Tage lang sich selbst in den Himmel lobte. Er erzählte jedem, wie groß seine Gemeinde war, wie viele Leute zu seinem Personal gehörten und wie viel Geld die Gemeinde hatte. Er schämte sich noch nicht einmal, die Namen berühmter Personen, die er kannte, und die Orte, an denen er gepredigt hatte, zu nennen. Er war ein Prahler.

Prahlerei hilft keinem Menschen. Wir nennen es auch „hohles Geschwätz“. Scroggie sagt: „Es gibt nur eine Art der Prahlerei. In Wirklichkeit ist sie nichts als Leere. Prahlerei ist immer eine Werbung für Armut.“[7] Prahlerei baut weder die christliche Gemeinschaft auf noch dient sie ihr. Prahlerei gibt nicht Christus die Ehre, sondern spaltet die Menschen und schüchtert sie ein. Prahlerei weckt in anderen Menschen Neid und ist besonders bei christlichen Leitern zu verabscheuen. Sie verdirbt den Charakter eines Gemeindeleiters, und wir wollen verhindern, dass die Menschen in einer Gemeinde solch einem Beispiel folgen. Prahler missachten ganz offensichtlich Gottes Verbot, sich selbst zu loben: *„Es rühme dich ein anderer und nicht dein eigener Mund, ein Fremder und nicht deine Lippen!“* (Spr 27,2).

Prahler machen sich groß, Eifersucht macht Menschen klein, aber liebevolle Menschen bauen andere auf.

Die Liebe fördert und lobt die anderen

Die Liebe fördert und lobt die anderen. Sie ist zurückhaltend und scheut davor zurück, über sich selbst zu sprechen. Diejenigen also, die Christi Liebe besitzen, haben Freude daran, ihre Aufmerksamkeit anderen Menschen zu schenken und diese in den Mittelpunkt zu stellen.

Im Kontext seiner Ausführungen über geistliche Gnadengaben schreibt Paulus: *„Denn ich sage durch die Gnade, die mir gegeben wurde, jedem, der unter euch ist, nicht höher von sich zu denken, als zu* *denken sich gebührt, sondern darauf bedacht zu sein, dass er besonnen ist"* (Röm 12,3). Das bedeutet nicht, dass wir nie über uns selbst sprechen sollen oder andere uns nicht über unsere Interessen oder unseren Dienst fragen dürfen. Zwischen schlichtem Reden über sich selbst und sündhaftem, selbstgefälligem Prahlen gibt es eine feine Grenze. So wie Paulus und Barnabas müssen auch die Missionare all denen, die sie unterstützen, von Gottes Wirken durch ihre Arbeit berichten (s. Apg 14,27; 15,3). Geschickte Lehrer verwenden oft Anschauungsbeispiele aus ihren eigenen Erlebnissen, um wirkungsvoll zu kommunizieren, ohne zu prahlen (s. Gal 2,1-14). Im Gegensatz dazu benutzen Angeber Menschen nur, um ihr eigenes Defizit nach Aufmerksamkeit und Lob zu befriedigen.

Ein Missionar und Freund traf auf einem Schiff, das ihn nach Afrika zurückbrachte, den jungen Billy Graham, der Liebe zeigte, die nicht prahlt. Graham war auf dem Weg nach London. Als die beiden Männer auf der Reise miteinander sprachen, wurde mein Freund von Graham tief berührt. Graham wollte etwas über das Leben meines Freundes und dessen Dienst in Afrika wissen. Sein Interesse an der Arbeit war wirklich echt. Meinem Freund fiel an Graham besonders auf, dass er selten über sich und seine außergewöhnlichen Erfolge als Evangelist sprach. Am Ende der Reise fragte der Missionar den jungen Evangelisten, wie er für ihn beten könne, und die Antwort war: „Beten Sie, dass ich ein demütiger Mensch werde." Dieses Gebet offenbarte ein Herz voller Weisheit und Liebe. Jahrzehnte später zeigte sich, dass man Graham nicht vorwerfen konnte, dass er sich etwas auf seine Gaben oder seinen Erfolg eingebildet habe.

Daraus kann man lernen, dass *demütige Menschen keine Prahler sind, die sich mit sich selbst beschäftigen.* Stattdessen unterstützen und loben sie andere Menschen gemäß dem *„noch besseren Weg"*.

Anmerkungen zu Kapitel 5

1. David E. Garland, *1 Corinthians,* BECNT (Grand Rapids, Mich.: Baker, 2003), S. 8.
2. Nathaniel Vincent, *A Discourse Concerning Love* (1684; aktual. Aufl., Morgan, Pa.: Soli Deo Gloria, 1998), S. 82.
3. W. Elfe Tayler, *Passages from the Diary and Letters of Henry Craik of Bristol* (London: Paternoster, o. J.), S. xiii.
4. Sein Biograf bemerkt:
   „Keine Charaktereigenschaft Craiks kam mehr zum Vorschein als seine Liebe. Diese Liebe strahlte aus seinem ganzen Verhalten, mit jedem Ton seiner Stimme kam sie zum Vorschein, und sein Leben war ein sichtbarer Beweis der Worte *„Tue allen Gutes"*. Sie kamen in seinen tiefgründigen Predigten zum Ausdruck, offenbarten sich in seinem feinen Gespür für das Gute im Menschen, seinem tiefen Mitgefühl für leidende Menschen und in seiner großen Zuneigung zu seinen Freunden, besonders jedoch zu seinen Familienmitgliedern. Es gibt wohl kaum einen liebevolleren und mitfühlenderen Menschen, der auf dieser Welt gelebt hat."
   Tayler, *Passages from the Diary and Letters of Henry Craik of Bristol,* S. 307.
5. Anthony C. Thiselton, *The First Epistle to the Corinthians,* NIGTC (Grand Rapids, Mich.: Eerdmans, 2000), S. 1048.
6. John MacArthur, *1 Corinthians* (Chicago: Moody Press, 1984), S. 340.
7. W. Graham Scroggie, *The Love Life: A Study of 1 Corinthians 13* (London: Pickering & Inglis, o. J.), S. 40.

6

Weder arrogant noch unanständig

„Die Liebe … bläht sich nicht auf, sie benimmt sich nicht unanständig."
(1Kor 13,4-5)

Es gibt kaum etwas, das mit Jesus Christus, der Botschaft vom Kreuz und der christlichen Liebe unvereinbarer ist als arrogante Selbstgefälligkeit. Christen sind Sünder, die durch Gottes Gnade gerettet sind. Alle unsere Gaben und unser christlicher Dienst sind uns von Gott geschenkt worden. So sagt es auch die Schrift: *„Was aber hast du, das du nicht empfangen hast? Wenn du es aber auch empfangen hast, was rühmst du dich, als hättest du es nicht empfangen?"* (1Kor 4,7).

In der Arbeit für den Herrn hat Ichbezogenheit nichts zu suchen, besonders nicht bei denen, die Gläubige leiten und lehren. Trotzdem ist Arroganz unter christlichen Leitern heutzutage ein weitaus bekanntes Problem.

Während der Abschlussfeier auf einer Bibelschule sprach der Präsident der Schule über ein schwieriges Thema: das „Bonzen-Syndrom". Er warnte die Absolventen davor, überheblich zu sein und sich wie Bonzen anstatt wie demütige Diener Jesu Christi zu benehmen. Zur Veranschaulichung schnitt er ein Handtuch in kleine Stücke und legte diese in einen Korb. Nach seiner Rede sollte jeder Absolvent nach vorne kommen, um sich einen Stofffetzen zu nehmen. Dann forderte er sie auf, den Stoff in ihre Brieftasche zu legen, um sich immer an Jesu Demut zu erinnern, der mit einem Handtuch die Füße seiner Jünger abgetrocknet hatte. Was für eine ausgezeichnete Gedächtnisstütze für diese jungen Diener des Evangeliums! Jeder, der in einer Gemeinde eine leitende Funktion hat, sollte daran denken, wie demütig Christus war.

Die Liebe bläht sich nicht auf

In der Gemeinde von Korinth herrschte ein arroganter Geist, der Ursache für viele Probleme war.[1] Arroganz ist das Gegenteil von Liebe, weil sie sich mehr auf die eigene Person als auf andere Menschen konzentriert. Arrogante Menschen – besonders religiöse – denken, dass sie besser sind als andere Menschen. Sie denken, dass sie mehr wissen, als sie es tatsächlich tun, sie halten sich für frommer als andere und für begabter, als sie in Wirklichkeit sind. Sie sind blind für die eigenen offensichtlichen Sünden, persönlichen Schwächen und Irrtümer in der Lehre. Amy Carmichael sagte einmal: „Diejenigen, die zu hoch von sich denken, denken nicht genug."[2]

Das griechische Wort für arrogant kann wörtlich mit „anschwellen" oder „aufgeblasen" übersetzt werden. J. B. Phillips gibt das in seiner Übersetzung treffend wieder: Liebe „achtet nicht den aufgeblasenen Gedanken über die eigene Wichtigkeit."[3] Mit anderen Worten: Die Liebe hat keinen Minderwertigkeitskomplex. Diesen wichtigen Gedanken mussten die Jünger Jesu verstehen, weil zu ihrer Zeit viele fromme Führer stolz und überheblich waren. Ein überheblicher Pharisäer betete: *„Gott, ich danke dir, dass ich nicht bin wie die übrigen Menschen"* (Lk 18,11).

Im Gegensatz dazu verbot Jesus seinen Jüngern ausdrücklich jede Art der Selbstvergötterung: *„Der Größte aber unter euch soll euer Diener sein. Wer sich aber selbst erhöhen wird, wird erniedrigt werden; und wer sich selbst erniedrigen wird, wird erhöht werden"* (Mt 23,11-12). Demut im Geist, und nicht Arroganz, ist das Kennzeichen der Nachfolger Christi. Arroganz ist nicht ein Charakterzug Christi, sondern des Teufels (s. Jes 14,13-14). Auch Jonathan Edwards machte die weise Äußerung: „Nichts bringt den Christen so außer Reichweite des Teufels wie die Demut."[4]

Ein weiteres Beispiel aus dem Neuen Testament für einen arroganten Gemeindeleiter, der sich für ein hohes Tier hielt, ist Diotrephes:

> *Ich habe der Gemeinde etwas geschrieben, aber Diotrephes, der gern unter ihnen der Erste sein will, nimmt uns nicht an. Deshalb, wenn ich komme, will ich seine Werke in Erinnerung bringen, die er tut, indem er mit bösen Worten gegen uns schwatzt; und sich hiermit nicht begnügend, nimmt er selbst die Brüder nicht an und wehrt auch denen, die es wollen, und stößt sie aus der Gemeinde.* (3Jo 9-10)

Diotrephes war dermaßen überheblich, dass er den geliebten Apostel Johannes kritisierte und nicht auf ihn hören wollte. Er beschimpfte Menschen, die eine andere Meinung hatten, verbreitete eine Atmosphäre der Angst innerhalb der Gemeinde und bestand auf seinem Willen. Er baute die Menschen nicht auf, sondern schränkte sie ein. Er förderte nicht die Einheit, sondern die Spaltung. Er war kein demütiger und dienender Leiter. Er wollte seinen Dienst in der Gemeinde nicht mit seinesgleichen und Kollegen wie Paulus teilen. Göttliche Korrektur und Zurechtweisung lehnte er ab. Sein Herz zeigte vor Gott keine Reue, und seine arrogante Haltung spaltete die Menschen und schadete der Gemeinde. Diotrephes war, wie Paulus es ausdrückte: *„ein tönendes Erz ... oder eine schallende Zimbel“* (1Kor 13,1).

Die Liebe ist demütig und bescheiden

Der Charakter der Liebe ist das Gegenteil von Arroganz. Die Liebe ist sich selbst und anderen gegenüber demütig und bescheiden (s. Röm 12,3). Der Geist der Liebe sagt: *„Sinnt nicht auf hohe Dinge, sondern haltet euch zu den Niedrigen, seid nicht klug bei euch selbst!“* (Röm 12,16). Auch Petrus ermahnte die Ältesten der Gemeinde: *„Umkleidet euch mit Demut!“* (1Petr 5,5). Und Paulus erinnerte die Ältesten in Ephesus daran, dass er *„dem Herrn diente mit aller Demut“* (Apg 20,19).

Die Demut gehört zur Geisteshaltung eines Dieners. Sie macht einen christlichen Leiter lernfähiger und bereit, konstruktive Kritik anzunehmen. Demut befähigt den Leiter zur Teamarbeit und zum besseren Umgang mit dem Versagen und den Sünden anderer Menschen. Sie macht den Menschen friedlicher und bereitwilliger, sich anderen zu unterwerfen und sich nach einem Streit schneller zu versöhnen. Ohne Demut kann man kein christusähnlicher Leiter sein (s. Mt 11,29; Phil 2,7-8).

Demut befähigt die Lehrer der Heiligen Schrift, sich auf Menschen aus allen sozialen Schichten einzulassen, sogar auf die ärmsten und ungebildeten Menschen, so wie es unser Herr Jesus Christus tat. Lehrer des Wortes Gottes müssen demütige Diener sein, oder sie widersprechen der Botschaft der Bibel.

Paulus und Apollos waren hochbegabte Leiter und Lehrer. Sie hätten wegen ihrer Intelligenz und aufgrund ihrer vielen Erfolge bei der Verbreitung des Evangeliums leicht versucht werden können, überheblich zu werden. Trotzdem erinnert Paulus die Korinther, die sich ihrer überlegenen Lehrer rühmten, dass er und Apollos nur demütige Diener des Herrn waren, nichts weiter. Er schreibt: *„Was ist denn Apollos? Und was ist Paulus? Diener, durch die ihr gläubig geworden seid, und zwar wie der Herr einem jedem gegeben hat“* (1Kor 3,5).

Liebevolle Leiter und Lehrer sind also demütig und bescheiden. Sie behandeln andere Menschen nicht hochmütig, sondern mit Respekt. Sie schauen von sich weg und dienen anderen demütig und bauen sie auf.

C. S. Lewis, einer der bekanntesten christlichen Schriftsteller der Welt, war ein demütiger Mann, der als Lehrer nach dem *„noch besseren Weg“* der Liebe lebte. Lewis lehrte an den Universitäten in Oxford und Cambridge und wurde international bekannt, als er sich vom Atheismus zum Christentum bekehrte. Er schrieb viele christliche Bücher, die millionenfach verkauft und in viele Sprachen übersetzt wurden. Seine Bücher haben unzählige Menschen mit Jesus Christus in Berührung gebracht.

Trotz dieses großen, weltweiten Erfolgs war Lewis ein demütiger Mann und lehrte sowohl die Gelehrten als auch die Kinder. Er stand für jeden Menschen zur Verfügung, der seinen Rat suchte. Er beantwortete Tausende Briefe von ganz normalen Menschen selbst, die er nie kennengelernt hatte und die ihn um Hilfe baten. Lewis glaubte, dass es Gottes Wille sei, jeden Brief zu beantworten, wie er es auch tat, und „er behandelte jeden Briefschreiber so, als sei er genauso wichtig wie der König oder die Königin von England."[5] Das ist ein bemerkenswertes Kompliment, wenn man seinen anspruchsvollen Terminplan berücksichtigt. Er beantwortete die Fragen der Menschen über Depressionen, Eheprobleme und schwierige theologische Probleme. Außerdem betete er täglich für viele besorgte Menschen, die ihn darum baten - Menschen, die er nie getroffen hatte –, und einige davon waren ziemlich exzentrisch.

Lewis (ein Anglikaner) besuchte die nahe gelegene anglikanische Kirche, wo er mit verschiedenen Personengruppen in Kontakt stand. Einige wussten nicht einmal von seinem schriftstellerischen Erfolg und dass er weltweit beliebt war. Da im Himmel alle möglichen Menschen Gott anbeten würden, war es für Lewis undenkbar, eine Kirchengemeinde zu suchen, die nur aus Akademikern und Gelehrten bestand. Der Gottesdienst in seiner örtlichen Gemeinde war für ihn die Vorbereitung auf den himmlischen Gottesdienst.[6] Clifford Morris, sein Taxifahrer (Lewis besaß kein Auto), erzählt, wie demütig Lewis sich gegenüber anderen Menschen verhielt. Lewis behandelte ihn, so wie er es mit jedem tat, immer korrekt und mit Respekt. Lyle W. Dorsett, ein Biograf C. S. Lewis', schreibt:

> *Obwohl zwischen ihrem sozialen Stand und Bildungsniveau ein großer Unterschied bestand, empfand Morris Mr. Lewis, der ihn immer ebenbürtig behandelte, als warmherzig und angenehm. Dieses Benehmen überraschte Morris und machte ihn glücklich, weil andere Männer - auch Christen - nie so großherzig waren. Gelegentlich geschah es, dass Professor Lewis in den Wagen stieg und auf dem Weg nach Cambridge sagte: „Morris, es tut mir*

leid, dass ich eine Viertelstunde nicht mit Ihnen reden kann, aber ich muss beten."[7]

C. S. Lewis hatte wirklich verstanden, wie gefährlich der verdorbene Hochmut und wie wichtig die Demut für einen Christen ist. Über den Stolz schrieb er: „Durch den Stolz wurde der Teufel zum Teufel: Stolz führt zu jedem anderen Laster. Stolz ist eine vollkommen antigöttliche Geisteshaltung."[8]

Diejenigen jedoch, die nach dem „*noch besseren Weg*" leben, leiden nicht unter dieser „antigöttlichen Geisteshaltung". Stattdessen sind sie, wie ihr Retter, „*sanftmütig und von Herzen demütig*" (Mt 11,29).

Die Liebe ist nicht unanständig

Christusähnliche Liebe soll unser ganzes Verhalten beeinflussen; und die Heilige Schrift sagt uns, dass sich die Liebe nicht unanständig benimmt. Sie ist nicht „unhöflich und verhält sich nicht unpassend".[9] Unter dem Verb „unanständig" versteht man ein skandalöses Verhalten, das mit den bestehenden gesellschaftlichen Verhaltensnormen nicht übereinstimmt. Daher ist es ein Beweis für den Mangel an Liebe, wenn man sich unpassend kleidet, rücksichtslos redet, das Zeitgefühl und die Moralvorstellung anderer Menschen missachtet, andere Menschen ausnutzt, taktlos ist, die Mitarbeit und Ideen anderer ignoriert, sich rücksichtslos über die Pläne und Interessen anderer hinwegsetzt, sich unanständig gegenüber dem anderen Geschlecht verhält, unhöflich ist und sich allgemein nicht an die geltenden sozialen Verhaltensregeln hält. Das alles hat in der Gemeinde keinen Platz.

Das unanständige Verhalten der Gemeinde in Korinth offenbarte ihren Mangel an Liebe. Beim Abendmahl warteten die Reichen nicht auf die Armen. Stattdessen waren sie so egoistisch und aßen ihr eigenes teures Essen und ließen den Armen kaum Essen übrig (s. 1Kor 11,21-22.33).

Andere Gemeindeglieder gebrauchten achtlos ihre sogenannte Überlegenheit und Freiheit und trampelten dadurch auf dem Gewissen der schwächeren Brüder und Schwestern herum. Sie aßen Götzenfleisch (s. 1Kor 8), was für Verwirrung sorgte und manche Gläubige in ihrem Gewissen verletzte. Bei den Gemeindetreffen nahmen einige begabte Redner die meiste Zeit in Anspruch und hinderten andere daran, ihre Geistesgaben einzusetzen. Dann gab es Leute, die andere immer wieder unterbrachen. Manche sprachen in Zungen, ohne dass dies ausgelegt wurde, sodass keiner wusste, was gesagt worden war. Um dieses schlechte Verhalten abzustellen, gibt Paulus die Anweisung: *„Alles aber geschehe anständig und in Ordnung“* (1Kor 14,40).

Unanständiges Benehmen starb mit der Gemeinde in Korinth jedoch nicht aus, sondern ist auch heute noch ausgeprägt vorhanden. Während eines Gottesdienstes in einer Gemeinde störten zwei Jugendliche hinter mir mit ihrem üblen Verhalten die Feier des Abendmahls. Sie kauten auf Nüssen und harten Bonbons herum, tranken Wasser aus Plastikflaschen - und jedes Mal, wenn sie einen Schluck nahmen, knallten die Plastikflaschen –, sie flüsterten miteinander und sagten mit der Gemeinde jedes Mal spöttisch „Amen“. Sie störten alle Besucher.

Nach dem Gottesdienst sprach ich mit einem der Gemeindeältesten über dieses Benehmen. Er seufzte nur frustriert. Dann versicherte er mir, dass er schon bei anderen Gelegenheiten dieses Problem angesprochen habe, aber dass die Eltern es abgelehnt hätten, ihre Kinder zu ermahnen. Sie glaubten, dass ihre Kinder das Recht hätten, während des Gottesdienstes zu essen und zu trinken. Natürlich sei so ein Benehmen im Kino nicht erlaubt, aber in der Gemeinde hielten es die Eltern für akzeptabel. Sie waren unhöfliche, lieblose Leute, die auf andere keine Rücksicht nahmen.

Unanständigkeit hängt nicht von Alter oder Gesellschaftsschicht ab. Intellektuelle und sehr gebildete Leute können genauso unanständig und gedankenlos handeln wie andere auch. An einer christlichen Universität hielt ein konservativer Dozent einen Vortrag über ein heikles Thema. Während er sprach, protestierten die Studenten, tuschelten und lachten ihn aus. Dieses traurige Zeugnis von schlechtem Benehmen ohne Rücksicht auf die Gefühle und Überzeugungen des Dozenten war von Liebe weit entfernt. Denn die Liebe ist nicht unanständig.

Die Liebe fördert richtiges Benehmen

Liebevolle Menschen wissen, welche Auswirkung ihr Benehmen auf andere hat - auch in kleinen Dingen. Diejenigen, die von der Liebe Gottes erfüllt sind, sind sensibel für anständige soziale Beziehungen, anständiges Benehmen in der Öffentlichkeit, gesellschaftliche Normen, Höflichkeit, Taktgefühl und passende Kleidung, anständige Sprache und richtiges Auftreten. Sie haben ein Gespür dafür, dass Menschen in bestimmten Gemeinden sich aufregen könnten, wenn ein Prediger oder Liedersänger nicht Krawatte und Jackett, sondern Jeans und Sweatshirt tragen würde. Sie akzeptieren, dass es für eine Sonntagsschulmitarbeiterin unpassend wäre, zum Unterricht in Strandkleidung zu kommen (s. 1Tim 2,9-10). Sie würden während einer Gemeindekonferenz keine Gespräche am Handy führen.

Die Liebe erkennt, dass sich unanständiges, unhöfliches Benehmen störend auf die Ältesten- und Diakonentreffen (und auf alle anderen Versammlungen) auswirkt. Die Liebe unterstützt konstruktive Gemeindezusammenkünfte, wo alles anständig und ordnungsgemäß zugeht (s. 1Kor 14,40). Es ist einfach lieblos, über andere Leute zu reden, nicht zuzuhören, die Meinung anderer zu ignorieren, spitze Bemerkungen und Drohungen auszusprechen, zu tyrannisieren und Personen mit anderer Meinung respektlos zu behandeln. Solch ein Benehmen hat in der Gemeindeleitung nichts zu suchen.

Da die Wertmaßstäbe der westlichen Kulturen in Bezug auf Höflichkeit und Anstand immer gröber missachtet und bedeutungsloser werden, müssen wir diesem unhöflichen Benehmen entgegentreten. Wenn wir das nicht tun, wird es unser Leben und unsere Gemeinden beeinträchtigen und schädigen.

Für Christen, die für Jesus Christus in andere Länder reisen, ist das ein besonders wichtiges Thema. Hudson Taylor war nicht nur einer der größten christlichen Leiter aller Zeiten, sondern auch als einer der liebevollsten bekannt. Seine bemerkenswerte Lebensgeschichte und die Gründung der China-Inland-Mission ist ausgiebig dokumentiert worden.[10] Eine von Taylors vielen Führungsqualitäten bestand in der Fähigkeit, sich besonders gut auf die Chinesen einlassen zu können, weil er ein feines Empfinden für Anstand und andersartige Kultur hatte. Einmal beklagte er sich in einem Brief über die Taktlosigkeit – und sogar Respektlosigkeit –, die einige Missionare gegenüber chinesischen Bräuchen und dem Protokoll zeigten, die eine wichtige Rolle in der chinesischen Kultur spielen. Seine Worte sollten auch heute noch beachtet werden:

> *Manche Menschen scheinen immer zu wissen, wann und wie man am besten ins Fettnäpfchen tritt. Wirklich dumme oder unhöfliche Menschen werden in China nie aus den Schwierigkeiten kommen, auch wenn sie noch so klug und fromm sind. Taktlosigkeit und Unhöflichkeit sind die größten Fehler in der Mission.*[11]

Christus hat alle Christen zur weltweiten Mission aufgerufen (s. Mt 28,1-20). Paulus wusste, was das bedeutet. Paulus war Jude, Römer und Grieche; und als Evangelist unternahm er für das Evangelium ausgedehnte Reisen. Er wusste, wie man sich richtig an die verschiedenen Gepflogenheiten anpasst (s. 1Kor 9,19-23; 10,32-33). Auch wir sollten auf unseren Reisen für Christus darauf achten, dass wir die Sitten und Bräuche unserer Gastländer nicht verletzen, sondern dass wir für alle Menschen gute Botschafter für Gottes Liebe sind.

Nach dem „*noch besseren Weg*“ der Liebe zu handeln, bedeutet, sorgfältig darauf zu achten, was in anderen Kulturen taktvoll und höflich ist, und den unterschiedlichen gesellschaftlichen Bräuchen gegenüber Respekt zu zeigen.

Anmerkungen zu Kapitel 6

1. Das Verb für „arrogant", *phusioo,* erscheint im Neuen Testament siebenmal, davon sechsmal im 1. Korintherbrief (4,6.18-19; 5,2; 8,1; 13,4).
2. Zitiert in: Wayne A. Mack, *Humility: The Forgotten Virtue* (Phillipsburg, N. J.: P&R Publishing, 2005), S. 61. [dt. *Demut – die vergessene Tugend* (Bielefeld: CMV, 2013).]
3. J. B. Phillips, *The New Testament in Modern English,* rev. Ausgabe, (New York: Macmillan, 1972), S. 361.
4. Jonathan Edwards, *Undetected Spiritual Pride,* https://www.edparton.com/blog/pride-edwards.html.
5. Lyle W. Dorsett, *Seeking the Secret Place: The Spiritual Formation of C. S. Lewis* (Grand Rapids, Mich.: Brazos Press, 2004), S. 118.
6. Ebd., S. 41.
7. Ebd., S. 42.
8. C. S. Lewis, *Mere Christianity* (San Francisco: HarperCollins, 2001), S. 122. [dt. *Pardon, ich bin Christ* (Basel: fontis, 2018.)]
9. Anthony C. Thiselton, *The First Epistle to the Corinthians,* NIGTC (Grand Rapids, Mich.; Eerdmans, 2000), S. 1049.
10. Siehe A. J. Broomhall, *Hudson Taylor China's Open Century,* 7 Bände (London: Hodder and Stoughton).
11. Broomhall, *Hudson Taylor China's Open Century,* Band 5: *Refiner's Fire* (London: Hodder and Stoughton, 1985), S. 231.

7

Weder selbstsüchtig noch schnell zum Zorn

„Die Liebe sucht nicht das Ihre,
sie lässt sich nicht erbittern.“
(1Kor 13,5)

Die Bibel verschweigt nicht, dass sogar die Apostel selbstsüchtig waren und dass es unter ihnen Machtkämpfe gab. Jakobus und Johannes zum Beispiel dachten nur an sich, als sie Jesus baten, ihnen in seinem Königreich einen Ehrenplatz zu geben: *„Gib uns, dass wir einer zu deiner Rechten und einer zu deiner Linken sitzen in deiner Herrlichkeit!“* (Mk 10,37). Jakobus und Johannes waren „Mitglieder im Klub der Selbstsüchtigen“.[1] Ihre Forderung entzündete unter den anderen Jüngern unmittelbar einen Streit, so wie es egoistisches Verhalten immer tut. Markus berichtet, dass sie anfingen, *„unwillig zu werden über Jakobus und Johannes“*. Sie entrüsteten sich, weil auch sie Egoisten waren und machtvolle Positionen und Ruhm haben wollten. Dieser Zwischenfall zeigt, wie wenig sie die Wege ihres Herrn verstanden und wie sehr sie noch lernen mussten, sich wie Brüder zu lieben und einander zu dienen. John Stott schreibt, dass „Jakobus und Johannes in Macht und Herrlichkeit auf Thronen sitzen wollten. Jesus wusste, dass er in Schwachheit und Schande am Kreuz hängen musste. Das war ein vollkommener Gegensatz.“[2]

Die Liebe ist nicht mit sich selbst beschäftigt

Die fünfte Aussage in 1. Korinther 13 handelt von der Selbstsucht. Sie ist die Ursache vieler unserer Probleme und ein Laster, das überhaupt nicht zur christlichen Liebe und Leiterschaft passt. 1. Korinther 13,5 sagt: *„Sie sucht nicht das Ihre.“* Das bedeutet, dass die Liebe weder ihre eigenen Interessen befriedigen will noch auf den eigenen Vorteil bedacht ist. Die Liebe „beschäftigt sich nicht mit den eigenen Interessen“.[3] Das zu verstehen, ist besonders wichtig, weil wir in einem Zeitalter des radikalen Individualismus leben. In vielen modernen westlichen Kulturen sind die Menschen nur mit ihren eigenen Interessen beschäftigt. Sie stellen sich selbst in den Mittelpunkt des Universums und nehmen den rechtmäßigen Platz Gottes ein. Dieser alles verzehrende Blick auf das Selbst steht im kompletten Gegensatz zur christlichen Liebe.

Wenn Jesus seinen eigenen Vorteil gesucht hätte, dann hätte es kein Kreuz gegeben. Doch die Heilige Schrift sagt: *„Christus hat nicht sich selbst gefallen“* (Röm 15,3). Unser Herr kam, um zu dienen, und nicht, um bedient zu werden: *„Ich aber bin in eurer Mitte wie der Dienende“* (Lk 22,27).

Auch Paulus war nicht selbstsüchtig. Wäre er es gewesen, dann hätte er niemals all den Kummer ausgehalten, als er das Evangelium verbreitete und sich um die Gemeinden kümmerte. Wegen seiner Liebe zu Christus, die in der Liebe zu anderen Menschen zum Ausdruck kam, konnte er jedoch sagen: *„Ich strebe in allen Dingen allen zu gefallen, dadurch, dass ich nicht meinen Vorteil suche, sondern den der vielen“* (1Kor 10,33). *„Denn obwohl ich allen gegenüber frei bin, habe ich mich allen zum Sklaven gemacht“* (1Kor 9,19). *„Ich suche nicht das Eure, sondern euch … Ich will aber sehr gern alles aufwenden und mich aufopfern für eure Seelen“* (2Kor 12,14-15).

Den Korinthern fiel es nicht leicht, diesem Beispiel zu folgen. Sie bestanden auf ihren Rechten und Freiheiten, Götzenfleisch zu essen, auch wenn solch eine Freiheit das Gewissen ihrer schwächeren Brüder und Schwestern verletzte (s. 1Kor 8–10). Sie verstanden nicht den

Geist der Liebe, der sagt: „*Darum, wenn eine Speise meinem Bruder Anstoß gibt, so will ich nie und nimmermehr Fleisch essen, damit ich meinem Bruder keinen Anstoß gebe*" (1Kor 8,13). Die Aussage „*Wenn dein Bruder wegen einer Speise betrübt wird, so wandelst du nicht mehr nach der Liebe*" (Röm 14,15) war ihnen egal. Sie benutzten ihre wunderbaren Freiheiten und Gaben für ihre eigenen selbstsüchtigen Ziele und nicht zum Wohl der ganzen Gemeinschaft.

Als Egoisten verstanden sie weder den christlichen Dienst noch die dienende Rolle eines christlichen Leiters oder Lehrers. Einige in Korinth deuteten das Leiden und die Selbstlosigkeit des Paulus' als Schwäche und Versagen. Ihre Sicht christlicher Führungsaufgabe war Macht und Herrschaft, nicht Schwäche und Dienen; daher zweifelten sie seine Nachfolge an. Die gleichen falschen Vorstellungen über wahre christliche Führung gibt es auch heute noch.

Die Liebe kümmert sich um andere Menschen

Der größte Feind jedes Hirten ist ein egoistisches Herz. Ein wunderbares Vorbild im Neuen Testament für einen liebevollen Leiter und Lehrer ist Barnabas. Er war kein selbstsüchtiger Thronjäger. Lukas berichtet, dass er „*ein guter Mann und voll Heiligen Geistes und Glaubens war*" (Apg 11,24). Da er voll Heiligen Geistes war, waren die Liebe (s. Gal 5,22) und alle ihre Eigenschaften, die in 1. Korinther 13,4-7 beschrieben werden, sein Kennzeichen.

Bei seinem ersten Auftreten im Neuen Testament verkaufte Barnabas seinen Acker, um mit dem Erlös die armen Gläubigen in Jerusalem zu unterstützen (s. Apg 4,36-37). Der Grund für alle Großzügigkeit ist die Liebe. Robert Law sagt: „Die Liebe ist eine gebende Kraft."[4]

Besonders beeindruckend an Barnabas ist jedoch, wie er seine Führungsposition und seinen Dienst mit Paulus teilte. Barnabas war von den Gemeindeleitern in Jerusalem gesandt worden, um der neu gegründeten Gemeinde in Antiochien zu helfen. Das war ein aufregender Ort. Gott ließ unter den Heiden neue Dinge geschehen, und

Barnabas stand im Zentrum dieses Geschehens. Trotzdem dachte er mehr an das Wohl der jungen Gemeinde als an seine eigene Position und Sicherheit.

Barnabas glaubte, dass „seine“ Gemeinde Paulus’ außergewöhnliche Gaben brauchte. Daher reiste er unter großem persönlichem Opfer in die Stadt Tarsus, um Paulus nach Antiochien zu holen, damit dieser dort lehren konnte. Das bedeutete, dass Barnabas seine Rolle als Leiter und Lehrer mit dem viel fähigeren Paulus teilen würde. Dennoch unterstützte er Paulus, und später wurde Paulus der Bekanntere von beiden. Ein Prediger sagte einmal treffend: „Barnabas war kein raffgieriger Diener.“ Er beanspruchte nicht den ganzen Dienst für sich selbst oder wollte die ganze Ehre. Barnabas war kein Thronjäger; er war ein Fußwäscher (s. Joh 13,14). Er unterstützte die Menschen, statt sie einzuschränken (s. Apg 11,19-24). Er war ein Geber, kein Nehmer. Damit war auch seine Liebe von der „gebenden“ und nicht von der „empfangenden Sorte“.[5]

Barnabas war tatsächlich ein liebevoller christlicher Leiter und Lehrer. Er war weder auf Paulus eifersüchtig, noch prahlte er mit seinem Status als Apostel oder mit seiner eigenen Geistlichkeit. Er war weder arrogant noch unanständig oder egoistisch, sondern opferte sich zum Wohl der anderen auf. Es ist kein Wunder, dass die Menschen ihn *„Sohn des Trostes“* nannten (Apg 4,36; vgl. 11,23). Er lebte nach dem Motto: „Man kann Großes vollbringen, wenn man sich nicht darum kümmert, wer die Anerkennung bekommt.“ Durch Barnabas und Paulus geschahen großartige Dinge in der Gemeinde in Antiochien. Und auch heute noch geschehen große Dinge in Gemeinden mit uneigennützigen Lehrern und Leitern.

Ein moderner Barnabas ist John Stott, ehemaliger Pastor der *All Souls Church* in London und Autor vieler hervorragender biblischer Auslegungen. Ein Missionar erinnert sich, dass er auf einem Flughafen einen älteren Mann bemerkte, der mit einem großen Stapel Briefe in der Flughafenkapelle saß und schrieb. Es war John Stott. Wie ein liebevoller Hirte ermutigte er mit seinen Briefen viele Menschen, besonders junge Leute. Und wie Barnabas ist John Stott überall dafür bekannt, ein barmherziger Diener Gottes zu sein, der seinen Dienst, zu lehren und zu leiten, mit anderen teilte.[6]

Stotts bescheidene, dienende Herzenshaltung wird an einer Geschichte eines lateinamerikanischen Kollegen deutlich, der in Kuba Stotts Spanischdolmetscher war, als dieser dort eine Rede hielt:

> *Nachdem ich fünf Tage lang für John Stott übersetzt hatte, bat er mich, mit ihm auf eine Vogelbeobachtungstour zu gehen, aber ich fühlte mich sehr krank. Es war ein wunderbares Vorrecht, dass er für mich betete, mich liebevoll umsorgte und durch seine Worte aufrichtete. Ich glaube, die Zimmermädchen unseres Hotels dachten, ich sei eine bedeutende Persönlichkeit, weil ich von so einem vornehmen, weißen angelsächsischen Herrn umsorgt wurde – so etwas hatten sie noch nie erlebt.*[7]

Liebevolle Leiter und Lehrer – ob sie nun die Sonntagsschule unterrichten oder Evangelisten sind – schenken ihre Zeit, ihre Energie und ihren Besitz uneigennützig anderen, um ihnen damit zu helfen. Sie stellen sich anderen zur Verfügung, sie dienen ihnen, sie kümmern sich um Menschen in Not, sie denken nicht an sich selbst, sondern opfern sich vielmehr auf. Sie sind nicht mit sich selbst beschäftigt und sind nicht darum besorgt, ungerecht behandelt zu werden; sie denken nicht daran, etwas zurückzubekommen oder dass man ihnen dankt. Sie sind fromme Menschen, die nicht auf ihre eigenen Interessen bedacht sind, sondern auf die Interessen anderer (s. Phil 2,4).

Die Liebe lässt sich nicht leicht provozieren

Eine bemerkenswerte Eigenschaft der Liebe ist, dass sie sich nicht leicht zum Zorn provozieren lässt. *„Sie lässt sich nicht erbittern."* Das ist eine ausgesprochen wichtige Tugend für einen christlichen Mitarbeiter. Christliche Leiter müssen mit vielen schwierigen Situationen umgehen. Es wird immer Provokation geben, sich zu ärgern, aufzuregen, aggressiv, bitter und zornig zu werden. Darum darf gemäß der Bibel ein Ältester nicht jähzornig sein (s. Tit 1,7). Schafhirten dürfen sich über ihre Schafe nicht aufregen noch sie schlagen oder töten.

Das bedeutet nicht, dass man mit Menschen nie ärgerlich oder ungehalten wird. Die Bibel sagt nicht, dass die Liebe nicht böse wird, sondern, dass sie sich nicht leicht zum Zorn oder Ärger provozieren lässt. Es gibt einen gerechten kontrollierten Zorn, der von der Liebe motiviert ist und sich gegen das Böse und die Unwahrheit richtet, die die Menschen sinnlos zerstören.[8] Aber die Liebe lässt sich nicht aufgrund falscher Motive provozieren. „Das menschliche Herz", so sagt Jonathan Edwards, „ist außerordentlich anfällig für unangebrachten und sündhaften Zorn und ist von Natur aus voller Stolz und Egoismus."[9] Dieser Zorn ist mit der Liebe unvereinbar.

Ein Bibellehrer erzählte einmal die Geschichte, wie er mit einem Pastor in einem Restaurant war und die Kellnerin versehentlich Wasser über dessen Anzug verschüttete. Der Pastor machte seinem Ärger Luft und fuhr die Kellnerin zornig an. Nachdem alles wieder sauber war, beugte der Lehrer sich zum Pastor hinüber und flüsterte: „Vielleicht sollten wir ihr die Liebe Christi zeigen." Der Pastor hatte die Botschaft verstanden.

Ein liebendes Herz (wie Christus es hatte) hätte mit der Kellnerin sofort Mitleid empfunden und eher an ihre Gefühle als an einen schmutzigen Anzug gedacht. Die Liebe hätte versucht, die Situation herunterzuspielen, indem sie das Missgeschick verharmlost und die Kellnerin beruhigt hätte. Mit diesem Vorfall hätte man leicht ein positives Zeugnis für Christus sein können. Stattdessen dachte der Pastor nur an sich und seinen Anzug. Er war leicht zu provozieren.

Solche Leiter sind dafür verantwortlich, dass die Menschen außerhalb der Gemeinde ein falsches Bild von Christus und die Gläubigen einen schlechten Ruf bekommen. Innerhalb der Gemeinde kann man leicht erkennen, wie jene, die schnell zornig werden, andere Menschen verängstigen, verletzen und die Gemeinde spalten. Sie ziehen Konflikte an und verstärken sie.

Zornige Menschen konzentrieren sich nicht auf andere, sondern auf ihre eigenen Gefühle und Interessen. Wenn christliche Leiter zornig sind, dann werden Probleme übertrieben, es mangelt an Kommunikation, Missverständnisse werden größer und man ist nicht mehr objektiv und vernünftig. Wenn Zorn regiert, werden kleine Probleme zu großen Explosionen, die eine Gemeinde in Stücke reißen können. Ich bin davon überzeugt, dass *durch unkontrollierten Zorn in unseren Gemeinden mehr Schaden angerichtet wird, als wir zugeben wollen.* Es ist wirklich ein großes Problem.

Der Teufel versteht es meisterhaft, durch Zorn Gemeinden und Familien zu vernichten, und es gelingt ihm oft, gottesfürchtige Leiter so zu provozieren, dass sie anderen Menschen Leid zufügen. Keiner von uns ist dagegen immun, andere Menschen mit seinem Zorn zu verletzen. Henry Drummond hat klar erkannt, dass Zorn „das Laster der Tugendhaften ist“. Denken Sie darüber nach, wie schnell wir unsere Zornausbrüche anderen gegenüber herunterspielen und rechtfertigen:

> *Wir sind es gewohnt, Unbeherrschtheit als eine harmlose Schwäche anzusehen ... Und trotzdem befindet sich diese Gemütsverfassung mitten im Herzen dieser Untersuchung über die Liebe. Immer wieder verurteilt die Bibel Unbeherrschtheit und Zorn als die zerstörerischsten Elemente der menschlichen Natur.*
>
> Merkwürdigerweise ist Gereiztheit das Laster der Tugendhaften und oft der einzige dunkle Fleck an einem sonst tadellosen Charakter. *Wir alle kennen Menschen, die auf uns einen perfekten Eindruck machen – bis auf eine kleine Unruhe, eine Gereiztheit oder Empfindlichkeit. Das Zusammenwirken von Unbeherrschtheit mit einem tugendhaften Charakter ist eines der merkwürdigsten und traurigsten Probleme der Ethik*[10] *[Hervorhebung durch A. S.].*

Als Christen sollten wir vom Heiligen Geist regiert werden und Selbstbeherrschung üben, wenn wir Konflikten und Leid gegenüberstehen (s. Gal 5,22-23). Unkontrollierter Zorn ist die Frucht des Fleisches und des Teufels (s. Gal 5,19-29; Eph 4,30-32). Ein altes englisches Sprichwort sagt: „Wenn man eine Vase umschüttet, kommt das heraus, was drinnen ist." Wenn Sie mit einem Menschen zusammen sind, der unfreundlich oder gedankenlos ist oder der die Dinge einfach anders sieht als Sie, was bricht dann aus *Ihnen* heraus? Bringen Sie die Angelegenheit ernsthaft vor Gott und hüten Sie sich davor, sich zu rechtfertigen.[11] Die Bibel sagt: *„Jeder Mensch sei schnell zum Hören, langsam zum Reden, langsam zum Zorn! Denn eines Mannes Zorn wirkt nicht Gottes Gerechtigkeit"* (Jak 1,19-20).

Die Liebe ist ruhig und langsam zum Zorn

Liebende Leiter sind nicht wegen jeder kleinen Meinungsverschiedenheit oder Enttäuschung verärgert. Der Grund dafür ist, dass die Liebe, wie wir schon gesehen haben, *geduldig* ist. Die Liebe erträgt lange das Leid, das man ihr zufügt. Diejenigen, die ihren Zorn kontrollieren, behalten auch in kritischen Situationen die Kontrolle und versuchen, verletzte Gefühle zu heilen: *„Ein Langmütiger beschwichtigt den Rechtsstreit"* (Spr 15,18).

Martyn Lloyd-Jones erzählt, dass Hudson Taylor langsam zum Zorn und Ärger war. Einmal wartete er an einem Fluss in China auf eine Fähre, die ihn an das andere Ufer bringen sollte. Als die Fähre anlegte, rannte ein reicher Chinese an Taylor vorbei, um in das Boot zu steigen. Dabei stieß der Mann Hudson Taylor so kräftig zur Seite, dass dieser in den Matsch fiel. Der Fährmann, der mit Entsetzen alles beobachtet hatte, wollte daraufhin den reichen Mann nicht an Bord nehmen, weil Taylor zuerst um seinen Dienst gebeten hatte und ein Fremder war, der nach chinesischer Sitte mit Respekt behandelt werden musste. Der reiche Mann hatte wegen Taylors chinesischer Kleidung nicht bemerkt, dass dieser ein Ausländer war. Als er realisierte, was er getan hatte, entschuldigte er sich sofort. Hudson Taylor reagierte weder ärgerlich noch zornig. Stattdessen lud er den Mann freundlich ein, mit ins Boot zu kommen, und war so ein Zeugnis für die Liebe Christi.[12] Er reagierte auf eine heikle Situation gemäß dem *„noch besseren Weg"*.

Anmerkungen zu Kapitel 7

1. Lewis B. Smedes, *Love Within Limits: Realizing Selfless Love in a Selfish World* (Grand Rapids, Mich.: Eerdmans, 1978), S. 42. [dt. *Gottes Liebe und unsere Grenzen. Eine Betrachtung von 1. Korinther 13* (Bad Liebezell: Liebenzeller Mission, 1981).]
2. John Stott, *The Cross of Christ* (Downers Grove, Ill.: InterVarsity, 1986), S. 286. [dt. *Das Kreuz: Zentrum des christlichen Glaubens* (Marburg: Francke, 2009).]
3. Anthony C. Thiselton, *The First Epistle to the Corinthians,* NIGTC (Grand Rapids, Mich.: Eerdmans, 2000), S. 1050.
4. Robert Law, *The Tests of Life: A Study of the First Epistle of St. John* (Edinburgh: T&T Clark, 1914), S. 72.
5. I. Howard Marshall, *The Epistles of John,* NICNT (Grand Rapids, Mich.: Eerdmans, 1978), S. 126.
6. Timothy Dudley-Smith, *John Stott: A Global Ministry* (Leicester, England: InterVarsity, 2001), S. 21.
7. Ebd., S. 454.
8. 4Mo 16,15; Ps 7,11; Nah 1,2.6; Joh 2,13-17; Eph 4,26.
9. Jonathan Edwards, *Charity and Its Fruits* (1852; aktual. Aufl., Edinburgh: Banner of Truth, 1978), S. 201.
10. Henry Drummond, *The Greatest Thing in the World* (1874, aktual. Aufl., Burlington, Ont.: Inspirational Promotions, o. J.), S. 21f. [dt. *Die Liebe aber ist die Größte* (Asslar: Schulte und Gerth, 1993).]
11. Jonathan Edwards stellt fest: „Menschen kämpfen oft mit großem Eifer für die Religion, für die Ehre Gottes und für Pflichten. In Wirklichkeit aber sind sie entrüstet, weil sie ihre eigenen Interessen nicht durchsetzen können. Es ist bemerkenswert, wie leidenschaftlich Menschen sich für Gott und die Gerechtigkeit einsetzen können, wenn ihre Ehre, ihr Wille oder ihre Interessen angegriffen wurden. Das nehmen sie als Vorwand, um andere zu verletzen oder sich über sie zu beklagen.“
    Edwards, *Charity and Its Fruits,* S. 198.

12. D. Martyn Lloyd-Jones, *Studies in the Sermon on the Mount*, Band 1, 2 Bände (Grand Rapids, Mich.: Eerdmans, 1971), S. 281f. [dt. *Bergpredigt*, 2 Bände. *Predigten über Matthäus 5,3-48*, Band 1 (Friedberg: 3L-Verlag, 2002).]

8

Weder nachtragend noch froh über das Böse

„Die Liebe rechnet Böses nicht zu,
sie freut sich nicht über die Ungerechtigkeit,
sondern sie freut sich mit der Wahrheit."
(1Kor 13,5-6)

Obwohl R. C. Chapman ein liebevoller Mensch war, gab es Menschen, die ihn verachteten. Ein Lebensmittelhändler aus Barnstable zum Beispiel regte sich so sehr über Chapmans Predigen im Freien auf, dass er ihn einmal sogar anspuckte! Mehrere Jahre lang beleidigte der Lebensmittelhändler Chapman und schnitt ihm immer wieder das Wort ab, während dieser unter freiem Himmel predigte. Doch Chapman setzte seinen Dienst fort; und als sich ihm die Gelegenheit bot, wurde er diesem Mann zum Segen.

Dieser Moment kam, als ein reicher Verwandter Chapmans zu Besuch kam. Der Besuch war mehr als nur eine gesellschaftliche Verpflichtung, denn der Verwandte wollte etwas über Chapmans Dienst der Gastfreundschaft erfahren, und wie er sich um die Armen der Stadt kümmerte. Nachdem er sich informiert hatte, fragte der Verwandte, ob er Lebensmittel für den Dienst an den Armen kaufen könne. Chapman freute sich darüber, bestand jedoch darauf, dass die Lebensmittel in einem bestimmten Laden gekauft werden sollten – nämlich bei dem Mann, der ihn so lange und so vehement verleumdet hatte.

Der Verwandte, der nichts über die früheren Vorfälle zwischen dem Händler und Chapman wusste, ging in den besagten Laden. Er kaufte und bezahlte große Mengen an Lebensmitteln und sagte dann dem Händler, er solle alles an Robert Chapman liefern. Der verblüffte Lebensmittelhändler sagte dem Besucher, dass er im falschen Laden sein müsse, aber der Besucher erwiderte, dass Chapman ihn ausdrücklich in dieses Geschäft geschickt habe. Es dauerte nicht lange, und der Händler ging zu Chapman. Dort brach er in Tränen aus und bat um Vergebung. Noch am selben Tag übergab er sein Leben Christus!

Robert Chapman schrieb: „Vergeben ohne zu tadeln, weder durch eine Reaktion noch durch einen tadelnden Blick, ist eine hohe Übung der Gnade – das ist Christus nachahmen.“[1]

Die Liebe hegt keinen Groll und sinnt nicht auf Rache

Eine andere edle und positive Eigenschaft der Liebe ist, dass sie nicht nachtragend ist. Wörtlich heißt es: *„Die Liebe rechnet Böses nicht zu.“* Der Bibelausleger David Garland veranschaulicht diese Tatsache mithilfe der Aussage: „Die Liebe führt über das Böse keine Bücher … Wenn dem so wäre, würde man Akten voll erlittener Ungerechtigkeiten führen, in der Absicht, alles zu rächen, was einem angetan wurde.“[2] Doch die Liebe hegt keinen Groll und sinnt nicht auf Rache. Sie führt keine „Privatakten über persönliche Vergehen, die man bei jeder Beleidigung herausholt und auf den neuesten Stand bringt“.[3]

Jay Adams, ein christlicher Seelsorger und Autor zahlreicher Bücher über die Seelsorge, erzählt die Geschichte eines streitenden Ehepaars, das einen christlichen Seelsorger um Hilfe bat. Der Arzt der Frau hatte ihr geraten, einen Seelsorger aufzusuchen, weil sie ein Geschwür bekommen hatte, das offensichtlich keine körperliche Ursache hatte. Während der Sitzung knallte die Frau einen „zwei Zentimeter dicken, beidseitig bedruckten Stapel Papier auf den Schreibtisch des Seelsorgers, in dem alles Unrecht stand, das ihr Ehemann ihr in den letzten dreizehn Jahren angetan hatte“.[4]

Der Seelsorger wusste sofort, dass die Frau so verbittert war, weil sie sich über die vielen Fehler ihres Mannes ärgerte und jeden einzelnen Fehltritt sorgfältig dokumentierte. Die Liste mit allen Sünden ihres Mannes hatte alles nur verschlimmert, bis diese Frau sogar körperlich krank wurde. Der weise Seelsorger erinnerte die Ehefrau an 1. Korinther 13 und betonte, dass die Liebe keine Liste mit all dem Unrecht führt, das andere verursacht haben.

Diese Freiheit, keine Liste über alle erlittenen Ungerechtigkeiten zu führen, ist für die Liebe lebensnotwendig. Uns allen ist von anderen Menschen schon Böses zugefügt worden. Wir mussten alle mit Vergebung kämpfen, schlechte Erfahrungen vergessen und Rachegedanken aufgeben, damit wir uns mit denen versöhnen können, die uns verletzt haben. Ohne diese Eigenschaft der Liebe könnten wir gar keine glückliche Ehe führen oder mit anderen Gläubigen unserer Kirchengemeinde zusammen sein. Wenn wir verletzte Gefühle nicht loslassen wollen, wenn wir Freude daran haben, alte Wunden zu pflegen, wenn wir es unseren Feinden unbedingt heimzahlen wollen, dann werden uns Bitterkeit, Groll und Unversöhnlichkeit verzehren. Wir werden erbärmliche Zeugen und nutzlose Diener Christi sein.

Die Liebe vergibt

Im Lauf der Jahrhunderte sind alle großen Männer und Frauen Gottes schrecklich ungerecht behandelt und verspottet worden. Trotzdem haben sie die Chance ergriffen, lieber zu vergeben als zu grollen. Es gibt nie einen Grund, Böses mit Bösem zu vergelten oder das Leben eines anderen Menschen zu zerstören (s. Röm 12,21). Stattdessen bieten Verletzungen die Gelegenheit dazu, das „neue Gebot" einzuüben, nämlich den königlichen Weg der Liebe zu gehen, sich um den Feind zu kümmern, *„feurige Kohlen auf sein Haupt"* zu sammeln und *„das Böse mit dem Guten zu überwinden"* (Röm 12,14.19-21). Es ist eine Möglichkeit, um Christi willen zu leiden und Gottes vergebende Liebe nachzuahmen: *„Seid aber zueinander gütig, mitleidig, und vergebt einander, so wie Gott in Christus euch vergeben hat!"* (Eph 4,32).

Welch eine mächtige Kraft ist die Liebe, die Böses überwinden kann, schmerzvolle Erinnerungen zudeckt, vergibt, auf Rache verzichtet und Groll abwehrt! Lewis Smede schreibt, dass die Liebe …

> *… nicht alle Missverständnisse klären muss. Sie hat die Macht, vergangenes Unrecht unwichtig werden zu lassen … Vielleicht bleiben Rechnungen unbezahlt, Unstimmigkeiten ungelöst und Konten unausgeglichen. Konflikte werden nicht geklärt, weil jeder sich anders erinnert, wie die Dinge tatsächlich abgelaufen sind; die Vergangenheit bleibt konfus … Die Liebe zieht es vor, jedes Recht und Unrecht in den Schoß der Vergebung zu legen. Sie drängt uns, neu anzufangen … Ein Leben der Versöhnung ist das schwierigste, was von einem Menschen gefordert werden kann. Doch die Liebe hat die Macht, genau das zu tun.*[5]

Den Weg der Liebe zu wählen, bedeutet nicht, dass wir uns nicht mehr verletzt fühlen oder nicht mehr gegen Zorn oder schlechte Erinnerungen kämpfen müssen. Wir fühlen den Schmerz. Trotzdem bedeutet die Entscheidung für den *„noch besseren Weg“*, dass wir, in der Kraft und mit der Hilfe des Heiligen Geistes, ehrlich mit unseren emotionalen Wunden umgehen. Wir vergeben anderen so, wie Christus uns viele Male vergeben hat. Wir versuchen, die Person zu verstehen, die uns verletzt hat, und wir erkennen an, dass wir anderen Menschen das Gleiche angetan haben. Wir geben zu, dass wir uns schlecht verhalten, uns selbst bemitleiden und unversöhnliche Herzen haben. Wir sehen die Dinge aus Gottes Perspektive und lehnen es ab weiterzukämpfen. Wir beten und gehen auf den anderen zu, um die Beziehung zu heilen und wieder herzustellen.

Die Bibel enthält viele Geschichten von der Macht der vergebenden Liebe. Als David hörte, dass König Saul, der schon viele Male versucht hatte, ihn zu töten, im Kampf gestorben war, *„klagten und weinten und fasteten sie bis zum Abend um Saul und seinen Sohn Jonatan“* (2Sam 1,12). David war über Sauls Tod nicht schadenfroh, auch wenn die meisten Menschen in seiner Situation vor Freude getanzt hätten. Am Kreuz betete Jesus: „*Vater, vergib ihnen! Denn sie wissen nicht, was sie tun*" (Lk 23,34). Und auch Stephanus, der erste christliche Märtyrer, betete um Vergebung für seine Mörder: „*Herr, rechne ihnen diese Sünde nicht zu!*" (Apg 7,60).

Auch andere Gläubige sind gute Vorbilder für die Macht der vergebenden Liebe. Als Jim Elliot und seine vier Begleiter (Pete Fleming, Roger Youderian, Ed McCully, und Nate Saint) von Auca-Indianern im Amazonasurwald im Osten von Ecuador getötet wurden, dachten seine Frau Elisabeth und die vier anderen Ehefrauen nicht an Rache, sondern an Liebe und Vergebung. Ein Reporter, der sah, wie sie auf die Nachricht reagierten, erzählt:

> *Die Witwen glaubten, dass der Tod ihrer Ehemänner keine bedeutungslose Tragödie war, wie es vielen erschien. Sie dachten überhaupt nicht an Rache. Im Gegenteil: Sie hatten das Gefühl, dass die Botschaft von der Liebe und Erlösung den Aucas dringend gepredigt werden müsse.*[6]

Elisabeth Elliot schrieb später:

> *Ich sehne mich sehr danach, ihre Herzen zu erreichen. Weil Jesus Christus für alle starb, will auch ich, dass alle erlöst werden, aber die Tatsache, dass Jim die Aucas liebte und für sie starb, verstärkt meine Liebe zu ihnen.*[7]

Fast drei Jahre nach dem Tod der fünf jungen Missionare zogen Elisabeth Elliot und Rachel Saint in das Dorf der Aucas. Sie waren die ersten Ausländer, die unter diesen wilden Menschen wohnten. Diese Frauen brachten genau den Männern, die ihre Ehemänner getötet hatten, die Botschaft des Evangeliums und wurden ihre Freunde. Das Ergebnis dieser ersten Begegnung und der Arbeit nachfolgender Missionare ist die Übersetzung des Neuen Testaments in die Sprache der Aucas und die Gründung einer Kirche dort. Es ist eine bemerkenswerte Geschichte über christliche Liebe und Vergebung.

Clara Barton, die Gründerin des Roten Kreuzes in Amerika und als der „Engel von Battlefield“ bekannt, war eine bemerkenswert unerschrockene und grundanständige Frau. Wie andere prominente Menschen hatte auch sie Kritiker. Als einer ihrer Freunde sie daran erinnerte, dass jemand ihre Arbeit kritisiert hatte, konnte Clara sich nicht an die Kritik erinnern. Überrascht fragte ihr Freund: „Du erinnerst dich nicht?“ Claras Antwort war klassisch: „Nein, aber ich erinnere mich deutlich daran, wie ich es vergessen habe.“ Liebe legt großen Wert darauf, erlittene Ungerechtigkeit zu vergessen.

Der afroamerikanische Evangelist und Bürgerrechtler John Perkins berichtet, wie er und andere Freunde in einem Gefängnis in Mississippi fast zu Tode geprügelt und gefoltert wurden, weil sie dunkelhäutige Menschen in ihrer Forderung nach gleichen Rechten und wirtschaftlicher Unabhängigkeit unterstützt hatten. Stundenlang wurde er brutal getreten und geprügelt, man schlug ihn mit einem Totschläger und mit Knüppeln, bis er blutig und bewusstlos war. Betrunkene Polizisten hielten eine ungeladene Pistole an seinen Kopf und drückten ab, nur um ihn zu verspotten. Einer der Polizisten schob ihm eine Gabel in den Rachen. Sie ließen ihrem Hass freien Lauf. Zwei Jahre später erholte sich John von einer Magenoperation. Er wartete immer noch auf zivile Gerechtigkeit; doch als er im Bett lag, dachte er an das erlittene Leid und daran, was Gott von ihm wollte. Er schreibt:

> *Ich begann mit Schrecken zu erkennen, wie Hass mich vernichten könnte – verheerender und plötzlicher als irgendeine Zerstörung, die ich jenen antun könnte, die mich ungerecht behandelt hatten. So wie viele meiner Brüder könnte ich versuchen, zurückzuschlagen. Aber wenn ich es tat, wie würde ich mich von den Weißen, die hassen, unterscheiden?*
> *Und wohin würde der Hass mich bringen? Jeder kann hassen. All der Hass und die Rache …, genau das treibt den Teufelskreis des Rassismus an.*

> *Gottes Geist wirkte in mir, als ich in diesem Bett lag. Ein Bild schob sich vor meine Augen: das Bild vom Kreuz – Christus am Kreuz. Es löschte alles andere in meinem Gedächtnis aus.*
> *Dieser Jesus wusste, was ich erlitten hatte. Er verstand es und es bedeutete ihm etwas. Weil er alles selbst erlebt hatte.*
> *Und er betete zu Gott, ihnen zu vergeben.* „Vater, vergib ihnen, denn sie wissen nicht, was sie tun."
> *Seine Feinde hassten. Aber Jesus vergab ihnen. Daran musste ich immer denken.*
> *Gottes Geist arbeitete weiter an mir und in mir, bis ich mit Jesus sagen konnte: „Ich vergebe ihnen auch." Ich versprach Jesus, dass ich* „Böses mit Gutem" *vergelten wollte und nicht Böses mit Bösem. Und er schenkte mir die Liebe, die ich brauchen würde, um sein Gebot* „Liebe deine Feinde" *erfüllen zu können.*
> *Um Christi willen kam Gott selbst zu mir, heilte mein Herz und meinen Verstand mit seiner Liebe.*
> *… Der Geist Gottes half mir, genau das zu glauben, worüber ich so oft gesprochen hatte, nämlich dass nur die Liebe Christi mir und jenen, für die ich einst so schwer gekämpft hatte, helfen kann.*[8]

Ein Leben gemäß dem *„noch besseren Weg"* führt nicht Buch über ungerechte Behandlungen und verletzte Gefühle. Es gibt keinen Platz für Rachepläne, sondern „die Liebe geht mit der Vergesslichkeit großzügig um".[9] Liebe vergibt und segnet jene, die Unrecht getan haben.

Die Liebe freut sich nicht über die Ungerechtigkeit

Die achte und letzte negative Aussage passt perfekt ans Ende: Die Liebe *„freut sich nicht über die Ungerechtigkeit"* (1Kor 13,6). Leon Morris schreibt, dass die Liebe „sich über nichts Böses freut".[10] Die Liebe kann an der Ungerechtigkeit keine Freude haben, weil diese Menschen verletzt und Gott entehrt. Die Liebe hat keinerlei Verständnis für irgendeine Ungerechtigkeit. Menschen, die den *„noch* *besseren Weg"* der Liebe üben, verabscheuen alles Böse und halten *„am Guten fest"* (Röm 12,9).

In einer säkularen Welt, die häufig das *„Böse gut und das Gute böse"* nennt (Jes 5,20), ist die Freude über Ungerechtigkeit und ihre Anerkennung leider sehr groß (s. Röm 1,32). Es ist jedoch erstaunlich, wie auch tief „religiöse" Menschen Freude an der Ungerechtigkeit haben können. Diejenigen, die den Angriff auf das *World Trade Center* in New York am 11. September 2001 planten und unterstützten, bei dem Tausende unschuldiger Menschen getötet und traumatisiert wurden, genossen ihren Mordauftrag. In der ganzen Welt tanzten einige vor lauter Freude in der Öffentlichkeit, während sich andere heimlich hämisch freuten. Im Namen Gottes und der Religion können Menschen lügen, töten und Kriege führen.

Es gibt aber auch einige bibelgläubige Christen, die an der Ungerechtigkeit Freude haben. Ein evangelikaler Pastor zum Beispiel verkündigte fröhlich von der Kanzel, dass ein Bruder in Christus, der sich gegen die Gemeinde gestellt hatte, plötzlich gestorben war. Der Pastor hielt den Tod des Mannes für Gottes Strafe. Eine Gemeindemitarbeiterin erzählte ihren Freunden siegesbewusst, dass sie durch Telefonanrufe und schriftliche Kampagnen erfolgreich vier verschiedene Pastoren aus der Gemeinde vertrieben habe. Ein Ältester prahlte damit, dass er mit seinem Pastor einen schönen Streit gehabt, ihn gedemütigt und dessen Pläne mit der Gemeinde zerstört habe. Ein anderer Pastor freute sich hämisch, als er von dem Unglück jener Menschen hörte, die seine Gemeinde verlassen hatten. Diese „bösartige Freude" betrübt den Heiligen Geist Gottes sehr (s. Eph 4,30). Menschen, die den *„noch besseren Weg"* der Liebe gehen, verhalten sich natürlich nicht so.

Scroggie macht eine sehr scharfsinnige Aussage: „Worüber sich ein Mensch freut, offenbart seinen echten Charakter. Freut man sich über den Sieg des Bösen oder am Unglück anderer Menschen, dann ist das ein Zeichen für eine stark verdorbene Moral."[11]

Liebende Menschen haben keine Freude daran, sich anderen überlegen zu fühlen. Sie freuen sich nicht über schlechtes Gerede oder sind zufrieden, wenn sie etwas über die schlimmen Sünden und den Niedergang eines christlichen Leiters hören, den sie nicht mögen. Sie freuen sich weder hämisch über Skandale einer Gemeinde, zu der sie einmal gehörten, noch über das Pech der Menschen, die ihre Gemeinde verlassen haben. Sie können nicht froh sein, wenn es bei einem Erdbeben in einem Land, dessen Regierung sie ablehnen, tausende Tote gibt. Sie freuen sich nicht darüber, wenn andere Christen wegen ihres Versagens und ihrer Fehler öffentlich denunziert und kritisiert werden. Und wenn sie sündhaftes Verhalten aufdecken und sich damit auseinandersetzen müssen, dann tun sie das mitfühlend und sind von ganzem Herzen traurig.

Liebende christliche Leiter ahmen Hiob und David nach. Hiob war ein liebevoller Ältester seiner Familie, der seine Verleumder ehrlich fragen konnte: *„Hab ich mich gefreut, wenn's meinem Feinde übel ging, und mich erhoben, weil ihn Unglück getroffen hatte?“* (Hi 31,29; Lutherbibel). David hatte keine Freude daran, seine Gegner zu besiegen. Er freute sich nicht über die Gelegenheit, Saul, seinen sterblichen Feind, zu töten (s. 1Sam 24,1-7). David hätte mehr als einmal den König ohne Weiteres töten können, aber er verschonte sein Leben. Sogar Saul musste vor David bekennen: *„Du bist gerechter als ich. Denn du hast mir Gutes erwiesen, ich aber habe dir Böses erwiesen“* (1Sam 24,18). Saul hatte Davids bemerkenswerte Liebe zu ihm und seiner Familie nie verstanden. Engherzige und eifersüchtige Leiter entscheiden im Zweifelsfall nie zugunsten anderer Menschen, und sie denken auch nie das Beste über andere.

Die Liebe freut sich mit der Wahrheit

Zu der letzten negativen Aussage, *„Die Liebe freut sich nicht an der Ungerechtigkeit“*, fügt Paulus eine positive Gegenaussage hinzu: *„Die Liebe freut sich mit der Wahrheit.“* Ein liebevolles Herz ist traurig über Ungerechtigkeit, weil diese Menschen zerstört und Gott entehrt. Aber die Wahrheit hat genau den gegenteiligen Effekt – wie ein Vogel an einem Sommermorgen bringt sie die Liebe vor lauter Freude zum

Singen. Die Liebe erkennt schnell, wenn das Verhalten und die Gesinnung mit der Wahrheit übereinstimmen, und sie hat große Freude daran, wenn die Wahrheit siegt.

In diesem Zusammenhang gebraucht Paulus das Wort *Wahrheit* im Sinne von Aufrichtigkeit und Ehrlichkeit, die der Wahrheit des Evangeliums entsprechen soll. Er meint mit „Wahrheit" also nichts Abstraktes, sondern ein praktisches und aufrichtiges Leben. Wahrheit und Aufrichtigkeit gehören im christlichen Glauben zusammen. Die Liebe befürwortet jede Tugend und jede Art der Güte. Egal, ob die Person ein Gläubiger oder ein Nichtgläubiger ist. Sie freut sich über einen frommen Charakter, aufrichtiges Verhalten, Integrität und Wachstum in Christus. „Ein Mensch, der voller christlicher Liebe ist, freut sich über jedes Verhalten, welches das Evangelium widerspiegelt – über jeden gewonnen Sieg, jede angebotene Vergebung und jede freundliche Tat."[12]

Christliche Leiter und Lehrer, die Menschen lieben, werden diesen sagen, dass sie sich am meisten freuen, wenn die Menschen, die sie leiten, im Glauben wachsen und im Gehorsam für Christus leben. Ich erinnere mich, wie ich einmal mit einer Gruppe christlicher Hochschulprofessoren und Lehrer in einem Café saß und ihrem Gespräch zuhörte. Sie sprachen und freuten sich über den Fortschritt im Leben ihrer Studenten, als sei es ihr Team, das die Fußballweltmeisterschaft gewonnen hatte. Sie empfanden tiefe Freude darüber, dass ihre Studenten gemäß der Wahrheit lebten.

Der Vater des verlorenen Sohnes freute sich sehr über die echte Reue und Rückkehr seines Sohnes (s. Lk 15,11-32). Lukas erzählt:

> *Als er aber noch fern war, sah ihn sein Vater und wurde innerlich bewegt und lief hin und fiel ihm um seinen Hals und küsste ihn … Der Vater aber sprach zu seinen Sklaven: Bringt schnell das beste Gewand heraus und zieht es ihm an und tut einen Ring an seine Hand und Sandalen an seine Füße; und bringt das gemästete Kalb her und schlachtet es, und lasst uns essen und fröhlich sein!* (Lk 15,20.22-23)

Der ältere Bruder des verlorenen Sohnes jedoch freute sich nicht über die Reue und Rückkehr seines Bruders, weil er nicht die Liebe Gottes in seinem Herzen hatte. Voller Selbstgerechtigkeit wurde er *„zornig und wollte nicht hineingehen"*, um die Heimkehr seines Bruders zu feiern. Er hätte sich eher über schlechte Nachrichten oder sogar den Tod seines Bruders gefreut.

Der weichherzige Paulus freute sich über alle guten und richtigen Taten der Korinther, auch wenn sie oft versagten (s. 1Kor 1,4-8; 11,2). Er war über Gottes Strafe an den Korinthern, weil sie seinen Anweisungen gegenüber ungehorsam waren, nicht schadenfroh (s. 1Kor 11,30). Weder gefiel ihm ihr Leiden noch brachte es ihm Befreiung. Er konnte sich nur über Reue, Versöhnung, Heilung, gottesfürchtiges Leben und das Besiegen des Teufels freuen. Sein Herz freute sich über seine bekehrten Geschwister, die in der Liebe wuchsen und ein gottgefälliges Leben führten.

Johannes freute sich über einen Bruder namens Gajus, weil dieser ein christliches Leben führte, das der Wahrheit entsprach:

> *Denn ich habe mich sehr gefreut, als Brüder kamen und für deine Wahrheit Zeugnis gaben, wie du in der Wahrheit wandelst. Eine größere Freude habe ich nicht als dies, dass ich höre, dass meine Kinder in der Wahrheit wandeln. Geliebter, treu handelst du in dem, was du an den Brüdern, sogar an fremden, tust – sie haben vor der Gemeinde von deiner Liebe Zeugnis gegeben.* (3Jo 3-6; siehe auch 2Jo 4)

Der Beweis, dass Gajus in der Wahrheit wandelte, war die liebevolle Gastfreundschaft, die er den durchreisenden Christen gegenüber zeigte, von denen die meisten umherziehende Evangelisten und Lehrer waren (s. 3Jo 5-8). Johannes freute sich sehr darüber, als er hörte, dass Gajus freundlich, großzügig und selbstlos war.

Sich über die Wahrheit und nicht über die Ungerechtigkeit zu freuen, bedeutet, ein Leben nach dem *„noch besseren Weg"* der Liebe zu führen.

Anmerkungen zu Kapitel 8

1. Robert L. Peterson und Alexander Strauch, *Agape Leadership: Lessons in Spiritual Leadership from the Life of R. C. Chapman* (Littleton, Colo.: Lewis & Roth, 1991), S. 39. [dt. *Mit Liebe leiten – Praxis. Lernen am Beispiel von Robert C. Chapman* (Dillenburg: Christliche Verlagsgesellschaft, 2010).]
2. David E. Garland, *1 Corinthians,* BECNT (Grand Rapids, Mich.: Baker, 2003), S. 618f.
3. D. A. Carson, *Showing the Spirit: A Theological Exposition of 1 Corinthians 12–14* (Grand Rapids, Mich.: Baker, 1987), S. 62.
4. Jay E. Adams, *Christian Living in the Home* (Grand Rapids, Mich.: Baker, 1972), S. 33.
5. Lewis B. Smedes, *Love within Limits: Realizing Selfless Love in a Selfish World* (Grand Rapids, Mich.: Eerdmans, 1978), S. 78f. [dt. *Gottes Liebe und unsere Grenzen. Eine Betrachtung von 1. Korinther 13* (Bad Liebezell: Liebenzeller Mission, 1981).]
6. Elisabeth Elliot, *The Savage My Kinsman* (Ann Arbor, Mich.: Servant Books, 1981), S. 6.
7. Ebd., S. 9.
8. John Perkins, *Let Justice Roll Down* (Glendale, Calif.: Regal Books, 1976), S. 204–206. [dt. *Der Gerechtigkeit eine Gasse. Ein amerikanischer Christ erzählt aus seinem Leben* (Konstanz: Bahn, 1980).]
9. W. Graham Scroggie, *The Love Life: A Study of 1 Corinthians 13* (London: Pickering & Inglis, o. J.), S. 44.
10. Leon Morris, *The First Epistle of Paul to the Corinthians,* TNTC (Grand Rapids, Mich.: Eerdmans, 1958), S. 185.
11. Scroggie, *The Love Life,* S. 45.
12. Gordon D. Fee, *The First Epistle to the Corinthians,* NICNT (Grand Rapids, Mich.: Eerdmans, 1987), S. 639.

9

Erträgt, glaubt, hofft und erduldet alles

„Die Liebe erträgt alles,
sie glaubt alles, sie hofft alles, sie erduldet alles."
(1Kor 13,7)

Die Liebe ist beharrlich. Ich habe einmal eine Geschichte über einen jungen kriminellen Mann gelesen, der immer wieder wegen Drogen und Raub mit der Polizei Probleme hatte. Er wurde festgenommen und mehrere Male eingesperrt. Zum Schluss musste er fast den Rest seines Lebens im Gefängnis verbringen. Schon nach kurzer Zeit in Gefangenschaft hatten ihn seine Freunde und sogar sein Vater vergessen. Außerhalb des Gefängnisses dachte niemand mehr an ihn, außer einer Person: Jede Woche fuhr seine Mutter mit dem Bus mehrere Stunden, um ihn im Gefängnis zu besuchen. Nach einigen Besuchsstunden fuhr sie mit dem Bus wieder nach Hause. Sie schrieb ihm fast täglich Briefe und schickte ihm oft Bücher und persönliche Dinge, soweit das Gefängnis das erlaubte. Weder Entfernung noch Gefängnismauern noch Geld oder Zeit konnten sie davon abhalten, ihren Sohn zu lieben und zu besuchen.

Manche Menschen denken, dass liebevolle Menschen schwach und ohne Rückgrat sind. Aber nichts könnte ferner von der Wahrheit sein als diese Vorstellung. Lieblose Menschen sind diejenigen, die schwach sind, weil sie von ihren kleinlichen, egoistischen Sehnsüchten kontrolliert werden. Jesus war der liebevollste Mensch, den es je gab, und er war nicht schwach. Er opferte sein Leben, um andere zu retten. Die Tatsache, dass Paulus den Korinthern immer wieder nachging, obwohl sie ihm so viel Kummer bereitet hatten, war keine Schwäche, sondern hatte etwas mit Kraft und Ausdauer zu tun.

Die ausdauernde Kraft der Liebe

Paulus fasst seine Beschreibung der Liebe zusammen und schließt mit vier kurzen, positiven Sätzen, die uns sagen, was Liebe ist:[1] *„Die Liebe erträgt alles, glaubt alles, hofft alles und erduldet alles."*

Sie erträgt alles

Die Liebe erträgt[2] die schwere Last der Sorgen des Lebens und der Leiden. Sie bleibt trotz Anfeindungen, Entbehrungen und harter Arbeit standhaft und stark. Die Liebe ist mutig und kann eine enorme Last aushalten. Daher haben liebevolle Leiter eine erstaunliche Fähigkeit darin, anderen Menschen und dem Evangelium zuliebe Leid und Enttäuschungen zu ertragen (s. 1Kor 9,12). Diese Eigenschaft haben alle gute Hirten (s. 1Mo 31,38-40). Sie sind ausdauernd, geben nicht so schnell auf und brechen nicht unter dem Druck zusammen.

Sie glaubt alles

Paulus nennt als Nächstes Glaube und Hoffnung, weil diese beiden Eigenschaften der Liebe im Zusammenhang mit dem Ertragen und Erdulden aller Dinge stehen. Glaube und Hoffnung befähigen die Liebe, Leiden auszuhalten und sich von der schweren Last des Lebens nicht unterkriegen zu lassen. Die Liebe geht mit anderen geliebten Menschen weder misstrauisch noch zynisch um, sondern geht offen und mit einer positiven Einstellung auf sie zu. Sie versucht, so gut es geht, sich in jeden Menschen hineinzuversetzen, weiß aber auch um die Schwierigkeiten des Lebens. Sie glaubt, dass Menschen sich ändern und bessern können. Sie erkennt ihren Wert, ihre Gaben und ihre zukünftigen Möglichkeiten. „Sie untersucht die Motive und macht alle möglichen Zugeständnisse“[3], sagt Scroggie. Sie fürchtet sich nicht davor, Fehler einzugestehen oder von anderen beschämt zu werden.

Das bedeutet nicht, dass die Liebe leichtgläubig oder blind ist, denn das wäre ein unechter Glaube. Auch wenn es nicht ausdrücklich gesagt wird, ist klar, dass die Liebe keiner Lüge glaubt. Im Umgang mit den zwölf Jüngern und ihren Schwächen und ihrem Versagen zeigte Jesus, was christusähnliche Liebe ist, die alles glaubt und alles hofft.

Die Liebe hat Vertrauen auf Gott und sein Wort, und das hat Einfluss darauf, wie jemand auf andere Menschen und Schwierigkeiten reagiert. Der Glaube betrachtet Menschen und das Leben mit den Augen Gottes, der mit den Seinen einen souveränen Plan hat. Der Glaube weiß sicher, dass denen, die Gott lieben, *„alle Dinge zum Guten mitwirken“* (Röm 8,28), dass uns nichts *„von der Liebe Gottes scheiden kann, die in Christus Jesus ist, unserem Herrn“* (Röm 8,39), und dass *„… der, der ein gutes Werk in euch angefangen hat, es vollenden wird bis auf den Tag Christi Jesu“* (Phil 1,6); denn mit Gott ist nichts unmöglich.

Sie hofft alles

Eine weitere Haupteigenschaft der Liebe ist ihre Hoffnung. Obwohl die Gemeinde in Korinth in einem schlechten Zustand war, gab Paulus die Hoffnung nie auf. Er verzweifelte nicht und wandte sich nicht enttäuscht ab. Er schrieb Briefe, machte Besuche, schickte Vertreter dorthin und betete. Trotz seiner ernsten Worte glaubte er, dass die Korinther schließlich richtig reagieren würden.

Paulus drückt sein Vertrauen so aus: *„Groß ist meine Freimütigkeit euch gegenüber, groß mein Rühmen über euch; ich bin mit Trost erfüllt, ich bin überreich an Freude bei all unserer Drangsal“* (2Kor 7,4). *„Ich freue mich, dass ich in allem Zutrauen zu euch habe“* (2Kor 7,16; siehe auch 1,7; 2,3; 7,4.14-16; 10,15).

Dieses Vertrauen ist kein sentimentaler Wunsch; es ist der Glaube an Gottes endgültigen Sieg und an seine guten Absichten mit seiner

Gemeinde. Das schenkt Paulus trotz wiederholter Schwierigkeiten und Enttäuschungen einen realistischen Optimismus und Zuversicht für die Zukunft. Weil er auf den Herrn hofft und ihm vertraut, dass er seine Verheißungen erfüllt, kann Paulus Schwierigkeiten und Versagen in die richtige Perspektive rücken (s. Gal 5,10; 2Thes 3,4; Phim 21).

Sie erduldet alles

Diese letzte Eigenschaft ähnelt der ersten, die „alles erträgt". Die Liebe ist stark und belastbar: „Weder Not noch Ablehnung lässt die Liebe aufhören, Liebe zu sein."[4] Die Liebe bleibt und hält aus; sie bleibt im Angesicht von Feindschaft, Unfreundlichkeit und Schwierigkeit; sie gibt niemals auf. Ohne Arbeit und Selbstaufopferung kann man Christus und seiner Gemeinde nicht dienen. Die Liebe gibt einem Menschen die Kraft, alle Dinge zu erdulden.

Das Leben Moses, des größten Führers des Volkes Israel, zeigt, dass Liebe alles erträgt, glaubt, hofft und erduldet. Vierzig Jahre lang führte er das israelitische Volk durch die Wüste Sinai. Das Volk beklagte sich immer wieder über seine Führung. Es beschuldigte ihn zu Unrecht der schlechten Behandlung, der Unfähigkeit, böser Motive, des Stolzes und sogar des Mordes an ihnen und ihren Kindern. Einmal wollten ihn die Israeliten sogar zu Tode steinigen. Folgende Stellen sind beispielhaft für ihre Anklagen und Beschwerden:

> *„Hast du uns etwa deshalb weggeführt, damit wir in der Wüste sterben, weil es in Ägypten keine Gräber gab? Was hast du uns da angetan, dass du uns aus Ägypten herausgeführt hast? … Lass ab von uns, wir wollen den Ägyptern dienen."* (2Mo 14,11-12)

> *Da murrte die ganze Gemeinde der Söhne Israel gegen Mose und Aaron in der Wüste: … „Denn ihr habt uns in diese Wüste herausgeführt, um diese ganze Versammlung an Hunger sterben zu lassen."* (2Mo 16,2-3)

> *Da geriet das Volk mit Mose in Streit … Da schrie Mose zum Herrn und sagte: „Was soll ich mit diesem Volk tun? Noch ein wenig, so steinigen sie mich.“* (2Mo 17,2-4)

> *„Wozu bringt uns der Herr in dieses Land? Damit wir durchs Schwert fallen und unsere Frauen und unsere kleinen Kinder zur Beute werden? Wäre es nicht besser für uns, nach Ägypten zurückzukehren?“* (4Mo 14,3)

> *„Und warum habt ihr uns aus Ägypten heraufgeführt, um uns an diesen bösen Ort zu bringen?“* (4Mo 20,5)

Bei einer Gelegenheit redeten auch sein Bruder und seine Schwester schlecht über ihn: *„Und sie sagten: ‚Hat der HERR nur etwa mit Mose geredet? Hat er nicht auch mit uns geredet?‘“* (4Mo 12,2). Es muss für Mose besonders schmerzlich gewesen sein, dass selbst seine eigene Familie und seine engsten Vertrauten ihn angriffen. Trotzdem vergab er ihnen und betete für ihre Rettung, als Gott sie für ihre bösen Anklagen verurteilte.

Einer der schlimmsten Momente in Moses Leben war, als 250 namhafte Männer des Volkes ihn für seinen schlechten und herrischen Führungsstil anklagten. Sie sagten zu Mose und Aaron:

> *„Genug mit euch! … Warum erhebt ihr euch über die Versammlung des HERRN? … Ist es zu wenig, dass du uns aus einem Land, das von Milch und Honig überfließt, heraufgeführt hast, um uns in der Wüste sterben zu lassen? Willst du dich auch noch zum Herrscher über uns aufwerfen? Du hast uns keineswegs in ein Land gebracht, das von Milch und Honig überfließt!“* (4Mo 16,3.13-14)

Das Volk wollte Mose nicht gehorchen und bestimmte einen neuen Führer, der es wieder nach Ägypten führen sollte (s. Neh 9,17). In dieser Situation betete Mose zu Gott, er möge das Volk für seine

Boshaftigkeit bestrafen, und das tat Gott. Seine Strafe war gerecht und seit langem überfällig.

Ein anderes Mal betete Mose, Gott möge das Volk nicht zerstören. Vier Mal stand Gott kurz davor, die ganze Nation zu vernichten, weil sie sich immer wieder gegen ihn auflehnte, aber Mose betete und bat Gott, sie zu verschonen.[5] Mose hätte wahrscheinlich hundert Gründe gehabt, nicht für sie zu beten, aber als Mann Gottes konnte er seine persönlichen Gefühle außen vor lassen und für ihre Vergebung und Erlösung beten.

Nur die Liebe zu Gott und zu dessen Volk war der Grund, aus dem heraus Mose so nachsichtig mit Israel war. Liebe leidet lange, Liebe erträgt alles, Liebe glaubt alles und Liebe hofft alles. Immer wieder, wenn es für die Nation ausweglos aussah, vertraute Mose, hoffte und erduldete alles. Egoistische Leiter jedoch schmelzen wie Schneeflocken bei Wärme. Sie halten nicht stand.

Der wichtigste Dienst am Menschen geschieht für gewöhnlich langfristig, doch langfristiger Dienst kann nur mit übernatürlicher Kraft von oben Erfolg haben. Diese Kraft erträgt alles Leiden und alle Schmerzen, die das Leben mit sich bringt. Einige Missionare dienen jahrzehntelang in gefährlichen Gegenden, wo es immer wieder Schwierigkeiten und Rückschläge gibt. Wie halten sie das aus? Die Antwort ist: durch die Liebe zu Gott und die Liebe zu den Menschen. Die Liebe gibt dem Glauben, der Hoffnung und der Ausdauer die Kraft, die schwierigen Lebenssituationen durchzustehen.

Das Größte auf der Welt

Die Macht der Liebe, alles erdulden zu können (s. 1Kor 13,7), führt uns zum letzten Abschnitt des 13. Kapitels (V. 9-13), wo Paulus zwei seiner bedeutungsvollsten Aussagen über die christliche Liebe macht: *„Die Liebe vergeht niemals"* und *„Glaube, Hoffnung, Liebe, diese drei; die Größte aber von diesen ist die Liebe"*.

Die Liebe bleibt ewig (1Kor 13,8-12)

In Vers 8 schreibt Paulus: *„Die Liebe vergeht niemals."* Dieser Vers gehört eigentlich nicht mehr zu den fünfzehn Beschreibungen der Liebe, die in den Versen 4 bis 7 stehen, denn mit Vers 8 beginnt eine Gegenüberstellung der zeitlichen Vergänglichkeit geistlicher Gaben mit der bleibenden Natur der Liebe. Hier drückt Paulus erneut seine Sorge über den Missbrauch der geistlichen Gaben in der Gemeinde in Korinth aus (s. 1Kor 12,1–13,3).

Um zu zeigen, dass die Liebe der *„noch bessere Weg"* ist, sagt Paulus seinen Lesern, dass geistliche Gaben, egal wie beeindruckend und wichtig sie erscheinen, eines Tages vergehen werden: *„Aber Weissagungen, sie werden weggetan werden; seien es Sprachen, sie werden aufhören; sei es Erkenntnis, sie wird weggetan werden"* (1Kor 13,8). Es wird eine Zeit kommen, in der Geistesgaben nicht länger benötigt und darum aufhören werden. Wir werden im Himmel keine Geistesgaben mehr brauchen. Sie sind nur für die Gegenwart gedacht. Im Gegensatz dazu wird die Liebe niemals aufhören. Sie bleibt bis in alle Ewigkeit.

Im letzten Kapitel des Buches *Charity and Its Fruits* beschreibt Jonathan Edwards den Himmel als eine „Welt voll heiliger Liebe"[6] und als „das Paradies der Liebe".[7] Der Himmel wird ein Zuhause sein, wo es immer Liebe gibt, weil Gott anwesend ist, *„denn Gott ist Liebe"* (1Jo 4,8).

Wenn Christen sich gegenseitig so lieben, wie Jesus es tat, dann spiegelt die Gemeindefamilie die Herrlichkeit unserer zukünftigen, himmlischen Existenz wider. Leider gab es in der Gemeinde zu Korinth keine himmlische Liebe. Sie war durch Rivalität, Gerichtsverfahren, Unmoral, Missbrauch der christlichen Freiheit, unordentlicher Leitung, Stolz und selbstsüchtiger Unabhängigkeit gekennzeichnet – alles zusammen eine unakzeptable und ärmliche Darstellung der echten himmlischen Liebe und der Frucht des Geistes.

Die Liebe ist die größte Tugend (1Kor 13,13)

Das Kapitel endet mit den bekannten Worten *„Nun aber bleibt Glaube, Hoffnung, Liebe, diese drei; die Größte aber von diesen ist die Liebe“* (1Kor 13,13). Nicht jeder Christ ist mit der Gabe der Weissagung oder der Erkenntnis gesegnet, aber jeder Christ sollte vom Glauben, von der Hoffnung und von der Liebe gekennzeichnet sein. Diese drei Tugenden sind für das christliche Leben wesentlich, damit die Gemeinde im Glauben wachsen kann (s. 1Thes 1,2-3).

Paulus sagt über die drei Kardinaltugenden Glaube, Hoffnung und Liebe sogar: *„Die Größte aber von diesen ist die Liebe.“* Egal ob wir über Geistesgaben oder Kardinaltugenden sprechen, die Liebe ist die Größte! Darum muss jeder christliche Leiter und Lehrer aktiv und zielgerichtet der Aufforderung nachkommen: *„Strebt nach der Liebe!“* (1Kor 14,1).

Zusammenfassung: Charakter und Verhalten eines liebevollen Leiters

Wenn wir, die wir Gottes Volk leiten und lehren, die von Paulus beschriebenen fünfzehn Eigenschaften der Liebe auf uns übertragen, dann sind unsere ersten beiden Charaktereigenschaften Geduld und Freundlichkeit. Das gilt auch dann, wenn wir von den Menschen, denen wir dienen, falsch behandelt werden.

Wir dürfen keine egozentrischen Leiter sein, die auf jene neidisch sind, die mehr Gaben besitzen oder beliebter sind als wir. Wir sollten auch nicht andere erniedrigen oder mit unseren Erfolgen angeben. Am wichtigsten ist, dass wir nicht überheblich sind und uns nicht für besser als andere Menschen halten. Wir sollen demütig und bescheiden sein. Wir sollen nicht unhöflich sein und uns nicht unanständig benehmen, sondern uns immer taktvoll, anständig und entsprechend der gesellschaftlichen Normen verhalten. Vor allem aber sollen wir keine Egoisten sein, die in erster Linie den eigenen

Interessen nachgehen und auf den eigenen Vorteil bedacht sind. Wir sollen Diener sein, die andere aufbauen. Wir sollen uns nicht leicht ärgern und provozieren lassen, denn das kann diejenigen, die wir leiten, emotional verletzen. Wir sollen ruhig sein, langsam zum Zorn und niemals unversöhnlich. Wir sollen keinen Groll hegen, sondern vergeben und barmherzig sein. Schließlich sollen wir uns nicht über irgendein Unrecht freuen, sondern über die Wahrheit.

Wir müssen uns immer daran erinnern, dass Liebe alles erträgt, alles glaubt, alles hofft und alles erduldet.

Die Bitte um Selbstprüfung

Ich beende diesen Abschnitt mit einer wichtigen, persönlichen Bitte: Gebrauchen Sie dieses Buch nicht, um anderen Menschen zu sagen, dass diese keine Liebe haben. Einige der liebevollsten Menschen, die ich jemals gekannt habe, wurden zu Unrecht beschuldigt, lieblos zu sein.

Im Alten Testament beschuldigte das Volk Israel Mose, dass er lieblos über das Volk herrsche, obwohl er viele Male ihr Leben gerettet hatte und sich vollkommen aufopferte, um sie vierzig Jahre lang zu leiten. Tatsache ist, dass das israelitische Volk keine Liebe besaß.

Oft ist es so, dass Menschen, die von anderen behaupten, lieblos zu sein, selbst keine Liebe haben. Sie denken, das neue Gebot hieße: „Liebe mich oder ich vernichte dich und deine Gemeinde." Sie sitzen herum und warten darauf, dass andere Menschen sie lieben.

Es ist einfach, den Splitter der Lieblosigkeit im Auge des anderen zu sehen, aber den Balken des Egoismus, der Heuchelei und des Zorns im eigenen Auge nicht wahrzunehmen (s. Mt 7,3-5). *Gebrauchen Sie dieses Buch daher, um sich selbst zu prüfen.* Versuchen Sie mit ganzer Kraft, anderen gemäß dem *„noch besseren Weg"* ein Vorbild in der Liebe zu sein. Und wenn Sie in eine Situation geraten, in der man sich Ihnen gegenüber lieblos verhält, dann können Sie glaubwürdig und vollmächtig *„die Wahrheit reden in Liebe"* (Eph 4,15).

Wenn wir ehrlich sind, müssen wir zugeben, dass wir alle darin versagt haben, so zu lieben, wie wir sollten. Daher sollten wir zuerst uns selbst beurteilen. Nur wenn wir unsere eigene Sünde der Lieblosigkeit bekannt und bereut haben, können wir anderen dabei helfen, zu lieben. Eine gute Möglichkeit bietet sich, wenn wir für sie beten, weil nur Gott die Herzen ändern kann.

Natürlich sind auch liebevolle Menschen hin und wieder lieblos. Sie geraten in schreckliche Konflikte und sind nicht mehr das, was sie sein sollten. Martin Luther, der Reformator aus dem sechzehnten Jahrhundert, war ein selbstloser, liebevoller Mann, aber er konnte zuweilen auch zynisch und hart sein. Die einzige Person dieser Erde, die vollkommene Liebe hatte, war der Herr Jesus Christus. Wir alle kämpfen unser ganzes Leben darum, so zu lieben, wie er liebte, und versuchen herauszufinden, wie man auch in schwierigen Situationen Liebe üben kann.

Anmerkungen zu Kapitel 9

1. Alle vier Verben haben als Objekt das griechische Wort *panta,* „alle Dinge". Manche Übersetzungen und Ausleger benutzen „immer" oder „in allem". Damit soll der Gedanke vermieden werden, dass die Liebe leichtgläubig „alle Dinge" glaubt und auf „alle Dinge" hofft.
2. Das griechische Verb *stegó* kann entweder (1) „bedecken" bedeuten, im Sinne von: die Fehler des anderen zudecken oder (2) „unter Schwierigkeiten ertragen". Beide Bedeutungen sind hier möglich, die letzte wird jedoch von Paulus benutzt (s. 1Kor 9,12; 1Thes 3,1.5) und allgemein bevorzugt.
3. W. Graham Scroggie, *The Love Life: A Study of 1 Corinthian 13* (London: Pickering & Inglis, o. J.), S. 46.
4. C. K. Barrett: *A Commentary on the first Epistle to the Corinthians,* HNTC (New York; Harper & Row, 1968), S. 305.
5. 2Mo 32,10-14; 4Mo 14,12-20; 16,20-22.41-50.
6. Jonathan Edwards, *Charity and Its Fruits* (1852; aktual. Aufl., Edinburgh: Banner of Truth, 1978), S. 325.
7. Ebd., S. 351.

TEIL 3

Die Arbeit eines liebevollen Leiters

10

Liebe und Mitgefühl äußern

*„... weil ich euch im Herzen habe ...
wie ich mich nach euch allen sehne mit der
herzlichen Liebe Christi Jesu."*
(Phil 1,7-8)

Eine Freundin unserer Familie gehörte zu einer bibeltreuen Gemeinde, musste dann jedoch für einige Jahre wegziehen. Als sie zurückkam, bemerkte sie eine wunderbare und erfreuliche Veränderung. Die Gemeinde war immer noch bibeltreu, aber mit den Jahren war ihre Liebe gewachsen. Die Menschen waren freundlicher, aufgeschlossener und gastfreundlicher. Sie umarmten sich, sie sorgten füreinander, und sie kümmerten sich um die Bedürftigen. In der ganzen Gemeinde herrschte eine Atmosphäre liebevoller Zuneigung.

Die Liebe in Worte fassen

Die Liebe in dieser Gemeinde wurde durch Worte, Taten und Zärtlichkeit ausgedrückt. Tatsache ist: *Die Liebe muss sich ausdrücken; sie kann nicht still bleiben.* Als sein Sohn in der Welt war, rief der Vater aus dem Himmel: *„Dieser ist mein geliebter Sohn, an dem ich Wohlgefallen gefunden habe"* (Mt 3,17). Jesus drückte seine Liebe zu seinem Vater und zu seinen Jüngern mit den Worten aus: *„Ich liebe den Vater"* (Joh 14,31); *„Ich habe euch geliebt"* (Joh 15,9). Jesus fragte Petrus: *„Liebst du mich?"* Dreimal erwiderte Petrus: *„Ich habe dich lieb"* (Joh 21,15-17).

Diese tief empfundene Liebe durchzieht das ganze Neue Testament.

Dankbarkeit zeigen

Liebevolle Menschen sind voller Dankbarkeit und zeigen diese auch ganz offen. Von allen Schreibern des Neuen Testaments spricht Paulus am häufigsten über seine Liebe zu seinen Mitarbeitern und den Gläubigen. In all seinen Briefen zeigt er offen seine Dankbarkeit für alles, was seine Mitarbeiter für ihn und für Gott um des Evangeliums willen tun. Er hält Anerkennung und Lob nicht zurück. Er ist allen zutiefst dankbar.

Römer 16 nennt viele Personen, denen Paulus für die persönliche Freundschaft dankt und die er alle für ihre Arbeit lobt:

> *Phöbe, ... eine Dienerin der Gemeinde* (Röm 16,1);
> *Priska und Aquila, ... die für mein Leben ihren eigenen Hals preisgegeben haben* (Röm 16,3-4);
> *Maria, die viel für euch gearbeitet hat* (Röm 16,6);
> *Andronikus und Junias, ... die unter den Aposteln ausgezeichnet sind* (Röm 16,7);
> *Ampliatus, meinen Geliebten im Herrn* (Röm 16,8);
> *Apelles, den Bewährten in Christus* (Röm 16,10);
> *Tryphäna und Tryphosa, die im Herrn arbeiten* (Röm 16,12);
> *Persis, die Geliebte, die viel gearbeitet hat im Herrn* (Röm 16,12);
> *Rufus, den Auserwählten im Herrn* (Röm 16,13) und
> *Gajus, mein und der ganzen Gemeinde Wirt* (Röm 16,23).

Auch in seinen anderen Briefen lobt und dankt Paulus:

> *Das Haus des Stephanas, ... die sich in den Dienst für die Heiligen gestellt haben* (1Kor 16,15);
> *Tychikus, der ... treue Diener im Herrn* (Eph 6,21);
> *Ihr kennt aber seine (Timotheus') Bewährung* (Phil 2,22);
> *Epaphroditus, mein Bruder und Mitarbeiter und Mitstreiter* (Phil 2,25);

> *Epaphras, unserem geliebten Mitknecht, der ein treuer Diener des Christus für euch ist* (Kol 1,7);
> *Tychikus, der ... treue Diener und Mitknecht im Herrn* (Kol 4,7);
> *Onesimus, dem treuen und geliebten Bruder* (Kol 4,9);
> *Epaphras, ein Knecht Christi Jesu, der allezeit für euch ringt in den Gebeten* (Kol 4,12);
> *Lukas, der geliebte Arzt* (Kol 4,14);
> *Titus, meinem echten Kind nach dem gemeinsamen Glauben* (Tit 1,4) und
> *Philemon, dem Geliebten und unserem Mitarbeiter, ... wegen deiner Liebe, weil die Herzen der Heiligen durch dich, Bruder, erquickt worden sind* (Phim 1.7).

Gott teilt sich mit, und er hat uns zu Geschöpfen gemacht, die sich ebenfalls mitteilen können. Daher sollten wir in unserem Dienst an unserem Nächsten mit Lob und Dank großzügig umgehen. Wir müssen den Menschen zeigen, dass wir Gott dankbar für sie sind. Sie sollen über unsere Gedanken nicht im Unklaren gelassen werden. Sie müssen etwas von uns hören.

Leiter, die nur reden, wenn sie etwas zu kritisieren oder etwas Negatives zu sagen haben, können nichts bewirken. Menschen brauchen positive, liebevolle und anerkennende Worte, denn solche Worte tragen zu einer gesunden christlichen Gemeinschaft bei. So wie wir die Luft zum Atmen brauchen, so brauchen auch unsere Seelen ein erfrischendes Lob und Anerkennung. Als Leiter sollten wir danach streben, so wie Barnabas zu sein, der andere Menschen immer wieder mit der Heiligen Schrift ermutigte und nicht mit Lob und Anerkennung sparte.

Ich kenne ein Paar, das in seiner Gemeinde fünfunddreißig Jahre lang in der Sonntagsschule mitarbeitete. Viele in der Gemeindeleitung bestätigten, dass die beiden unersetzlich seien; als sie jedoch in den Ruhestand gingen, dankte ihnen niemand. Es gab weder ein offizielles Lob noch einen Telefonanruf oder ein Dankesschreiben.

Man hatte sie durch stillschweigende Undankbarkeit vollkommen enttäuscht, und das ist auch verständlich! Glieder am Leib Christi sollten miteinander in aktiver Gemeinschaft und nicht in passiver Einsamkeit stehen. Die Gemeinde sollte ein Ort sein, wo Menschen sich gegenseitig ihre Liebe, Wertschätzung und Dankbarkeit zeigen und einander ermutigen.

Tief empfundene Liebe ausdrücken

Paulus drückt den gläubigen Geschwistern gegenüber seine tiefe Liebe oft mit starken, emotionalen Worten aus. Er schreibt wie ein mitfühlender Hirte und nicht wie ein unnahbarer Theologieprofessor oder verbitterter Eiferer, der nur an der Sache interessiert ist. Selbst wenn er korrigiert und ermahnt, macht Paulus das wie ein Vater und Hirte auf zarte, fürsorgliche, einfühlsame und mitmenschliche Art. Achten Sie darauf, wie in vielen Versen seine tiefe Liebe und sein liebevoller Führungsstil zum Ausdruck kommen:

> *Ich freue mich euretwegen* (Röm 16,19).
> *Ich habe euch im Herzen* (Phil 1,7).
> *Ich sehne mich nach euch allen mit der herzlichen Liebe Christi Jesu* (Phil 1,8).
> *Meine geliebten und ersehnten Brüder, meine Freude und mein Siegeskranz …* (Phil 4,1).
> *So, in Liebe zu euch hingezogen, waren wir willig, euch nicht allein am Evangelium Gottes, sondern auch an unserem eigenen Leben Anteil zu geben, weil ihr uns lieb geworden wart* (1Thes 2,8).
> *Meine Kinder, um die ich abermals Geburtswehen erleide, bis Christus in euch Gestalt gewonnen hat – ich wünschte aber, jetzt bei euch anwesend zu sein* (Gal 4,19-20).
> *Meine Liebe sei mit euch allen in Christus Jesus!* (1Kor 16,24).
> *Denn aus viel Bedrängnis und Herzensangst schrieb ich euch mit vielen Tränen, … damit ihr die Liebe erkennt, die ich besonders zu euch habe* (2Kor 2,4).

Unser Mund hat sich euch gegenüber geöffnet, ihr Korinther; unser Herz ist weit geworden (2Kor 6,11).
Ihr seid in unseren Herzen, um mitzusterben und mitzuleben (2Kor 7,3).
Warum? Weil ich euch nicht liebe? Gott weiß es (2Kor 11,11).
Ich suche nicht das Eure, sondern euch (2Kor 12,14).
Ich will aber sehr gern alles aufwenden und mich aufopfern für eure Seelen. Wenn ich also noch mehr liebe, werde ich dann weniger wiedergeliebt? (2Kor 12,15).
Euch aber lasse der Herr zunehmen und überreich werden in der Liebe zueinander und zu allen – wie auch wir euch gegenüber sind (1Thes 3,12).
Den habe ich zu dir zurückgesandt – ihn, das ist mein Herz (Phim 12).

Paulus zeigt seine Liebe zu seinen Glaubensgeschwistern auf großherzige und zärtliche Art. Nicht weniger als vierundzwanzig Mal spricht er seine Leser als „*Geliebte*" an.[1] Das ist keine oberflächliche Anrede oder pure Höflichkeit. Dieses Wort drückt Intimität, Zuneigung und Liebe aus. Paulus' Freunde und Glaubensgeschwister waren seine geliebten Brüder und Schwestern. Sie waren seine Familie. Sie waren durch den gleichen Geist aufs Engste miteinander verbunden. So, wie sie von Gott geliebt wurden[2], wurden sie auch von Paulus geliebt.

Die Leiter und Lehrer einer Gemeinde sollten sich trauen, eine liebevolle Familiensprache zu benutzen, um ihre echte, gegenseitige Freundschaft auszudrücken. Für die ersten Christen war das alltägliche Praxis. Die Bezeichnung *Brüder, Bruder* oder *Schwester* kommt ungefähr 250 Mal im Neuen Testament vor. In einer alten lateinischen Schrift kritisiert der Heide Caecilius in einem religiösen Streitgespräch die Christen, weil sie „sich fast immer, wenn sie Gemeinschaft hatten, einander Liebe zeigten … Unterschiedslos bezeichnen sie sich gegenseitig als Bruder und Schwester."[3] Wäre das ein Segen, wenn man uns dessen beschuldigen würde! Heute müssen Menschen mehr denn je hören, wie sehr sie geliebt und miteinander verbunden sind. Solch eine intime, familiäre Sprache ist biblisch und reflektiert die Liebe der neutestamentlichen Gemeinde.

Körperliche Ausdrucksformen der Liebe

Die äußerliche Ausdrucksform der christlichen Liebe ist der „Kuss der Liebe", der „einen der wunderbarsten Bräuche des frühen Christentums"[4] darstellt. Petrus forderte seine Leser auf: *„Grüßt einander mit dem Kuss der Liebe!"* (1Petr 5,14). Das ist die praktische Durchführung seiner früheren Anweisung, sich gegenseitig wie Bruder und Schwester zu lieben:

> *Liebt einander anhaltend, aus reinem Herzen* (1Petr 1,22).
> *Liebt die Bruderschaft* (1Petr 2,17).
> *Vor allen Dingen aber habt untereinander eine anhaltende Liebe* (1Petr 4,8).

Dieser *„Kuss der Liebe"*, den Paulus auch als *„heiligen Kuss"*[5] bezeichnet, ist ein äußerlicher, körperlicher Ausdruck der „Gemeinsamkeit, … Einheit von Status und Identität, die alle Christen aller Rassen, Klassen und beiden Geschlechts miteinander teilen."[6] Es ist jedoch ein „heiliger", kein sinnlicher Kuss. Er wird respektvoll und anständig ausgedrückt.

Ob wir den *„Kuss der Liebe"* nun mit einem tatsächlichen Kuss oder aber mit einer Umarmung oder mit einem herzlichen Händedruck zum Ausdruck bringen, so sind wir in jedem Fall dazu aufgerufen, unsere Brüder und Schwestern liebevoll zu grüßen. Unsere gegenseitige Begrüßung soll verdeutlichen, dass wir als Familie verbunden sind und uns wirklich lieben. Lassen Sie uns also nicht unpersönlich, reserviert oder kalt sein. Wir sollten uns gegenseitig nicht als selbstverständlich ansehen. Die Menschen müssen die Liebe sowohl körperlich als auch durch liebevolle Worte zu spüren bekommen. Dieser körperliche Ausdruck der Liebe ist eine konkrete und praktische Umsetzung des neutestamentlichen Gebots, uns untereinander anhaltend zu lieben (s. 1Petr 4,8).

John Stott, ein von Natur aus reservierter und korrekter Engländer, hat auf seinen ausgedehnten Weltreisen, besonders in Lateinamerika und Afrika, gelernt, sich über die liebevollen Umarmungen seiner Mitgläubigen zu freuen. Am Ende eines Briefes an einen Freund witzelt er: Ich „sende euch Grüße und eine Umarmung (ich bin jetzt auch ein Mitglied des Instituts für Festhaltetherapie!)."[7]

Paulus gehörte auch zu den Vertretern der „Festhaltetherapie". Über seinen Abschied von den Ephesern berichtet Lukas: *„Es entstand aber lautes Weinen bei allen; und sie fielen Paulus um den Hals und küssten ihn"* (Apg 20,37).

Auch die Kinder in unserer Gemeinde müssen diesen Ausdruck der Liebe spüren. Unser Herr Jesus hieß die Kinder willkommen. Er hatte Freude an ihnen. Er nahm sich Zeit, um ihnen Aufmerksamkeit zu schenken. Er berührte sie, betete für sie und segnete sie (s. Mt 19,13-15). Die Mütter und die Kinder kamen gern zu Jesus, weil er herzlich und liebevoll war. Lassen Sie auch uns die Kinder schützen und lieben.

Die Gemeinde ist das *„Haus Gottes"* (1Tim 3,15). In diesem Haus sollten liebevolle Worte gesprochen werden und es sollte eine herzliche Atmosphäre herrschen. Leider findet sich in manchen Gemeinden eher eine friedhofähnliche Atmosphäre als eine liebevolle vertraute Stimmung. Es gibt wenig Zuneigung und Wärme, und echte Gefühle werden im Keim erstickt. Die Menschen kennen sich kaum und bleiben auf Distanz. Das einzige Zeichen der Liebe ist ein schneller Händedruck, bevor sie die Gemeinde betreten. Solch ein Verhalten ist für christliche Brüder und Schwestern nicht glaubwürdig. Es repräsentiert nicht die Menschen, die dem „neuen Gebot" gehorchen.

Wie man anfängt

Um in Ihrer Gemeinde oder in der Gruppe, die Sie leiten, eine liebevollere Atmosphäre zu schaffen, beginnen Sie, regelmäßig dafür zu beten, dass Sie in der Liebe wachsen. Lassen Sie sich in Ihren Gebeten von der Bibel leiten:

> *Um dieses bete ich, dass eure Liebe noch mehr und mehr überreich werde* (Phil 1,9).
> *Euch aber lasse der Herr zunehmen und überreich werden in der Liebe zueinander und zu allen* (1Thes 3,12).
> *[Ich bete, dass] ihr imstande seid, mit allen Heiligen völlig zu erfassen, was die Breite und Länge und Höhe und Tiefe ist, und zu erkennen die die Erkenntnis übersteigende Liebe des Christus* (Eph 3,18-19).

Auch wenn in Ihrer Gemeinde oder Gruppe bereits Liebe herrscht, können Sie darin trotzdem noch *„reichlich zunehmen"* (1Thes 4,10). Lehren Sie, was die Bibel über Liebe sagt. Wie oft hören Menschen eine gute Auslegung von 1. Korinther 13, Epheser 3,14-19 und 4,1-16 oder 1. Johannes 4,7-21? Die meisten Gemeindebesucher kennen das Liebesgebot der Bibel nicht und müssen über dieses Thema sorgfältig unterrichtet werden.

Eine liebevolle Atmosphäre kommt jedoch nicht allein durch die Lehre. Christliche Gemeindeleiter müssen ein Vorbild für die Liebe sein. Es gibt in der Gemeinde Lehrer, Musiker und andere, die viele Jahre lang freiwillig ihren Dienst tun. Sie müssen wissen, dass ihre Treue Gott und ihrer Gemeinde gegenüber geschätzt wird. Zeigen Sie ihnen Ihre Dankbarkeit, und ermutigen Sie andere, dasselbe zu tun. Es gibt Menschen, die sauber machen, reparieren und die Gemeinde instand halten. Ignorieren Sie diese Menschen nicht. Man sollte ihnen persönlich oder mit einem Geschenk bzw. einer Karte danken. Halten Sie niemanden für selbstverständlich. Gott tut es auch nicht!

Erlauben Sie nicht, dass Ihre Gemeinde ein Ort ist, an dem die Glieder des Leibes Christi nur oberflächlich miteinander umgehen, oder sogar schlimmer, wo sie kommen und gehen, ohne ein Wort miteinander zu wechseln. Ich wiederhole: Es ist Ihre Verantwortung, als gutes Beispiel voranzugehen. Die Gemeinde ist kein Geschäftsunternehmen, keine militärische Einrichtung und auch kein Regierungsbüro. Sie ist das *„Haus Gottes"*, also verhalten Sie sich auch entsprechend. Gehen Sie liebevoll auf andere zu. Grüßen Sie andere mit dem *„Kuss der Liebe"*, mit einer liebevollen Umarmung, oder mit einem „heiligen Handschlag". Gewöhnen Sie sich an, sich Namen zu merken.

Die Gemeinde ist eine eng zusammengehörige Familie von Brüdern und Schwestern, die sich gegenseitig Christi Liebe zeigen. Sie ist eine lebensverändernde Gemeinschaft, in der Menschen wachsen und immer mehr wie ihr liebevoller Herr werden. Ihre Gemeinde kann eine liebevollere Gemeinschaft werden und immer mehr zusammenwachsen, wenn Sie mit Liebe lehren und leiten.

Anmerkungen zu Kapitel 10

1. Das Wort „*Geliebte*" wird bei Johannes neunmal, bei Petrus siebenmal und bei Jakobus sowie bei Judas dreimal gebraucht.
2. Röm 1,7; 1Thes 1,4; 2Thes 2,13.
3. *The Octavius of Marcus Minucius Felix, in Ancient Christian Writers,* Hg. Johannes Quasten et. al., Übers. G. W. Clarke (New York: Newman, 1974), S. 64.
4. Paul A. Cedar, *James; 1,2 Peter; and Jude,* The Communicator's Commentary (Waco, Tex.: Word, 1984), Band 11, S. 200.
5. Röm 16,16; 1Kor 16,20; 2Kor 13,12; 1Thes 5,26.
6. Anthony C. Thiselton, *The First Epistle to the Corinthians,* NIGTC (Grand Rapids, Mich.: Eerdmans, 2000), S. 1346.
7. Timothy Dudley-Smith, *John Stott: A Global Ministry* (Leicester, England: InterVarsity, 2001), S. 441.

11

Gastfreundschaft praktizieren

„Die Bruderliebe bleibe!
Die Gastfreundschaft vergesst nicht!“
(Hebr 13,1-2)

Es gibt kaum etwas, was für die christliche Liebe charakteristischer ist als die Gastfreundschaft. Sie ist wesentlich, um die Flammen der Liebe zu entfachen und die christliche Gemeinschaft zu festigen. Christliche Leiter, die anderen gegenüber gastfreundlich sind, bezeugen auf einzigartige und persönliche Art und Weise ihre Liebe.

Durch den Dienst der Gastfreundschaft teilen wir mit anderen jene Dinge, die uns am meisten wert sind: Familie, Heim, Geld, Essen, Privatsphäre und Zeit. Mit anderen Worten: Wir teilen unser Leben.

Da die Bibel die Christen immer wieder dazu aufruft, sich gegenseitig zu lieben, überrascht es auch nicht, dass die Heilige Schrift uns einschärft, Gastfreundschaft zu üben:

> *Die Liebe sei ungeheuchelt! … In der Bruderliebe seid herzlich zueinander … nach Gastfreundschaft trachtet!* (Röm 12,9-10.13).
> *Vor allen Dingen aber habt untereinander eine anhaltende Liebe! … Seid gastfrei gegeneinander ohne Murren!* (1Petr 4,8-9).
> *Die Bruderliebe bleibe! Die Gastfreundschaft vergesst nicht! Denn dadurch haben einige, ohne es zu wissen, Engel beherbergt* (Hebr 13,1-2).
> *Geliebter, treu handelst du in dem, was du an den Brüdern, sogar an fremden, tust – sie haben vor der Gemeinde von deiner Liebe Zeugnis gegeben* (3Jo 5-6).

Gastfreundschaft fördert eine liebevolle Gemeinschaft

Eine kalte, ungastliche Gemeinde widerspricht der Botschaft des Evangeliums. Trotzdem hört man immer wieder, wie unfreundlich Gemeinden sind.[1] Menschen merken schnell, wenn es unter Christen nur eine „gemeindliche" Liebe gibt, die an der Gemeindetür oder auf dem Parkplatz aufhört. Es ist eine oberflächliche, auf den Sonntagmorgen fixierte Freundlichkeit, die nicht bereit ist, über die Gemeindemauern hinauszugehen.

Aber die Bibel fordert uns auf: *„In der Bruderliebe seid herzlich zueinander!"* (Röm 12,10). Bruderliebe bedeutet, sich gegenseitig zu kennen und am Leben des anderen teilzunehmen. Wenn wir unsere Häuser nicht füreinander öffnen, dann bleibt die Rolle der Gemeinde, eine eng zusammengehörende Familie zu sein, nur eine leere, religiöse Theorie. Wir können unseren Bruder und unsere Schwester unmöglich besser kennenlernen oder ihnen näherkommen, wenn wir uns nur einmal in der Woche für eine Stunde in einer großen Gruppe im Gemeindegebäude treffen. Nur durch den Dienst der Gastfreundschaft können wir in der Gemeinde eine Atmosphäre schaffen, in der echte Geschwisterliebe gefördert wird.

In den meisten Fällen kennen wir uns kaum, bis wir uns gegenseitig besuchen und miteinander sprechen. In einem Restaurant hängt ein Schild an der Wand, das diesen Gedanken wunderbar ausdrückt: „Gemeinsam am Tisch können Freunde Geborgenheit und Wärme am besten genießen." Wenn wir davon sprechen, uns gegenseitig mit der Bruderliebe zu lieben, müssen wir also auch bereit sein, Gastfreundschaft zu üben (s. Röm 12,10.13).

Welche Wirkung Gastfreundschaft in einer liebevollen und familiären Atmosphäre einer Gemeinde hat, zeigt die Geschichte eines Zeitungsreporters, der verschiedene christliche Gemeinden besuchte, um über deren Freundlichkeit und Liebe zu berichten. Er bewertete seine Besuche nach folgendem Punktesystem: Eine Begrüßung an der Tür bekam zwei Punkte. Ein Willkommens-Faltblatt bekam drei Punkte. Ein Stehkaffee nach dem Gottesdienst bekam fünf Punkte. Die Menschen, die sich ihm höflich und unaufdringlich vorstellten, bekamen zehn Punkte. Aber persönliche Einladungen zum Abendessen wurden mit sechzig Punkten bewertet![2] Das Bewertungssystem des Reporters zeigt, wie sehr doch Gastfreundschaft die Liebe zum Ausdruck bringt.

Es liegt in der Natur der Liebe, geliebte Menschen aufzunehmen, in ihrer Nähe sein zu wollen und alle guten Dinge mit ihnen zu teilen. Die Liebe isoliert sich nicht, sondern sie geht auf andere Menschen zu. Als christliche Leiter sollten wir Gastfreundschaft üben. Unser Zuhause ist das beste Werkzeug, um eine liebevolle christliche Gemeinschaft zu pflegen. Indem wir regelmäßig unser Heim für andere öffnen, können wir unserer Ortsgemeinde (oder Gruppe) helfen, eine freundlichere und mitmenschlichere Gemeinschaft zu werden.

Die positive Auswirkung der Gastfreundschaft auf Lehre und Nachfolge

Man kann sich nicht aus der Entfernung oder nur mit einem Lächeln und einem sonntäglichen Handschlag um Menschen kümmern. Dazu braucht man einen engen Kontakt. Das eigene Heim kann ein machtvolles Instrument sein, um Menschen zu unterweisen, sie in der Nachfolge zu stärken und sich um sie zu kümmern.

Die Unterweisung in der Bibel in einer gemütlichen Umgebung hilft außerordentlich, Gottes Wort besser kennenzulernen (s. Apg 5,42; 20,20). Martin Luther bewies, dass der Tisch eine hervorragende Kanzel ist, um Gottes Gemeinde zu unterweisen und biblische Wahrheiten zu lehren. Luther und seine Frau Katharina waren überall für ihr offenes Haus und ihre großzügige Gastfreundschaft bekannt. Ein Historiker schreibt: „Das große Haus war immer bis zum Rand voll."[3] Luthers berühmte *Tischreden*[4], geschrieben von den vielen Studenten und Gästen, sind ein wunderbares Zeugnis dafür, welch große Wirkung das Heim auf die Nachfolge und die Unterweisung der Menschen hat.

Auch wenn der Dienst der Gastfreundschaft unbedeutend erscheinen mag, so hat er doch eine große Wirkung auf die Menschen. Ein offenes Haus ist ein Zeichen für ein offenes, mitmenschliches Herz und für einen großzügigen, gebenden Geist. Wenn man Menschen, besonders die Leidenden, zu sich nach Hause zum Essen einlädt, um ihnen zu zeigen, dass man sie liebt, oder um sie zu trösten, dann berührt das zutiefst. Sich um Gottes Volk zu kümmern, bedeutet unter anderem, das Heim und die Mahlzeiten mit ihnen zu teilen, sie zu Besuchen zu ermutigen oder ihnen sogar kurzfristig Unterkunft zu gewähren.

Wir dürfen die Bedeutung der Gastfreundschaft für die Umsorgung und Unterweisung von Menschen nicht unterschätzen. Auf seine geheimnisvolle Art gebraucht Gott die gegenseitige Beziehung zwischen Gastgeber und Gast, um seine Gemeinde zu unterrichten und zu ermutigen. Das ist ein Grund, warum das Neue Testament die Ältesten der Gemeinde dazu auffordert, *„gastfrei"* zu sein (Tit 1,8).

Einer der größten Evangelisten und Gemeindegründer des zwanzigsten Jahrhunderts war Bruder Bakht Singh aus Indien. Kurz nach seiner Bekehrung vom Atheismus und Hinduismus zu Christus gebrauchte der Herr die großzügige Gastfreundschaft von John und Edith Haywards, um Bakht Singh in der Schrift zu unterweisen. Er lebte fast drei Jahre lang bei ihnen in Winnipeg, Kanada. Damals wussten sie noch nicht, welchen Einfluss ihr indischer Freund einmal auf seine Nation haben würde. Bakht Singhs Biograf, T. E. Koshy, erzählt, welche „bedeutende Rolle die christlichen Häuser spielen, um neu Bekehrte in der Heiligen Schrift zu unterweisen und sie darauf vorzubereiten, wirksame Zeugen für den Herrn zu sein".[5]

Er schreibt:

> *Der Herr gebrauchte die Haywards auf bemerkenswerte Art, damit [Bakht Sing] geistlich wachsen konnte. In ihrem Haus brachte ihm der Herr viele wichtige Dinge bei, einschließlich der völligen Hingabe an den Herrn, die Bibel als das inspirierte Wort Gottes anzuerkennen, wie wichtig Gastfreundschaft und Gebet ist sowie in allem nach Gottes Willen zu fragen. Dieses*

liebevolle Ehepaar gebrauchte der Herr, um auch für alle alltäglichen Bedürfnisse Bakht Singhs zu sorgen. Die Haywards hatten ein offenes Haus für Missionare, die dort Urlaub machten. Dadurch lernte Bakht Singh viele Gläubige aus verschiedenen Konfessionen und Kulturen kennen und konnte mit ihnen Gemeinschaft haben.[6]

Gastfreundschaft fördert die Verkündigung des Evangeliums

Mit Gastfreundschaft erreicht man nicht nur Gläubige, sondern auch Ungläubige. Das Wesen der Liebe ist, auf andere zuzugehen, zu retten und die Botschaft von der Erlösung mitzuteilen. Liebevolle Leiter sind traurig darüber, dass Menschen verloren gehen (s. Röm 9,1-3; 10,1), und die Liebe zu ihnen drängt sie dazu, gastfreundlich zu sein.

Für die ersten Christen war es ganz natürlich, im eigenen Zuhause den Familien, Nachbarn und Freunden von Christus zu erzählen. Michael Green, der Autor von *Evangelism in the Early Church,* nennt das Zuhause „einen der wichtigsten Orte im Altertum, um das Evangelium zu verbreiten".[7] Über das Haus von Aquila und Priszilla schreibt er: „Heime wie dieses müssen für die Gemeinden unwahrscheinlich wichtig für ihre evangelistische Arbeit gewesen sein."[8]

Das trifft auch heute noch zu. Wenn Sie nach Möglichkeiten suchen, um zu evangelisieren, dann ist ein offenes Haus die beste Methode, um Ungläubige zu erreichen. Viele von uns kennen noch nicht einmal ihre Nachbarn, doch wenn wir gastfreundlich sind, können wir für den Herrn die besten Botschafter in der Welt sein. Wenn wir wollen, können unsere Häuser wie Leuchttürme in einer sonst geistlich dunklen Nachbarschaft leuchten.

Der Gründer der Navigatoren zum Beispiel, Dawson Trotman, gebrauchte sein Haus, um Soldaten für Christus zu gewinnen. Viele Jahre lang war er Seeleuten gegenüber gastfreundlich. Mit Recht konnte er später sagen, dass in seinem Wohnzimmer Seemänner aus jedem amerikanischen Staat Christen geworden sind.

Jim Petersen erzählt in seinem Buch *Evangelism as a Lifestyle* von einem Brasilianer namens Mario, mit dem er vier Jahre lang zusammen die Bibel studierte, bevor der junge Mann Christ wurde. Mario war ein intellektueller Marxist und ein politischer Aktivist - ein ausgesprochener Kandidat für das Christentum. Einige Jahre nach Marios Bekehrung fragte Mario Jim, ob dieser wüsste, was ihn dazu gebracht hätte, sich für Christus zu entscheiden. Jim vermutete die vielen Stunden der gemeinsamen intellektuellen Diskussionen über die Bibel, doch Mario antwortete:

> *Erinnerst du dich, als ich zum ersten Mal zu dir nach Hause kam? Wir waren auf der Durchreise und machten bei dir Halt, um eine Suppe zu essen. Als ich so dasaß und dich, deine Frau und deine Kinder beobachtete, und wie ihr miteinander umgegangen seid, fragte ich mich:* Wann werde ich mit meiner Verlobten solch eine Beziehung haben? *Als ich erkannte, dass das „nie" geschehen würde, wusste ich, dass ich erst Christ werden müsste, um überleben zu können.*[9]

Wenn man Ungläubigen Liebe entgegenbringt und sie nach Hause einlädt, dann ist das wie ein starker Magnet, der die Menschen zu Christus zieht. Man muss kein Prediger sein oder viele Jahre Unterricht genommen haben, um durch Gastfreundschaft den Menschen Liebe entgegenzubringen und ihnen zu dienen. Sobald Sie ihre Türen öffnen, werden die Menschen kommen.

Wie man anfängt

Unsere schnelllebige, verstädterte Welt hat für Gastfreundschaft nur wenig Zeit übrig. Daher möchte ich einige Ideen aufgreifen, die Ihnen dabei helfen, dem Gebot der Heiligen Schrift zur Gastfreundschaft zu gehorchen (s. Röm 12,13).

Erstens: Legen Sie jede Woche oder jeden Monat einen Tag fest, an dem Sie Leute zu sich nach Hause einladen. Wenn Sie dies nicht fest in Ihren Zeitplan einbauen, bleibt es bloß bei den guten Vorsätzen. Auch wenn Sie denken, *dass Gastfreundschaft wichtig ist, weil die Bibel das sagt und weil es auch unserer Gemeinde hilft*, sollten Sie trotzdem vorher einen Plan machen und Gastfreundschaft an die erste Stelle setzen, ansonsten werden Sie nie Zeit dafür finden, weil Sie zu beschäftigt sind.

Zweitens: Erstellen Sie eine Liste von Menschen, die Sie mit Ihrer Einladung ermutigen würden. Eine Einladung könnte einem neuen Gemeindeglied helfen, sich als Teil der christlichen Familie willkommen zu fühlen. Menschen, die schwere Zeiten durchleben, könnten durch eine Einladung getröstet werden. Viele Menschen sind einsam und brauchen Liebe. Sie könnten für unglückliche Menschen ein Segen sein.

Drittens: Denken Sie daran, Menschen zu Feiertagen einzuladen. Das sind besonders gute Gelegenheiten, um einsame Menschen und ungläubige Freunde einzuladen. Achten Sie darauf, auch die Menschen einzuladen, die aufgrund ihrer Gebrechlichkeit wenig eingeladen werden. Denken Sie daran, was Jesus lehrte: *„Wenn du ein Mahl machst, so lade Arme, Krüppel, Lahme, Blinde ein! Und glückselig wirst du sein, weil sie nichts haben, um dir zu vergelten“* (Lk 14,13).

Viertens: Unternehmen Sie etwas mit Ihren Gästen. Stellen Sie am Esstisch jeder Person einige Fragen, damit sich alle untereinander kennenlernen. Beten Sie zusammen, lesen Sie in der Bibel oder singen Sie gemeinsam. Nach dem Essen machen Sie zusammen einen Spaziergang. Diese Aktivitäten helfen dabei, dass Sie und Ihre Gäste sich näherkommen, und letztendlich auch näher zum Herrn.

Fünftens: Lehren Sie etwas über das Thema Gastfreundschaft. Wann haben Sie das letzte Mal in der Bibel etwas über Gastfreundschaft gelesen? Menschen müssen etwas über die Verantwortung und den Segen erfahren, wenn sie ihr Heim Christus zur Verfügung stellen. Man kann leicht vergessen, Gastfreundschaft zu üben, daher müssen wir alle daran erinnert und dazu ermutigt werden.

Sechstens: Stellen Sie Ihr Zuhause Missionaren oder Menschen, die für den Herrn unterwegs sind, zur Verfügung. Einige Missionsgesellschaften haben Listen von Gastgebern, die Missionare auf ihren Reisen in Anspruch nehmen. Sie könnten eine geeignete Organisation finden und sich als Gastgeber eintragen lassen. Und wenn die Missionare Ihrer Gemeinde nach Hause kommen, nehmen Sie die Möglichkeit wahr, diese zum Essen einzuladen.

Wenn Sie Gottes Diener in ihr Heim einladen, werden besonders Ihre Kinder davon profitieren. Der in Afrika geborene Radioprediger und Autor Stephen Olford, dessen Eltern Missionare waren, beschreibt, wie er die großzügige Gastfreundschaft seiner Eltern empfand:

> *Keiner kann voraussagen, welchen ewigen Lohn wir für unsere Gastfreundschaft erhalten werden. Aber wir bekommen schon jetzt etwas dafür zurück. Gastfreundschaft ist ein aufregendes Abenteuer, und man wird auf wunderbare Weise belohnt. Wenn ich auf meine Kindheit zurückschaue, dann lobe ich Gott für alle frommen Männer und Frauen, die unser Haus besuchten und mich bereicherten. Die Eindrücke, die ein Kind in seinen ihn prägenden Jahren sammelt, kommen ihm später zugute.*[10]

Helga Henry, die Ehefrau des bekannten Theologen Carl F. H. Henry, erinnert uns daran, dass „christliche Gastfreundschaft nichts mit der eigenen Entscheidung, mit Geld, mit Alter, sozialer Stellung, Geschlecht oder Persönlichkeit zu tun hat. Christliche Gastfreundschaft hat mit dem Gehorsam Gott gegenüber zu tun."[11]

Anmerkungen zu Kapitel 11

1. Ein hervorragender Artikel für Sie und Ihre Gemeinde ist *A Friendly Church is Hard to Find* von Gene and Nancy Preston in *Christian Century* (30. Januar 1991), S. 102–103. Online unter *www.lewisandroth.org*
2. Zitiert in Thomas S. Gosin II, *The Church without Walls* (Pasadena, Calif.: Hope, 1984), S. 68.
3. *Conversations with Luther: Table Talk,* übers. und hg. v. Preserved Smith und Herbert Percival Gallinger (New Canaan, Conn.: Keats Publishing Inc., 1979), S. xii.
4. Z. B. bei Dithmar, Reinhard (Hg.), *Luthers Tischreden* (Weimar: Wartburg Verlag, 2010).
5. T. E. Koshy, *Brother Bakht Singh of India* (Secunderabadad, India: OM Books, 2003), S. 102. [dt. *Bakht Singh: ein auserwähltes Werkzeug Gottes in Indien* (Bielefeld: CLV, 2022).]
6. Ebd., S. 91.
7. Michael Green, *Evangelism in the Early Church* (Grand Rapids, Mich.: Eerdmans, 1970), S. 207. [dt. *Evangelisation zur Zeit der ersten Christen* (Neuhausen-Stuttgart: Hänssler, 1977).]
8. Ebd., S. 223.
9. Jim Petersen, *Evangelism as a Lifestyle* (Colorado Springs: NavPress, 1980), S. 96f. [dt. *Evangelisation: ein Lebensstil* (Bielefeld: CLV, 2021).]
10. Stephen F. Olford, „*Christian Hospitality*", in: *Decision* (März 1968), S. 10.
11. Zitiert aus V. A. Hall, *Be My Guest* (Chicago: Moody Press, 1979), S. 9.

12

Sich um die Bedürfnisse anderer kümmern

„Weinte ich nicht über den,
der harte Tage hatte, hatte meine Seele
mit dem Armen denn kein Mitgefühl?"
(Hiob 30,25)

Mitgefühl ist Einfühlungsvermögen, jenes feine Gefühl, das eine Person spürt, wenn sie mit dem Leid eines anderen Menschen konfrontiert wird, verbunden mit dem Wunsch, dieses Leid zu lindern. Solch eine formale Definition inspiriert nicht zum Handeln. Deswegen erklärte Jesus, der Meister aller Lehrer, die mitfühlende Liebe anhand der unvergesslichen Geschichte vom barmherzigen Samariter (s. Lk 10,30-37).

Auf der Reise von Jerusalem nach Jericho wurde ein Mann überfallen und ausgeraubt. Die Räuber stahlen sein Geld, zogen ihn aus und schlugen ihn brutal nieder. Als er blutend und halbtot dalag, kam ein jüdischer Priester vorbei (ein religiöser Leiter und Lehrer des Volkes). Der Priester sah den verletzten Mann und ging weiter. Kurz danach kam ein jüdischer Levit (ein Helfer des Priesters) vorbei. Auch er sah den hilflosen Mann, tat aber nichts.

Schließlich kam ein Samariter des Weges. Obwohl der reisende Samariter das Opfer nicht kannte, wird uns erzählt, dass *„er innerlich bewegt wurde"* (Lk 10,33). Er blieb stehen und kümmerte sich um den Verletzten, indem er Öl und Wein auf die Wunden goss und sie behutsam verband. Dann hob er den Mann auf sein Tier und brachte ihn in eine Herberge. Am nächsten Tag musste der Samariter abreisen, und so gab er dem Wirt der Herberge Geld für Essen und Unterkunft des Verletzten und bat ihn, sich um den Mann zu kümmern.

Der barmherzige Samariter versprach auch, auf der Rückreise alle weiteren Kosten für die Genesung des Mannes zu bezahlen. Das alles tat er für einen Mann, den er nicht kannte, und ohne eine Belohnung zu erwarten.

Diese Geschichte zeigt uns den Maßstab für christliche Liebe und Mitgefühl. Wenn wir die Tat des barmherzigen Samariters begreifen, dann werden wir verstehen, was unser Herr von denen fordert, die behaupten, so zu lieben, wie er liebt. Denken Sie an den frommen Priester und an den Leviten, die einfach an dem sterbenden Mann vorbeigingen und nichts taten. Sie waren religiöse Leiter und Lehrer und kannten daher das Gebot des Alten Testaments: *„Liebe deinen Nächsten wie dich selbst“* (3Mo 19,18). Aber sie waren Männer, denen es an Mitgefühl fehlte. Wenn wir liebevolle christliche Leiter sein wollen, dann müssen wir genauso selbstlos und mitfühlend sein wie der barmherzige Samariter.

Mitfühlende Leiter des Neuen Testaments

Das Wort, das in den Evangelien auffällt und das jenes Empfinden beschreibt, welches Jesus für Menschen in Not hatte, ist Mitgefühl.[1] Unser Herr hatte oft Mitgefühl oder wurde innerlich bewegt, zu heilen und zu retten. Wie mitfühlend er und die Jünger sich um die Armen und Kranken kümmerten, ist inspirierend. Wie ein Magnet zog er mit seinen „unglaublich barmherzigen Taten“ die Menschen zu sich.[2]

Nach Jesu Christi Himmelfahrt kümmerten sich die Apostel weiterhin um die bedürftigen Gläubigen in Jerusalem (s. Apg 4,34-35). Tatsächlich wurde ihre Arbeit, die Bedürftigen zu versorgen, so beschwerlich, dass sie für diese Aufgabe sieben Männer auswählen mussten, um sich wieder auf das Gebet und den Dienst am Wort konzentrieren zu können (s. Apg 6,1-6).

Obwohl Paulus in erster Linie dazu berufen war, das Evangelium zu verbreiten und zu verteidigen, kümmerte er sich gern auch um bedürftige Menschen (s. Apg 11,30; Gal 2,10). Einmal forderte er nichtjüdische Gemeinden dazu auf, für arme Gläubige in Jerusalem zu spenden. Er betrachtete die Gabe der nichtjüdischen Gemeinden als sichtbaren Ausdruck ihrer christlichen Liebe gegenüber den bedürftigen jüdischen Gläubigen (s. 2Kor 8,24).[3]

Die neutestamentlichen Ältesten sollen Hirten der Gemeinde sein, deren Dienst vier Hauptaufgaben umfasst: Lehren, Leiten, Schützen und Heilen.[4] Auch wenn Älteste die Gemeinde unterweisen und führen, kümmern sie sich ebenso um die Schwachen und Kranken (s. Apg 20,34-35; Tit 1,8; Jak 5,14). Daher müssen sie ein mitfühlendes Herz für Menschen in Not haben. Das Amt des neutestamentlichen Diakons ist geprägt von Mildtätigkeit, Gnade und Dienstbereitschaft.[5] Älteste und Diakone sollen daher den bedürftigen Menschen Liebe, Mitgefühl und Fürsorge entgegenbringen. Sie sollen anderen ein Vorbild in der Nachfolge sein.

Leiter sind mitfühlende Vorbilder

Die Ortsgemeinde soll eine Familie sein, eine Gemeinschaft von Menschen, die sich um gegenseitige Bedürfnisse kümmert, die Last des anderen trägt und einander aufopfernd dient. Das ist ein Bild für gelebte Liebe – eine gebefreudige, mitfühlende und großherzige Gemeinschaft.[6] Solch eine Liebe beginnt bei den Leitern.

Menschen fragen nicht, wie viel man weiß, sondern wie sehr sie einem am Herzen liegen. Sein Dienst wird einem Leiter nicht viel nutzen, wenn Menschen nicht sehen, dass sie ihm wirklich etwas bedeuten. Daher muss ein Leiter den leidenden Gemeindegliedern gegenüber echte Anteilnahme zeigen, Kranken echtes Mitgefühl schenken und Armen gegenüber großzügig und hilfsbereit sein, um der Not vieler Menschen zu begegnen.

Mitgefühl für die Kranken

In einer Welt voller körperlicher Schmerzen und Krankheiten ist die liebevolle Fürsorge ein wesentlicher Dienst derjenigen, die Gottes Liebe auf der Erde zeigen möchten. Zu mitfühlender Sorge um die Kranken gehören Beten, Besuche, praktische Hilfe, Telefonanrufe, Briefe und Karten.

Durch das Gebet kann man wunderbar zeigen, wie sehr man am anderen interessiert ist. Wir sollten niemals entschuldigend sagen: „Alles, was ich tun kann, ist, für dich zu beten." Solche Bemerkungen zeigen, wie wenig man das Gebet schätzt. Gott sagt: *„Bekennt nun einander die Sünden und betet füreinander, damit ihr geheilt werdet! Viel vermag eines Gerechten Gebet in seiner Wirkung*" (Jak 5,16). Tatsächlich ist das Gebet das Wichtigste, was wir für einen Kranken oder Sterbenden tun können. Beten schenkt Hoffnung und Trost. Daher sollten Leiter vertrauensvoll und regelmäßig für die Kranken beten, und wir sollten auch die Gemeinde dazu anhalten, beständig und persönlich für Kranke und Leidende zu beten.

Kranke Menschen brauchen nicht nur das Gebet, sondern auch menschliche Berührung. Beides heilt und tröstet. Ein kranker Mensch sehnt sich nach Mitgefühl und Gemeinschaft. Manchmal müssen Kranke – besonders Sterbende – nur wissen, dass jemand in der Nähe ist. Wenn wir Kranke oder Sterbende besuchen, dann schenken wir ihnen Gottes Liebe und Trost. Das ist ein großes Privileg und eine hohe Berufung. Jesus berührte die Leprakranken und die Blinden, die „Unberührbaren" seiner Zeit, und er erwartet von seinen Kindern, dass sie dasselbe tun (s. Mt 25,36).

Viele besuchen Kranke oder Menschen, die ans Haus gefesselt sind, nicht so gern. Sich für einen Haus- oder Krankenbesuch Zeit zu nehmen, ist in unserer höchst individualistischen, überaktiven Gesellschaft für viele unangenehm. Wir halten uns zwar für liebevolle Menschen, doch wenn die Liebestat Zeit in Anspruch nimmt oder mit Anstrengung verbunden ist, dann wollen wir nicht die Last der Liebe tragen – sondern nur die Vorteile.

Solange es bequem ist, sind wir bereit, Liebe zu geben. Es gefällt uns, wenn man uns für geliebte und liebevolle Menschen hält, aber wir möchten nur den Vorteil dieser Rolle ohne die Pflichten. Wenn unsere Liebe mit Verpflichtungen verbunden ist, dann fangen wir an, die Menschen von uns fernzuhalten.[7]

Die Liebe Christi zwingt uns jedoch, uns selbst zu verleugnen, um auf die Bedürfnisse anderer eingehen zu können. Wir können nicht alle besuchen, aber wir können anrufen. Das Telefon ist ein unschätzbares Werkzeug, um leidende Menschen zu ermutigen und ihnen nachzugehen. Menschen schätzen einen gut gemeinten Telefonanruf. Sie wissen, dass wir sie nicht jeden Tag besuchen können, und manchmal ist ein Besuch auch nicht angebracht. Aber wir können anrufen. Liebevolle Leiter machen vom Telefon häufig Gebrauch.

Kranke Menschen schätzen auch Karten, Emails und Briefe. Ein krebskranker Mann unserer Gemeinde, der im Sterben lag, freute sich über Karten anderer Menschen so sehr, dass er damit eine ganze Wand behängte. Immer wieder las er sie und schaute jede einzelne an, als wäre sie eine persönliche Liebesbotschaft. Die Karten an der Wand gaben ihm die tägliche Bestätigung, dass viele Menschen sich um ihn sorgten und für ihn beteten. Dieses wahrnehmbare Mittel der Ermutigung stärkte seinen Geist.

Die praktische, liebevolle Sorge ist die beste Medizin für Kranke und Sterbende. Sie brauchen vielleicht Hilfe bei den Mahlzeiten, beim Hausputz oder bei den Fahrten zum Arzt. Wenn wir den Menschen auf diese Art helfen, zeigen wir ihnen, wie der Leib Christi sie liebt und für sie sorgt (s. Mt 25,35-36).

Mitgefühl für ans Haus gefesselte und ältere Menschen

Wir alle müssen uns bewusst sein, dass es immer mehr ältere Menschen gibt, um die wir uns kümmern müssen. Man hat ältere Menschen, die ohne Unterstützung der Familie sind, schon „Waisensenioren“

genannt. Christliches Mitgefühl lässt nicht zu, dass sie vernachlässigt werden. Wir sollen die Älteren ehren.

Menschen, die ans Haus gefesselt sind, und alte Menschen werden schnell vergessen oder übersehen. Aufgrund körperlicher oder geistiger Einschränkungen leiden sie unter Einsamkeit und sind von Freunden getrennt. Sie können vielleicht nicht in die Gemeinde gehen. Sie brauchen Telefonanrufe, Karten, Besuche, Gemeindenachrichten, Predigtaufnahmen und das Abendmahl, damit sie mit ihrer Gemeindefamilie in Verbindung bleiben. Wenn diese liebevollen Handlungen vernachlässigt werden, dann fühlen sie sich verlassen. Jakobus schreibt: „*Ein reiner und unbefleckter Gottesdienst vor Gott und dem Vater ist dieser: Waisen und Witwen in ihrer Bedrängnis zu besuchen, sich selbst von der Welt unbefleckt zu erhalten*" (Jak 1,27). Menschen, die ans Haus gefesselt sind, haben viele verschiedene Beschwerden und brauchen unser Mitgefühl und unsere Liebe.

Mitgefühl für die Armen und Bedürftigen

Johannes beschreibt, welchen Maßstab das Neue Testament für die Liebe unter den Gläubigen setzt:

> *Hieran haben wir die Liebe erkannt, dass er für uns sein Leben hingegeben hat; auch wir sind schuldig, für die Brüder das Leben hinzugeben. Wer aber irdischen Besitz hat und sieht seinen Bruder Mangel leiden und verschließt sein Herz vor ihm, wie bleibt die Liebe Gottes in ihm? Kinder, lasst uns nicht lieben mit Worten noch mit der Zunge, sondern in Tat und Wahrheit!* (1Jo 3,16-18)

Johannes warnt hier vor einer Liebe, die nur ein Lippenbekenntnis, Geschwätz oder bloße Theorie ist. Im Gegensatz zu dieser sogenannten Liebe, die sich weigert, Mitgefühl zu zeigen, beschreibt er eine Liebe, die sich nicht nur in Worten, sondern auch in Taten ausdrückt. Christliche Liebe ist nie theoretisch oder abstrakt. Sie ist immer praktisch. Der Liebende sieht sich zum Handeln gezwungen, um das Leid dessen zu lindern, den er liebt.

Leon Morris geht näher auf die Erklärung des Johannes' ein und schreibt:

> *Johannes sieht es praktisch. Er weiß, dass ein Mensch schnell erklärt, sein Leben für andere zu geben, weil Worte nichts kosten und solch ein Opfer wahrscheinlich nicht gefordert wird. Johannes fordert keine heldenhafte Geste, sondern täglich mit anderen das zu teilen, was sie nicht haben. Täglich zu prüfen, was bedürftige Menschen brauchen, ist eine Pflicht, die Johannes als notwendige Konsequenz des Kreuzes sieht. Das Kreuz zeigt uns, was* agape *bedeutet: die Bereitschaft, nicht nur für andere zu sterben, sondern auch für andere zu leben. Liebe ist kein zerbrechlicher Schatz, den man irgendwo in Sicherheit bringt. Liebe ist eine starke Tugend, die im täglichen Leben ausgeübt werden muss.*[8]

Jonathan Edwards erinnert uns daran, dass die Liebe die Eigenschaft hat, „Menschen für alle barmherzigen Handlungen gegenüber ihren Nächsten zu gebrauchen … Die Liebe bedient sich des Menschen, um den Armen zu geben, das Leid des anderen zu tragen und mit den Weinenden zu weinen."[9] Die erste christliche Gemeinde und ihre Leiter organisierten die Hilfe für ihre bedürftigen Glieder (s. Apg 4,34-35; 6,1-6). Als Paulus über die Bruderliebe schrieb, ermahnte er die Christen in Rom, an den Bedürfnissen der Heiligen teilzunehmen (s. Röm 12,13).

Wenn man die Mittel dazu hat, einem anderen Christen in Not zu helfen, aber dies nicht tut, dann ist man Christus gegenüber ungehorsam und sündigt gegen den Leib Christi. Bei diesem Verhalten kommt die Frage auf, ob in solch einem Herzen überhaupt Gottes Liebe wohnt.

Wir alle brauchen liebevolle und mitfühlende Leiter. Solch ein Leiter war Hiob. Er war ein rechtschaffener und redlicher Ältester in seinem Ort.[10] Er war ein Mann, der Mitgefühl mit den Armen und

Bedürftigen hatte. Hiob hatte ein weiches Herz für alle, die litten. Er weinte und trauerte um Menschen, die untröstlich waren. Auf den Hilfeschrei der Armen, Waisen, Witwen und Kranken ging er großzügig ein. Hiob war außerdem großherzig und gastfreundlich.

Zu seinen kaltherzigen, allwissenden Freunden, die selbst angesehene und geachtete Männer waren, sagte er zu seiner Verteidigung:

> *Weinte ich nicht über den, der harte Tage hatte,*
> *hatte meine Seele mit dem Armen denn kein Mitgefühl?*
> (Hi 30,25)
>
> *Denn ich befreite den Elenden, der um Hilfe rief,*
> *und die Waise, die keinen Helfer hatte.*
> *Der Segenswunsch des Mutlosen kam auf mich,*
> *und das Herz der Witwe ließ ich jauchzen.*
> *Ich kleidete mich in Gerechtigkeit,*
> *mich bekleidete wie ein Oberkleid und Kopfbund mein Recht.*
> *Auge wurde ich dem Blinden, und Fuß dem Lahmen war ich!*
> *Ein Vater war ich für die Armen, und den Rechtsstreit dessen,*
> *den ich nicht kannte, untersuchte ich.* (Hi 29,12-16)
>
> *Wenn ich Geringen einen Wunsch verweigert habe,*
> *die Augen der Witwe erlöschen ließ und meinen Bissen alleine*
> *aß, sodass die Waise nichts mehr davon essen konnte ...*
> *Wenn ich ruhig zusah, wie einer ohne Kleidung umherirrte*
> *und der Arme keine Decke hatte ...*
> *Dann soll mir meine Schulter vom Nacken fallen,*
> *und mein Arm soll vom Gelenk abbrechen!* (Hi 31,16-17.19.22)

Heutzutage können wir Mitgefühl zeigen, indem wir älteren Menschen bei der Steuererklärung helfen, sie bei Behördengängen oder dem Erledigen anderer Formalitäten unterstützen. Wir können sie zum Essen zu uns nach Hause einladen und mit ihnen in der

Bibel lesen. Wir können dafür sorgen, dass in unserer Gemeinde für gehörlose Menschen die Gebärdensprache eingeführt wird. Wir können uns um Fahrdienste für Blinde kümmern und sie zu uns nach Hause einladen. Wir können für Arbeitslose, Behinderte oder alleinerziehende Mütter mit Kleinkindern ein Wohltätigkeitsfest organisieren. Wir können für Jungen und Mädchen ohne Vater ein Programm aufstellen. Wir können dafür sorgen, dass sich Menschen mit Behinderungen in unseren Gemeinden und Häusern willkommen fühlen. Wir können für zugezogene Ausländer Sprachkurse anbieten.

Als Leiter und Lehrer können wir etwas bewegen. Wir können andere von unserer Idee überzeugen und Vorbilder für Mitgefühl und Liebe sein. Wir können das Bewusstsein schärfen und die Grundlage dafür schaffen, dass Menschen anderen in Not helfen. Wir können auch davor warnen, dass Materialismus, Wohlstand und Habgier das Herz verhärten und uns für das Leid unserer Mitgläubigen und anderer Menschen blind machen.

Unsere Welt ist voller Armut und Krankheit. Jeden Abend gehen fast 800 Millionen Menschen hungrig zu Bett. Fast drei Milliarden Menschen (das ist die Hälfte der Erdbevölkerung) leben von weniger als 2 Dollar pro Tag. Eine Milliarde Menschen trinken unsauberes Wasser; 2,5 Milliarden Menschen haben keine Kanalisation. Mehr als zehn Millionen Kinder unter fünf Jahren sterben jedes Jahr an Krankheiten, die zu vermeiden wären. Siebzig Prozent aller Armen der Welt sind Frauen und Kinder. Jeden Tag sterben 27000 Kinder an Unterernährung und den Folgen davon. Mehr als eine Million junge Mädchen werden jedes Jahr zur Prostitution gezwungen.

Und das Leid in unserer Welt hört mit diesen Problemen nicht auf. Nach Dale Bourke ist „das größte Gesundheitsproblem auf der Welt momentan die AIDS-Krise“.[11] Diese Pandemie fordert jeden Tag 8500 Menschen. Bourke schreibt:

> *AIDS hat mit fünfundzwanzig Millionen Toten schon die Beulenpest übertroffen – die forderte damals ein Viertel der*

> *Weltbevölkerung. Geschätzte drei Millionen Menschen sterben jedes Jahr an AIDS, eine Todesrate, die mit zwanzig voll besetzten 747 Boeings, die ein Jahr lang täglich abstürzen, verglichen werden kann.*
> *AIDS hat sich auf der ganzen Erde ausgebreitet ... Aus China und Indien werden so viele AIDS-Fälle gemeldet, dass sie bald die Rate in Afrika übersteigen könnten ... In manchen Ländern ist mehr als ein Drittel der Bevölkerung infiziert und löscht somit eine ganze Generation aus.*[12]

Das Leid in Afrika aufgrund von AIDS, ständigen Kriegen und Hungersnöten übersteigt unseren Verstand. Machen wir uns was daraus? Wie können wir helfen?

Ein griechischer Gelehrter, der mit anderen an einer neuen Bibelübersetzung arbeitete, war gleichzeitig ein aktives Vorstandsmitglied einer Organisation für Welthungerhilfe. Man fragte ihn: „Ist es nicht merkwürdig, einerseits an einer Bibelübersetzung und andererseits bei einer Welthungerhilfe mitzuarbeiten?"

„Nein", antwortete er. „In beiden Fällen übertrage ich das Neue Testament."

Anmerkungen zu Kapitel 12

1. Mt 9,13.36; 12,7; 14,14; 15,32; 20,34; Mk 1,41; 6,34; 8,2; Lk 7,13.
2. William L. Lane, *Commentary on the Gospel of Mark,* NICNT (Grand Rapids, Mich.: Eerdmans, 1974), S. 87.
3. Apg 24,17; Röm 15,25-28; 1Kor 16,1-3; 2Kor 8–9.
4. Apg 15,6-29; 20,17.28-31; 1Tim 5,17-18; Tit 1,9; 1Petr 5,1-4. Siehe Alexander Strauch, *Biblische Ältestenschaft* (Dillenburg: Christliche Verlagsgesellschaft, 2024).
5. Siehe Alexander Strauch, *Gottes Gemeinde unterstützen. Paulus' Sicht vom Dienst des Diakons* (Dillenburg: Christliche Verlagsgesellschaft, 2019).
6. Apg 2,45; 4,32–5,11; 9,36; Röm 12,13; 15,25-27; 2Kor 8–9; Gal 2,9-10; Eph 4,28; 1Tim 5,9-10; 6,17-19; Hebr 13,16; Jak 1,27; 2,14-15.
7. Reuel L. Howe, *Herein Is Love* (Chicago: Judson, 1965), S. 33.
8. Leon Morris, *Testaments of Love* (Grand Rapids, Mich.: Eerdmans, 1981), S. 179.
9. Jonathan Edwards, *Charity and Its Fruits* (1852; aktual. Aufl., Edinburgh: Banner of Truth, 1978), S. 8.
10. Hi 1,1; 29,7.21.25; 31,21.
11. Dale Hanson Bourke, *The Skeptic's Guide to the Global AIDS Crisis* (Waynesboro, Ga.: Authentic Media, 2004), S. 5. Diese Ausgabe wurde 2005 aktualisiert. Für weitere Statistiken zu AIDS siehe *www.who.org* und *www.unaids.org.*
12. Ebd., S. 5.

13

Gebetsarbeit

„Es grüßt euch Epaphras, der von euch ist, der allezeit für euch ringt in den Gebeten."
(Kol 4,12)

Liebevolle Leiterschaft ist ohne Fürbittegebet unvollkommen. Die Bibel sagt: *„Die Liebe sei ungeheuchelt!"*, und: *„Im Gebet haltet an!"* (Röm 12,9.12). Für Menschen beten ist eine Liebestat. Echte Liebe sehnt sich danach, für Menschen zu beten. Geheuchelte Liebe verspricht zu beten, tut es aber nicht.

Beten bedeutet Arbeit. Wenn wir für Menschen beten, dann konzentrieren wir uns gedanklich auf sie: Wir nehmen ihre Last auf uns, verwenden uns für sie vor Gott, opfern ihnen unsere Zeit, setzen uns für ihr Wohlergehen ein. Wir zeigen echte Sorge und Mitgefühl.

Martyn Lloyd Jones erinnert uns daran, dass das Gebet eine der schwierigsten Dinge im Leben eines Christen sein kann:

> *Wenn ein Mensch zu Gott spricht, dann hat er sein Höchstmaß an Leistung vollbracht. Es ist die höchste Tat einer menschlichen Seele und daher die beste Prüfung über den wahren geistlichen Zustand eines Menschen. Mehr als alles andere sagt unser Gebetsleben etwas über uns Christen aus. Alles, was wir im christlichen Leben tun, ist leichter als das Gebet.*[1]

Wie schwierig es auch sein mag, das Gebet hat seine Motivation in der Liebe. Paulus' große Liebe zu den Bekehrten drängte ihn dazu, anhaltend für sie zu beten.[2] D. A. Carson sagt, dass es seine

„leidenschaftliche Liebe zu den Menschen“[3] war, die Paulus zum Gebet antrieb. Er beschreibt beispielhaft Paulus’ Liebe zu den Neubekehrten in Thessalonich:

> *Hier ist ein Christ so sehr um das Wohl anderer Christen, besonders der Neubekehrten, besorgt, dass er unbedingt bei ihnen sein will, um ihnen zu helfen, um sie zu unterrichten, um sie zu versorgen und um sie in ihrem Glauben zu festigen, damit sie eine gute Grundlage haben. Daher ist es kein Wunder, dass er aufopferungsvoll für sie betet, wenn er keine Möglichkeit hat, sie persönlich zu besuchen.*[4]

Carson fasst Paulus’ Motivation zusammen und fordert uns dann auf, in der Liebe, die durch unser Fürbittegebet auf andere Menschen überfließt, zu wachsen:

> *Paulus’ Gebet ist die Folge seiner leidenschaftlichen Liebe zu den Menschen. Sein natürliches, inniges Gebet ist kein aufgeputschtes Gefühl, sondern das Überfließen seiner Liebe auf seine Brüder und Schwestern in Christus Jesus.*
>
> *Das bedeutet: Wenn wir unser Gebetsleben verbessern wollen, dann müssen wir in der Liebe wachsen. So, wie unsere reine, aufopfernde Liebe wächst, werden wir auch im Fürbittegebet wachsen. Oberflächliches, emotionales Beten ohne diese Liebe ist letztlich falsch, hohl, seicht.*[5]

Paulus ist ein Vorbild für einen liebevollen Leiter, der Gebetsarbeit leistete. Er konnte nicht anders als beten. Er betete nicht nur für die Erlösten, sondern auch für die Verlorenen, und er brannte vor Liebe zum Volk Israel und betete um ihre Errettung: *„Brüder! Das Wohlgefallen meines Herzens und mein Flehen für sie zu Gott ist, dass sie errettet werden“* (Röm 10,1). Christliche Leiter müssen genauso für die Verlorenen beten.

Paulus’ Begleiter Epaphras ist ein weiteres Beispiel für einen liebevollen Leiter, der aus ganzem Herzen für all die betete, die er liebte.

Als er mit Paulus in Rom war, schrieb dieser an die Gemeinde in Kolossä, um ihnen mitzuteilen, wie sehr Epaphras für sie betete:

> *Es grüßt euch Epaphras ... der allezeit für euch ringt in den Gebeten, dass ihr vollkommen und völlig überzeugt in allem Willen Gottes dasteht. Denn ich gebe ihm Zeugnis, dass er viel Mühe hat um euch und die in Laodizea und die in Hierapolis.* (Kol 4,12-13)

Achten Sie darauf, dass Epaphras *„allezeit"* für seine geliebten Landsleute im Gebet ringt. Andere Bibelübersetzungen geben die Aussage wie folgt wieder: *„Er kämpft in seinen Gebeten ständig für euch"* (NeÜ), *„Er tritt als ein unermüdlicher Kämpfer für euch ein!"* (NGÜ). „Es war kein gelegentliches, lustloses Gebet um ihretwillen", bemerkt D. Edmond Hiebert, „sondern ein ständiges, mühevolles Fürbittegebet. Regelmäßig und immer wieder brachte er sie vor den Thron der Gnade."[6]

Wie sehr waren die Gläubigen in Kolossä gesegnet, solch einen treuen, liebevollen Hirten zu haben! Die Liebe zu seinen eigenen Landsleuten motivierte Epaphras, für sie zu beten, und er folgte den Fußstapfen seines Mentors, der beständig für alle betete, um die er sich kümmerte. H. C. G. Moule erklärt: „Epaphras war Paulus' wahrer Schüler in der Schule der Fürbitte."[7]

Wie man anfängt

So, wie das spontane Gebet seinen Platz in unserem Leben hat, ist auch das disziplinierte Fürbittegebet notwendig. Paulus ermahnt die Gläubigen in Rom, in ihren Gebeten zu Gott für seine Sicherheit auf seinen Reisen zu kämpfen: *„Ich ermahne euch aber, Brüder, durch unseren Herrn Jesus Christus und durch die Liebe des Geistes, mit mir zu kämpfen in den Gebeten für mich zu Gott"* (Röm 15,30). Beachten Sie, dass Paulus sagt, sie sollen *„durch die Liebe des Geistes"* beten. Wenn sie ihn lieben, dann werden sie auch für ihn beten.

Aber diese Liebe ist nicht irgendein vorübergehendes, sentimentales Gefühl einem Missionar gegenüber. Diese Liebe hat Gott durch den Heiligen Geist entstehen lassen. Der Geist ist die Quelle dieser Liebe. Es handelt sich um die Liebe, die alle Gläubigen füreinander haben sollten. Die „*Liebe des Geistes*" wäre dann die Macht, die sie dazu bringt, diszipliniert im Fürbittegebet für alle Bedürfnisse eines Menschen, den sie lieben, zu kämpfen.

Diszipliniertes Beten ist in unserer heutigen Zeit besonders nötig. Wenn das Gebet nicht Priorität hat und wir es nicht in unser Leben einplanen, lässt das stressige Leben nur wenig Zeit dafür. Nur allzu oft kommt es vor, dass christliche Leiter den geduldigen Dienst des Betens, sowohl für- als auch miteinander, vernachlässigen. George Verwer, Gründer von *Operation Mobilisation,* beobachtet Folgendes:

> *Wenn es in unseren Gemeinden irgendeine Lehre gibt, zu der wir uns nur mit den Lippen bekennen, dann muss das die Lehre des Gebets sein. Ich habe in tausenden Gemeinden Europas, Nordamerikas und der ganzen Welt Dienst getan und war immer wieder erstaunt, wie wenig man gemeinsam ehrlich und leidenschaftlich betet. Natürlich gibt es ein paar wunderbare Ausnahmen, aber im Vergleich sind das nur wenige.*[8]

A. Carson ist derselben Meinung und fügt hinzu, dass Gebetslosigkeit im Widerspruch zur Bibel steht:

> *Es ist erstaunlich und frustrierend, dass in unseren westlichen Gemeinden so wenig gebetet wird. Es ist deswegen erstaunlich, weil es der Bibel widerspricht, die genau erklärt, wie ein Christ leben sollte; es ist frustrierend, weil wir gleichzeitig übermäßige christliche Aktivitäten haben, die irgendwie hohl, leichtfertig und oberflächlich erscheinen.*[9]

Die Tatsache, dass es am Fürbittegebet mangelt, ist nicht nur ein Zeichen für Lieblosigkeit, sondern auch für unser Versagen, die dunklen, geistlichen Mächte um uns herum zu erkennen. Beten ist riskant, weil wir uns im *„Kampf gegen die Gewalten, gegen die Mächte, gegen Weltbeherrscher dieser Finsternis, gegen die geistigen Mächte der Bosheit in der Himmelswelt"* befinden. *„Deshalb ergreift die ganze Waffenrüstung Gottes!"* (Eph 6,12-13), und:

> *Mit allem Gebet und Flehen betet zu jeder Zeit im Geist, und wachet hierzu in allem Anhalten und Flehen für alle Heiligen und auch für mich, damit mir Rede verliehen wird, wenn ich den Mund auftue, mit Freimütigkeit das Geheimnis des Evangeliums bekannt zu machen.* (Eph 6,18-19)

Lassen Sie uns keine gebetslosen, sondern wachsame Leiter sein! Paulus und Epaphras waren wachsame Soldaten Jesu Christi. Beide beteten *„für alle Heiligen"*, *„zu jeder Zeit"* und *„in allem Anhalten"*. Auch wir müssen wachsam sein und für alle Heiligen, um die wir uns kümmern, beten. Wenn wir nicht beten, missachten wir das Vorrecht und die Verantwortung als Leiter, Lehrer und Verkündiger des Evangeliums. Für Samuel, den Propheten und Leiter des Volkes Gottes, war das Versäumen des Gebets Sünde: *„Fern sei es von mir, dass ich mich an dem Herrn versündigen und aufhören sollte, für euch zu bitten"* (1Sam 12,23).

In jeder Gemeinschaft mit geistlichen und materiellen Problemen ist das beharrliche Gebet im Glauben die einzige Lösung. Es gibt Menschen, die täglich körperlich leiden; manche haben eine lebensbedrohliche Krankheit und andere müssen mit schmerzlichen Familienproblemen zurechtkommen. Viele brauchen das Gebet, weil sie mit Abhängigkeiten oder Sünden zu kämpfen haben, die sie quälen und die ihre zwischenmenschlichen Beziehungen zerstören. Manche sind noch nicht errettet und brauchen Erlösung.

Als Jesus einem Problem gegenüberstand, das seine Jünger nicht lösen konnten – nämlich als ein Junge von einem bösen Geist gequält wurde – sagte unser Herr: *„Diese Art kann durch nichts ausfahren als nur durch Gebet"* (Mk 9,29). Daher müssen wir den Worten glauben: *„Viel vermag eines Gerechten Gebet in seiner Wirkung"* (Jak 5,16), sonst bemühen wir uns nicht mehr darum, für die Bedürfnisse anderer zu beten.

Gute Lehrer und Prediger arbeiten daran, ihre Lehrfähigkeiten zu verbessern – und das sollten sie auch. Kompetente Leiter und Bevollmächtigte versuchen stets, ihre Leitungsfähigkeit zu verbessern – und das sollten sie auch. Genauso sollten auch gläubige Geistliche daran arbeiten, ihren Dienst des Fürbittegebets zu verbessern. Im nächsten Abschnitt werden einige Vorschläge genannt, wie Sie damit beginnen können, für jene, die Sie lehren und leiten, zu beten.

Information

Um weise beten zu können, brauchen wir Informationen: Wir brauchen aktuelle Gebetsanliegen. Hudson Taylor war ein Missionar, der große Erfahrung im Gebetskampf für Hunderte von Missionaren hatte, die unter schlimmsten Bedingungen lebten. Er sagte, dass Missionare über ihre Arbeit berichten müssen, um das Gebetsleben an der Heimatfront aufrechtzuerhalten. A. J. Broomhall, Taylors Biograf, schreibt:

> *Wenn Christen wussten, was vor sich ging, waren sie auch bereit, zu beten. Wenn sie nicht mehr auf dem Laufenden waren, schienen ihre Gaben und sogar ihre Gebete dahinzuschwinden. Information führte zu Einsatzbereitschaft – in vielen Fällen setzten sie ihr ganzes Leben ein.*[10]

Fassen Sie als liebevoller Leiter den Entschluss, die wahren Bedürfnisse der Menschen, die Sie leiten und lehren, kennenzulernen. Erahnen Sie nicht deren Probleme und Sorgen, fragen Sie nach! Die Liebe sorgt sich und möchte Gewissheit haben. Das wird Sie dazu anspornen, mit ganzer Kraft zu beten. Lassen Sie die Menschen wissen, dass Sie für sie beten und ihre Gebetsanliegen wissen müssen. Da viele Menschen nur ungern über ihre wahren Nöte sprechen, müssen Sie die Initiative ergreifen.

Schließlich und endlich: Sagen Sie nicht, dass Sie für jemanden beten werden, wenn Sie es dann doch nicht tun. Das ist heuchlerische Liebe. Echte Liebe nimmt das Versprechen, zu beten, sehr ernst und hält es ein.

Gebetsliste

Um wirksam für andere beten zu können, brauchen Sie eine Gebetsliste mit Namen und Anliegen. Da kaum einer von uns ein fotografisches Gedächtnis hat, müssen wir die Gebetsanliegen aufschreiben. Wenn Sie zu denjenigen gehören, die für eine ganze Gemeinde verantwortlich sind, dann beten Sie für die Menschen und deren Nöte. Um dies effektiv zu tun, benutzen Sie eine Gemeindeliste, um ganz bewusst und systematisch *„für alle Heiligen"* zu beten (Eph 6,18). Beten Sie auch für Ihre Missionare (s. Eph 6,19-20). Und vergessen Sie nicht, auch Ihre Feinde auf die Gebetsliste zu setzen. Jesus sagte, dass wir unsere Feinde lieben und für sie beten sollen (s. Mt 5,44; Lk 6,28). D. A. Carson macht dazu die treffende Bemerkung: „Es wäre weise, wenn wir uns entschließen würden, für diese Menschen zu beten, statt sie zu verurteilen."[11]

Biblisches Gebet

Wenn Sie manchmal nicht wissen, wie Sie für jene beten sollen, die Sie leiten, schauen Sie in die Bibel. Sie ist der beste Gebetsführer. Sie können mit den Gebeten der Bibel für andere (und für sich selbst) beten. Hier sind einige Beispiele:

> *Und ich sprach: Ach, HERR, Gott des Himmels, du großer und furchtbarer Gott, der den Bund und die Gnade bewahrt ... Lass doch dein Ohr aufmerksam und deine Augen offen sein, dass du auf das Gebet deines Knechtes hörst, das ich heute, Tag und Nacht, für die Söhne Israel, deine Knechte, vor dir bete und mit dem ich die Sünden der Söhne Israel bekenne, die wir gegen*

dich begangen haben! Auch ich und meines Vaters Haus, wir haben gesündigt. Sehr böse haben wir gegen dich gehandelt und haben nicht die Gebote und die Ordnungen und die Rechtsbestimmungen bewahrt, die du deinem Knecht Mose geboten hast. (Neh 1,5-7)

Ich bitte für sie ..., denn sie sind dein ... Heiliger Vater! ... Ich bitte nicht, dass du sie aus der Welt wegnimmst, sondern dass du sie bewahrst vor dem Bösen ... Heilige sie durch die Wahrheit! Dein Wort ist Wahrheit ... dass sie in eins vollendet seien, damit die Welt erkenne, dass du mich gesandt hast. (Joh 17,9.11.15.17.23)

Ich gedenke euer in meinen Gebeten, dass der Gott unseres Herrn Jesus Christus, der Vater der Herrlichkeit, euch gebe den Geist der Weisheit und Offenbarung in der Erkenntnis seiner selbst. Er erleuchte die Augen eures Herzens, damit ihr wisst, was die Hoffnung seiner Berufung, was der Reichtum der Herrlichkeit seines Erbes in den Heiligen und was die überragende Größe seiner Kraft an uns, den Glaubenden, ist. (Eph 1,16-19)

Und um dieses bete ich, dass eure Liebe noch mehr und mehr überreiche werde in Erkenntnis und aller Einsicht, damit ihr prüft, worauf es ankommt, damit ihr lauter und unanstößig seid auf den Tag Christi, erfüllt mit der Frucht der Gerechtigkeit, die durch Jesus Christus gewirkt wird, zur Herrlichkeit und zum Lobpreis Gottes. (Phil 1,9-11)

Deshalb hören auch wir nicht auf, von dem Tag an, da wir es gehört haben, für euch zu beten und zu bitten, dass ihr mit der Erkenntnis seines Willens erfüllt werdet in aller Weisheit und geistlichem Verständnis, um des Herrn würdig zu wandeln zu allem Wohlgefallen, fruchtbringend in jedem guten Werk und wachsend durch die Erkenntnis Gottes. (Kol 1,9-10)

> *Euch aber mache der Herr reicher und überströmend in der Liebe gegeneinander und gegen alle … um eure Herzen zu festigen, untadelig in Heiligkeit zu sein vor unserem Gott und Vater bei der Ankunft unseres Herrn Jesus mit allen seinen Heiligen.* (1Thes 3,12-13)

> *Deshalb beten wir auch allezeit für euch, dass unser Gott euch würdig erachte der Berufung und dass er alles Wohlgefallen an der Güte und das Werk des Glaubens in Kraft vollende, damit der Name unseres Herrn Jesus in euch verherrlicht wird und ihr in ihm.* (2Thes 1,11-12)

Wenn Sie mit diesen Versen für die Menschen beten, dann geben Sie Ihren Gebeten eine feste, biblische Grundlage. Außerdem beten Sie nach dem Willen Gottes und erkennen Gottes Plan für die Menschen an. Mit den Worten der Bibel zu beten, bringt Leben in Ihre Gebete.

Aus Liebe zu denjenigen, die Sie leiten, sollten Sie versuchen, Ihr Fürbittegebet zu vervollkommnen. Stellen Sie sich die Frage: *Wie würde es den Menschen, die ich leite, gehen, wenn sie von meinen Gebeten abhängig wären?* Oder: *Wie würde es unseren Missionaren gehen, wenn sie von meinen Gebeten abhängig wären?*

Um Ihr Gebetsleben zu stärken, nehmen Sie eine Konkordanz und lesen Sie alle Stellen über das Beten nach, um zu sehen, was Gott Sie darüber lehren möchte. Lesen Sie Bücher über das Beten und sprechen Sie mit anderen, um praktische Ideen zu bekommen. Beten Sie mit reifen Gläubigen und lernen Sie von ihnen, indem Sie ihnen zuhören. Erstellen Sie eine Gebetsliste derjenigen, für die Sie regelmäßig beten wollen, und setzen Sie dafür eine bestimmte Zeit und einen bestimmten Ort fest. Auch wenn Sie nur fünf oder zehn Minuten täglich für die Menschen beten, um die Sie sich kümmern, wird es von großem Nutzen sein. Etwas beten ist besser als gar nicht beten. Indem Sie in der Liebe wachsen, diszipliniertes Beten lernen und erkennen, wie wunderbar der Herr darauf antwortet, werden Sie sich immer mehr dem Gebet widmen.

Wir können wie die Jünger unseren Herrn bitten, dass er uns beten lehrt (s. Lk 11,1). Dann werden auch wir dem Gebot der Heiligen Schrift treu gehorchen, zu jeder Zeit und beharrlich für alle Heiligen zu beten (s. Eph 6,18).

Anmerkungen zu Kapitel 13

1. D. Martyn Lloyd-Jones, *Studies in the Sermon on the Mount,* Band 1, 2 Bände (Grand Rapids, Mich.: Eerdmans, 1971), S. 46. [dt. *Bergpredigt,* 2 Bände. *Predigten über Matthäus 5,3-48,* Band 1 (Friedberg: 3L-Verlag, 2002).]
2. Röm 1,9-10; 2Kor 13,7.9; Eph 1,16; Phil 1,3-4; Kol 1,3.9; 1Thes 1,2; 3,10; 2Thes 1,11.
3. D. A. Carson, *A Call to Spiritual Reformation: Priorities from Paul and His Prayers* (Grand Rapids, Mich.: Baker, 1992), S. 79. [dt. *Lernen, zu beten: geistliche Erneuerung durch Gebet* (Waldems: 3L-Verlag, 2012).]
4. Ebd., S. 81.
5. Ebd., S. 85.
6. D. Edmond Hiebert, *„Epaphras, Man of Prayer“,* in: *Bibliotheca Sacra* 136 (Januar – März 1979), S. 59.
7. H. C. G. Moule, *The Epistles of Paul the Apostle to the Colossians and to Philemon,* CBSC (Cambridge: University Press, 1906), S. 141.
8. George Verwer, *Whatever Happened to the Prayer Meeting?* (*https://www.bethesdachapel.org/en/wp-content/uploads/2011/02/Whatever-Happened-to-the-Prayer-Meeting-by-George-Verwer.pdf,* abgerufen 16.11.2023).
9. Carson, *A Call to Spiritual Reformation,* S. 9.
10. A. J. Broomhall, *Hudson Taylor and Chinas Open Century,* Band 5: *Refiner's Fire* (London: Hodder and Stoughton, 1985), S. 342.
11. Carson, *A Call to Spiritual Reformation,* S. 29.

14

Den Hunger der Seele stillen

„Hast du mich lieb? … Weide meine Schafe!“
(Joh 21,17)

Gute Hirten lieben ihre Schafe und scheuen keine Mühe, um sie auf die grüne Wiese und zum frischen Wasser zu führen. Einem faulen Hirten jedoch ist jede Wiese und Wasserquelle gut genug. Im Alten Testament werden faule Schafhirten von Gott scharf kritisiert. In Hesekiel verurteilte Gott die Führer Israels, weil sie sich nicht um sein Volk gekümmert hatten (s. Hes 34,2). In Hosea versäumten es die Priester, Gottes Gesetz zu lehren, und so verkündigte Gott: *„Mein Volk kommt um aus Mangel an Erkenntnis“* (Hos 4,6). Aber für die Zukunft verheißt Gott seinem Volk Israel: *„Und ich werde euch Hirten geben nach meinem Herzen, und sie werden euch weiden mit Erkenntnis und Verstand“* (Jer 3,15).

Jesus Christus ist der Gute Hirte – ein Hirte nach dem Herzen Gottes, der sein ganzes Leben eingesetzt hat, um die Menschen im Wort Gottes zu unterweisen. Daher nannten sie ihn *„Lehrer“*. Auch jetzt, aus dem Himmel, schenkt Jesus Christus geistliche Gaben, um Menschen die Fähigkeit zu geben, seine Herde zu weiden (s. Eph 4,11-16). Weil er sein Volk liebt, will er ihnen seine kraftspendenden Worte geben, nämlich *„Worte ewigen Lebens“* (Joh 6,68), damit sie zur vollen Reife wachsen können und in der Anzahl zunehmen. Genauso geben liebevolle Leiter und Lehrer ihr Leben, um Gottes Herde zu weiden.

Die Liebe lehrt und stärkt

Wenn wir Bilder von ausgezehrten, hungernden Kindern sehen, dann sind wir traurig und wollen helfen. Genauso sollten unsere Herzen betrübt sein, wenn wir sehen, wie Gottes Volk ausgezehrt ist und geistlich hungert, weil es am Wort Gottes mangelt. Wir sollten den Wunsch haben, sofort zu handeln, *weil die Liebe immer die Not der geliebten Menschen stillen möchte; und was die Menschen am meisten nötig haben, ist das Wort Gottes.*

Der Herr selbst sagt: *„Der Mensch lebt nicht vom Brot allein. Sondern von allem, was aus dem Mund des HERRN hervorgeht, lebt der Mensch“* (5Mo 8,3). Das Wort Gottes ist die Botschaft von der ewigen Errettung und beinhaltet die Richtlinien des christlichen Lebens (s. 2Tim 3,15-17).

Die Liebe zu den Menschen bringt uns dazu, Gottes Wort zu predigen und zu lehren. Sie macht uns fähig, uns mit der Bibel ausgiebig zu beschäftigen, und bereitet uns darauf vor, sie zu lehren. Die Liebe motiviert uns, für den Unterricht zu zweit, in kleinen Gruppen oder in Gemeindestunden viel Zeit zu opfern. Sie weckt in uns den Wunsch, alle Menschen, ob jung oder alt, gebildet oder ungebildet, zu unterweisen. Die Liebe kann es nicht ertragen, geliebte Menschen zu sehen, die geistlich arm sind und nach dem Wort Gottes hungern. Sie wird niemanden in Unkenntnis lassen.

Gottes Gemeinde braucht geistliche Nahrung, damit sie wachsen und an Gläubigen zunehmen kann. Darum sagt Paulus zu Timotheus, er solle die Unterweisung in der Heiligen Schrift zum Hauptthema seines Dienstes machen: *„Achte auf das Vorlesen, auf das Ermahnen, auf das Lehren [auf Grundlage der Schrift]!“* (1Tim 4,13). Der Bibelausleger William Mounce sagt dazu treffend: „In der apostolischen Gemeinde beruhte Leiterschaft im Wesentlichen auf einer guten Lehre.“[1]

Barnabas ist ein wunderbares Beispiel für einen liebevollen, leidenschaftlichen Leiter, der andere Menschen mit Worten aus der Heiligen Schrift ermunterte. Die ersten Christen nannten ihn *„Sohn des Trostes“* (Apg 4,36), denn er ermutigte die Menschen mit den

Worten des Herrn. Er stärkte ihren Glauben und forderte ihn zugleich heraus. Er freute sich und ermahnte alle, mit Herzensentschluss bei dem Herrn zu verharren (s. Apg 11,23). Er unterwies Neubekehrte in der Heiligen Schrift (s. Apg 11,26; 13,1). Seine Liebe, das Evangelium zu lehren, trieb ihn dazu, Paulus in Tarsus aufzusuchen und ihn nach Antiochien zu bringen, damit die neue Gemeinde dort optimal unterrichtet werden konnte. Paulus und Barnabas lehrten gemeinsam das Wort Gottes, und so entwickelte sich eine gesunde Herde.

Robert Chapman ist ein Barnabas der Gegenwart, der seinen bürgerlichen Beruf aufgab, um Pastor einer kleinen, schwierigen Baptistengemeinde in Barnstable, England, zu werden. Trotz seiner hervorragenden Fähigkeiten, mit Menschen umzugehen, war es für ihn eine Herausforderung, sich um diese Gemeinde in Barnstable zu kümmern. Zu Beginn seines Dienstes gab es zwischen ihm und der Gemeinde hinsichtlich der Lehre eine brisante Auseinandersetzung, die er überwinden musste.

Bemerkenswert ist, dass die Baptistengemeinde Ebenezer ihn einlud, ihr Pastor zu werden, obwohl er nie Baptist gewesen und mit vielen strikten Ansichten der Gemeinde nicht einverstanden war. Aufgrund der Meinungsunterschiede in der Lehre zwischen Robert Chapman und der Gemeinde schien die Situation der Ebenezer-Gemeinde zum Scheitern verurteilt zu sein. Er würde in weniger als zwei Jahren der vierte Pastor sein, der die Gemeinde verließ.

Aber das geschah nicht. Robert Chapman war fest davon überzeugt, dass er ohne die Freiheit, Gottes Wort zu lehren, in dieser Baptistengemeinde nicht dienen könnte. Also stellte er diese Bedingung, bevor er die Pastorenstelle in der Ebenezer-Gemeinde annahm:

> *Als ich die Einladung bekam, London zu verlassen, um in der Ebenezer-Gemeinde, in der zu jener Zeit eine Gemeinschaft strenger Baptisten zu Hause war, das Wort Gottes zu lehren, sagte ich zu, aber nur unter einer Bedingung: dass ich die Freiheit hätte, alles, was in der Heiligen Schrift geschrieben steht, lehren zu dürfen.*[2]

Die Gemeinde nahm diese Bedingung an, und so begann Robert Chapman seinen sechzigjährigen Dienst in Barnstable. Mit der Zeit veränderte sich die Gemeinde unter seiner wahrhaftigen und ausdauernden Bibellehre. Mit den Jahren wurde sie eine reife, einflussreiche Gemeinschaft von Gläubigen, die viele Gemeinden gründete und zahlreiche Missionare nach Spanien, Indien und China sandte.

Die Liebe möchte das Grundbedürfnis des Menschen, Gottes Wort zu hören, erfüllen (s. 5Mo 8,3). Wie sehr versagen doch die Hirten der Gemeinde, wenn sie alles Mögliche tun, aber nicht die Herde Gottes weiden! Die Bibel ist die Nahrung der Gläubigen. Zu ihrem Schutz und für ihr Wachstum brauchen sie die ständige Nahrungszufuhr durch das Wort Gottes. Liebevolle Leiter und Lehrer werden eifrig daran arbeiten, dieses Bedürfnis zu erfüllen.

Die Liebe macht Lehrer effektiver

Die Liebe motiviert christliche Leiter nicht nur, die Heilige Schrift zu lehren, sondern sie macht sie darin auch effektiver. Gute Lehrer müssen eine gute Beziehung zu ihren Schülern haben, einen liebevollen Charakter und eine Leidenschaft für ihre Aufgabe.

Die Liebe zu den Schülern

Howard Hendricks, Professor am *Dallas Theological Seminary* und bekannter Redner, hat Tausenden geholfen, besser zu unterrichten. Er erzählt folgende Geschichte über Walt, der sein Lehrer in der Sonntagsschule war.

> *Walt liebte Kinder, und er liebte das Wort Gottes. Er lief durch ein verrufenes Viertel einer Stadt und hielt Ausschau nach Kindern, die keine Gemeinde besuchten, um sie in seine Sonntagsschule einzuladen. Schon bald kamen dreizehn Jungen aus der Nachbarschaft in seinen Unterricht. Die meisten dieser Jungen bekehrten*

sich zu Christus, und elf von ihnen gingen schließlich in den vollzeitlichen christlichen Dienst. Einer davon war Howard Hendricks. Walt war weder ein intellektueller Überflieger noch eine besonders faszinierende Persönlichkeit. Was aber war denn so Besonderes an ihm, was jenen Jungen so ans Herz ging und sie für alle Zeit beeindruckte? Hendricks sagt: „Eigentlich weiß ich nicht mehr, was Walt uns erzählt hat, aber ich kann alles über ihn erzählen … weil er mich um Christi willen lieb hatte. Er liebte mich mehr, als meine Eltern es taten.“[3]

Gute Lehrer lieben ihre Schüler und opfern sich selbstlos auf, um sie zu unterweisen. Ihre Schüler liegen ihnen am Herzen, sie respektieren und schätzen, kennen und verstehen sie. Liebevolle Lehrer widmen sich ganz ihrer Aufgabe, ihre Schüler in der Heiligen Schrift zu unterweisen. Wie Paulus können sie sagen: „*Wir waren willig, euch nicht allein am Evangelium Gottes, sondern auch an unserem eigenen Leben Anteil zu geben, weil ihr uns lieb geworden wart*“ (1Thes 2,8).

Christliche Pädagogen stimmen darin überein, dass Liebe und Respekt den Schülern gegenüber unerlässlich sind, um die lebensverändernde Kraft des Evangeliums zu lehren:

Für die Liebe des Lehrers zu seinen Schülern gibt es keinen Ersatz … Christliche Unterweisung ist weit mehr als Wissensvermittlung; genauso notwendig sind ein echtes Interesse an den Schülern und eine tiefe Liebe zu ihnen.[4]

Ein liebevoller Charakter

Gute Lehrer müssen sich mit ihren Schülern gut verstehen. Dazu müssen sie liebevolle Menschen sein, wie sie in 1. Korinther 13,4-7 beschrieben werden. Menschen reagieren positiv auf Lehrer, die die Eigenschaften der christusähnlichen Liebe zeigen.

Demut. Im College hatte ich einen christlichen Lehrer, der im Unterricht regelmäßig mit seinem Wissen und seinen renommierten

Veröffentlichungen prahlte. Er war intelligent und ein guter Pädagoge, aber er war kein christusähnlicher Lehrer. Er war eher arrogant und prahlerisch, sein Ton war herablassend, er war mehr von sich selbst als vom Heiligen Geist erfüllt. Er versuchte eher, zu beeindrucken, als aufzubauen. Er war ein *„tönendes Erz, … eine schallende Zimbel“* (1Kor 13,1).

Jesus Christus jedoch sagte: *„Lernt von mir! Denn ich bin sanftmütig und von Herzen demütig, und ‚ihr werdet Ruhe finden für eure Seelen‘“* (Mt 11,29). Jeder, der Jesus hörte, wusste, dass er nicht wie andere Lehrer war. Auch wenn er mit absoluter Autorität sprach, war er demütig und freundlich, und überhaupt nicht hochmütig. Deswegen kamen auch Menschen aus allen sozialen Schichten zu ihm: Männer und Frauen, Reiche und Arme, Gebildete und Ungebildete, Gesunde und Kranke, Religiöse und Nichtreligiöse; sogar die Ausgestoßenen der Gesellschaft waren willkommen und freuten sich über seine freundlichen Worte.

Die Liebe macht aus uns bessere Lehrer, weil sie uns demütig und bescheiden macht. Die Liebe macht uns zu Dienern unserer Schüler und nicht zu Herrschern über sie. Die Liebe lässt sich korrigieren, verändern und verbessern und gibt Fehler zu. Die Liebe hilft uns zu erkennen, dass wir nicht alles wissen. Wie Paulus müssen wir bekennen: *„Wir erkennen stückweise, und wir weissagen stückweise“*, und: *„Wir sehen jetzt mittels eines Spiegels undeutlich“* (1Kor 13,9.12).

Die Liebe schützt uns vor Stolz auf der Kanzel und im Unterrichtsraum. „Stolz stößt ab, Demut zieht an … Um erfolgreich zu unterrichten, braucht man eine demütige Haltung.“[5] Ein demütiger Geist macht aus uns bessere Botschafter für Jesus Christus und seine Lehre und macht die Menschen für unseren Unterricht zugänglicher. John Oman warnte: „Wenn die Kanzel nicht der Platz ist, wo Sie am demütigsten Gottes Botschaft überbringen, dann ist es ganz bestimmt der Ort, wo Sie sich vergebens aufopfern.“[6]

Geduldig und freundlich. Bei einer Umfrage unter Lehramtsstudenten nannten die Studenten „Liebe zu und Geduld mit den Schülern“ als zwei der wichtigsten Eigenschaften eines guten Lehrers.[7]

Die Liebe befähigt Lehrer, geduldig und freundlich zu sein (s. 1Kor 13,4), schwierige Menschen - ja, sogar Gegner - zu ertragen (s. 2Tim 2,24-26) und problematische Menschen, wie die dickköpfigen Korinther, zu erdulden. Liebevolle Lehrer nehmen Unbequemlichkeiten auf sich, um denen zu helfen, die langsam lernen. Sie versuchen, diejenigen miteinzubeziehen, die kein Interesse zeigen. Für Menschen mit besonderen Nöten zeigen sie Verständnis und kümmern sich um sie.

Für die meisten Menschen ist die Bibel nur schwer zu verstehen (s. 2Petr 3,15-16), daher müssen Lehrer außergewöhnlich geduldig sein. Viele der großen Wahrheiten, die wir glauben und lehren, haben wir mit den Jahren gelernt. Es ist ein lebenslanges Lernen, Schritt für Schritt. Außerdem kommen immer wieder Menschen in unsere Gemeinden, die mangelnde oder fehlerhafte Bibelkenntnisse haben. Wenn wir nicht geduldig und freundlich mit ihnen umgehen, dann werden wir sie vergraulen und verpassen die Gelegenheit, sie in der Heiligen Schrift zu unterweisen.

Als Lehrer müssen wir mit den Menschen vernünftig sprechen und sie überzeugen. Wenn wir dabei liebenswürdig, geduldig und freundlich sind, werden wir sie viel eher von der Wahrheit überzeugen können. Eine dogmatische, strenge Haltung hingegen wird die Menschen abstoßen und unsere Mühe vergeblich und fruchtlos sein lassen (s. 2Petr 1,8).

Zärtlich und mitfühlend sein. Als Jesus die Menschenmenge sah, *„wurde er innerlich bewegt … Und er fing an, sie vieles zu lehren“* (Mk 6,34). Liebevolle Lehrer, wie Paulus, behandeln Menschen zärtlich und mitfühlend. Paulus verglich sich mit einer *„stillende[n] Mutter[, die] ihre Kinder pflegt“* (1Thes 2,7).

Wilson Thomas Hogg, der erste Präsident des *Greenville Colleges,* sagt, dass es wichtig sei, die biblische Wahrheit zärtlich und liebevoll zu vermitteln:

> *Mit Zärtlichkeit werden Herzen gewonnen, die so verhärtet sind, dass nichts anderes sie bewegen kann. Wenn die Wahrheit*

> *in Liebe vermittelt wird, trifft sie direkt das Herz des Hörenden und löst eine freundliche Reaktion aus ... Zärtlichkeit überwindet Vorurteil und Hartherzigkeit ... Mit Zärtlichkeit werden die scharfsinnigsten Argumente, die schrecklichsten Warnungen und schlimmsten Drohungen entkräftet, die genauso wenig Eindruck hinterlassen wie ein Tropfen Tau auf einem Granitstein.*[8]

Wie wahr diese Aussage Wilson Hoggs ist, wurde mir bei meiner eigenen Taufe bewusst. Ich lud einen langjährigen Freund ein, um bei der Taufe dabei zu sein und die Predigt eines Missionars zu hören. Der Prediger war ein Ire, der viele Jahre in Angola, Afrika, gedient hatte. Mein Freund war ein verbissener Ungläubiger, der nur auf meine Bitte hin gekommen war. Er hatte schon mehrmals das Evangelium gehört, und ich hatte mit ihm schon oft darüber gesprochen, leider ohne Erfolg. Nachdem er jedoch den Missionar gehört hatte, fragte er: „Wer ist dieser Mann? Ich habe noch nie einen so liebevollen und ernsten Redner gehört. Ich möchte ihn gern kennenlernen." Solch eine Reaktion war ganz untypisch für meinen Freund. Was diesen desinteressierten Sünder so anzog, war die Tatsache, dass der Missionar wie Jesus *„sanftmütig und von Herzen demütig"* war (Mt 11,29).

Langsam zum Zorn sein. Die Liebe lässt sich durch Kontroversen oder Widerstand nicht schnell verärgern (s. 1Kor 13,5). Gute Lehrer sind zugänglich, und man kann gut mit ihnen reden; sie sind nicht reizbar, defensiv oder streiten sich schnell mit Menschen, die anderer Meinung sind.

Wie wir lehren, kann genauso wichtig sein wie das, *was* wir lehren. Wir dürfen nicht unsere Geduld verlieren, unsere Schüler beschimpfen, sie anschreien oder uns rächen wollen, wenn sie uns gekränkt haben. Wenn wir das tun, geben wir dem Teufel die Gelegenheit, unseren Dienst, die biblische Wahrheit zu vermitteln, zu zerstören (s. Eph 4,26-27). Wir verletzen unsere Schüler, anstatt ihnen zu helfen, und verlieren unsere Glaubwürdigkeit. Zornige Prediger und Lehrer lösen Angst aus und ersticken jeglichen Wissensdurst, besonders bei Kindern und Jugendlichen.

Liebenswürdig sein. Liebevolle Lehrer und Leiter sind weder unhöflich noch unanständig (s. 1Kor 13,5). Sie bringen andere Menschen in der Öffentlichkeit nicht in Verlegenheit, stören und beleidigen sie nicht, sprechen nicht über sie und kommandieren sie nicht herum. Sie missbrauchen nicht ihre Autorität und schüchtern Menschen nicht ein. Sie achten darauf, was sie sagen, sind um eine angemessene Kleidung bemüht und verhalten sich anständig, besonders dem anderen Geschlecht gegenüber. Sie sind taktvoll und höflich. Sie respektieren die Zeit und die Arbeit anderer Menschen.

Wahrheit und Liebe miteinander vereinbaren. Mitfühlend und barmherzig zu sein, bedeutet nicht, dass man auf Kosten der Wahrheit Kompromisse schließt. Niemals! Die Bibel hält stets das Gleichgewicht zwischen Wahrheit *und* Liebe. Diese beiden Dinge können nicht voneinander getrennt werden (s. 1Kor 13,1-3; Eph 4,14-16; 2Jo 3). Über das richtige Gleichgewicht trifft John Stott die aufschlussreiche Aussage:

> *Manche Leiter sind große Verfechter der Wahrheit, die begeistert, aber sie kämpfen ohne Liebe dafür. Andere kämpfen für die Liebe, haben jedoch nicht die gleiche Hingabe zur Wahrheit, so wie Jesus und die Apostel sie hatten. Die Wahrheit ist hart, wenn sie nicht durch die Liebe weich gemacht wird, und die Liebe ist schwach, wenn sie nicht von der Wahrheit gestärkt wird.*[9]

Ob wir nun die göttliche Wahrheit verteidigen, verkündigen, lehren oder mit anderen teilen, immer müssen wir es in Liebe tun. Wir müssen „*die Wahrheit in Liebe reden*“ (Eph 4,15). Paulus schreibt an Timotheus, einen echten Sohn im Glauben: „*Halte fest das Vorbild der gesunden Worte, die du von mir gehört hast, in Glauben und Liebe, die in Christus Jesus sind!*“ (2Tim 1,13). Wir sehen also – wie Howard Marshall es ausdrückt –, dass „Timotheus die biblische Lehre auf der Grundlage eines wahrhaftigen christlichen Lebens vermittelt, das vom Glauben an Gott und von der Liebe zum Nächsten gekennzeichnet ist.“[10]

Die Liebe zum Studium und zur Verkündigung des Wortes Gottes

Das *„große und erste Gebot"* lautet: *„Du sollst den Herrn, deinen Gott, lieben mit deinem ganzen Herzen und mit deiner ganzen Seele und mit deinem ganzen Verstand"* (Mt 22,37-38). Diese Liebe zu Gott erzeugt die Liebe zum Studium seines Wortes, und sie motiviert uns, unsere Verkündigung zu verbessern. Die Liebe zu Gottes Wort erweckt die Sehnsucht in uns, ständig darin zu forschen.

Bibelkenntnisse gewinnen. Gute Lehrer lieben ihre Aufgabe und lernen immer dazu. John Stott schreibt: „Ganz gleich, in welchem Wissensgebiet: Die besten Lehrer sind zweifellos jene, die ihr ganzes Leben lang Studenten bleiben."[11]

Ein bemerkenswertes Beispiel für einen lebenslangen Studenten der Heiligen Schrift ist ein siebenundneunzigjähriger Mann, der in unserer Gemeinde den Senioren Bibelunterricht gibt. Er liebt es immer noch, Gottes Wort zu lesen, zu studieren und zu lehren. Jedes Mal, wenn ich mit ihm zusammen bin, spricht er über die Heilige Schrift und über Bibelausleger, die er gelesen hat. Wir dürfen uns niemals für zu alt halten, um zu lernen und im Glauben zu wachsen.

Die Liebe zu Gott und zu seinem Wort macht uns zu Wissensdurstigen und zu lebenslangen Studenten. Mit seiner typischen Einsicht warnt Charles Spurgeon vor der Tragödie, wenn ein Lehrer sich nicht mehr danach sehnt, von Gottes Wort zu lernen und es zu erforschen:

> *Wenn unser christlicher Dienst zu etwas gut sein soll, dann müssen wir unaufhörlich in der Schrift forschen … Derjenige, der aufgehört hat zu lernen, hat aufgehört zu lehren. Derjenige, der nicht länger im Studium sät, erntet nicht mehr auf der Kanzel.*[12]

Howard Hendricks warnt: „Wenn du heute aufhörst zu wachsen, dann wirst du morgen aufhören zu lehren."[13]

Paul Stanley und Robert Clinton nennen in ihrem Buch *Connecting: The Mentoring Relationships You Need to Succeed in Life* als Hauptgrund, warum viele christliche Leiter und Lehrer ihr Leben für Christus nicht wirksam einsetzen können, dass sie zu irgendeinem Zeitpunkt aufgehört haben, in der Erkenntnis und in der Liebe zu Christus zu wachsen.

> *Wir haben beobachtet, dass die meisten Menschen um das vierzigste Lebensjahr aufhören zu lernen. Sie bemühen sich nicht mehr aktiv darum, Erkenntnisse und Verständnis zu sammeln, und sind nicht bereit, andere Menschen mit ihren Erfahrungen zu bereichern. Die meisten ruhen sich auf ihrem Wissen aus. Aber diejenigen, die es besser machen wollen, sind ihr ganzes Leben lang bereit, dazuzulernen.*
> *Viele Menschen, insbesondere Leiter, stagnieren. Sie sind zufrieden mit dem, was sie sind und was sie wissen. Das geschieht meistens dann, wenn sie genug erreicht haben, sich wohlfühlen und ihr Leben relativ sicher und vorhersehbar ist. Aber das steht im Gegensatz zum biblischen Führungsstil.*[14]

Im Blick auf diese natürliche Neigung muss Paulus' Anweisung an Timotheus, mit ganzer Hingabe zu lehren, wiederholt werden:

> *Bedenke dies sorgfältig; lebe darin, damit deine Fortschritte allen offenbar sind! Habe acht auf dich selbst und auf die Lehre; beharre in diesen Dingen! Denn wenn du dies tust, so wirst du sowohl dich selbst retten als auch die, die dich hören.* (1Tim 4,15-16)

Wenn wir nicht mehr leidenschaftlich in der Bibel forschen, dann verlieren wir auch unsere Begeisterung dafür, die Heilige Schrift zu lehren. Wenn die Bibel uns nicht begeistert, können wir auch andere nicht dafür begeistern. Wenn wir die Herzen und den Verstand der Männer und Frauen der nächsten Generation berühren und herausfordern wollen, müssen auch unsere Herzen und unser Verstand bewegt werden. Wir können Menschen nicht zu Gott bringen, wenn wir uns nicht verändern lassen und im Glauben wachsen. Lehrer, die Gott lieben und gern in seinem Wort forschen, entzünden diese Liebe auch in anderen Menschen.

Erfolgreich das Evangelium verkündigen. Die Liebe zu Gottes Kindern und zu seinem Wort spornt uns immer wieder an, die biblische Wahrheit noch besser und effektiver zu vermitteln. Howard Hendricks warnt:

> *Wenn Sie Menschen langweilen wollen, dann bitte nicht mit dem Evangelium. Langweilen Sie die Menschen mit Differenzialrechnung, mit Geophysik oder mit der Weltgeschichte. Aber es ist eine Sünde, Menschen mit dem Evangelium zu langweilen.*[15]

Es gibt nur sehr wenige von Natur aus begabte Prediger und Lehrer. Die meisten von uns sind durchschnittliche Lehrer, die ihre Fähigkeit, zu lehren und zu predigen, ständig verbessern müssen. Trotzdem stehen auch wir in der Gefahr, dass wir uns mit dem, was wir bereits können und womit wir Erfolg haben, zufriedengeben. Doch wenn wir die Menschen und die Heilige Schrift lieben, sollten wir stets den Willen haben, uns zu verbessern.

John MacArthur Jr. gibt schon seit fast vierzig Jahren vielen Menschen Bibelunterricht und benutzt dazu verschiedene Medien. Die ganzen Jahre über hat er sich weiterentwickelt und unterrichtet heute leidenschaftlicher und besser als je zuvor. Die Liebe zu Gottes Wort und die Liebe zu seinen Zuhörern motivieren ihn dazu, seine Fähigkeiten ständig auszubauen.

Wie man anfängt

Schafe können sich nicht selbst ernähren. Ohne einen Hirten würden sie schon bald ohne Weide und ohne Wasser sein und vor Hunger oder Durst sterben. Daher ruft uns der Autor und Pastor Charles Jefferson in Erinnerung:

> *Alles hängt davon ab, wie gut man die Schafe weidet. Wenn sie keine richtige Nahrung bekommen, werden sie dünn und krank, und alles, was man in sie investiert hat, ist vergeudet. Als Hesekiel über einen schlechten Hirten spricht, sagt er zuerst:* „Die Herde weidet ihr nicht!“ *(Hes 34,3)*[16]

An dieser Stelle möchte ich ein paar Ideen nennen, wie Sie Ihre Fähigkeit, Ihr Bibelwissen zu vermitteln, verbessern können.

Erstens: Wenn Sie zu einer Gruppe gehören, die für die Leitung und für den Bibelunterricht verantwortlich ist, dann *lehren und predigen Sie nach klaren biblischen Grundsätzen!* Prüfen Sie regelmäßig Ihren Dienst als Bibellehrer und Ihre Ziele. Vergewissern Sie sich, dass der Inhalt Ihrer Bibellehre biblisch ist, zum Nachdenken anregt und für die Menschen nützlich und relevant ist. Werden Sie nicht nachlässig oder ineffektiv. Sie sollen mit Paulus sagen können: *„Ich habe nicht zurückgehalten, euch den ganzen Ratschluss Gottes zu verkündigen“* (Apg 20,27). Wenn Sie diese wichtige Pflicht versäumen, werden die Schafe leiden.

Zweitens: Um Ihren Bibelunterricht zu verbessern, hören Sie sich die Bibelauslegungen anderer hervorragender Prediger und Bibellehrer an, und stellen Sie anderen Ihre Predigten zur Verfügung. Das hat mir sowohl in meiner persönlichen Beziehung zum Herrn als auch beim Predigen enorm geholfen. Die großen Prediger dieser Welt bereichern meine Seele und zeigen mir, wie Gottes Wort auf das Leben der Menschen anzuwenden ist. Sie helfen mir dabei, schwierige Zusammenhänge zu veranschaulichen, wichtige Dinge zu erkennen, Bibelstellen einzuordnen und das Wissen lebendig und mit geistlicher Vollmacht zu vermitteln.

Drittens: Legen Sie sich eine Sammlung von Büchern an, die Ihnen beim Studium der Schrift helfen. Natürlich ist das Wichtigste eine gute Bibel. Sie ist Ihre Hauptnahrung für Gottes Gemeinde. Außerdem brauchen Sie eine Konkordanz, Bibelwörterbücher, Bibelkommentare und andere Hilfsmittel. Es gibt gute Softwareprogramme und zahlreiche Hilfsmittel für das Bibelstudium, die man kostenlos online erhalten kann.[17]

Viertens: Es gibt viele Bücher und anderes Material, mit dem Sie Ihre Predigten und Ihren Unterricht verbessern können. Rufen Sie eine Bibelschule an und bitten Sie die Lehrer um Vorschläge. Benutzen Sie dieses Material und stellen Sie es auch anderen in der Gemeinde zur Verfügung. Wenn möglich, nehmen Sie an einem Homiletikseminar teil. Auch wenn Sie vielleicht auf einer Bibelschule waren oder Theologie studiert haben, brauchen Sie immer wieder neue Ideen, wie Sie die biblische Wahrheit besser verkündigen können. Wenn die Menschen sehen, dass ihre Leiter und Lehrer geistlich wachsen, dann ermutigt das auch sie, im Glauben zu wachsen.

Fünftens: Hören Sie sich selbst an. Selbst die besten Prediger fallen unabsichtlich in schlechte Gewohnheiten. Hören Sie ein Tonband an, auf dem Sie sprechen. Noch besser ist, wenn Sie sich auf einem Video anschauen. So können Sie eigene schlechte Gewohnheiten erkennen, die sich nachteilig auf Ihren Dienst auswirken. Sie brauchen keine Angst zu haben, dass diese Übung Sie stolz macht; Sie bleiben dadurch eher demütig! Auch die besten Lehrer müssen ihre Fähigkeiten verbessern.

Sechstens: Jemand, der Ihnen nahe steht, soll Ihren Lehr- und Predigtdienst bewerten. Allerdings sollten die Zuhörer davon nichts wissen, sonst könnten sie vom Inhalt Ihres Unterrichts abgelenkt werden. Meine Ehefrau ist immer meine beste Kritikerin gewesen, und unserer Ehe hat es bis jetzt nicht geschadet.

Letztendlich brauchen Lehrer und Prediger „eine überströmende Liebe“, wenn ihre Arbeit erfolgreich sein soll. Charles Spurgeon sagt:

> *Natürlich sollen wir in der Liebe überströmen. Es gibt Prediger, die können nicht mit Liebe predigen, weil sie kaltherzig, grob und egoistisch sind. Wir alle haben unsere Fehler, aber einige haben besonders wenig Liebe übrig. Paulus sagt, dass diese Menschen sich nicht für die Seelen anderer interessieren. Ich möchte allen, besonders aber den Lieblosen, sagen: Seid in eurer heiligen Nächstenliebe doppelt so ernsthaft, denn ohne Liebe seid ihr nichts weiter als ein tönendes Erz oder eine schallende Zimbel.*

Die Liebe ist Macht. Der Heilige Geist wirkt meist durch unsere Liebe. Bringt die Menschen durch eure Liebe zu Christus. Der Glaube kann viel erreichen, aber die Liebe ist das eigentliche Werkzeug, mit dem der Glaube, im Namen des Herrn der Liebe, alles vollbringt.
Und ich bin sicher, dass wir nicht viel erreichen werden, wenn wir unsere Arbeit und die Menschen, mit denen wir arbeiten, nicht von ganzem Herzen lieben.[18]

Anmerkungen zu Kapitel 14

1. William Mounce, *Pastoral Epistles,* WBC (Nashville: Thomas Nelson, 2000), S. 392.
2. Frank Holmes, *Brother Indeed* (London: Victory Press, 1956), S. 31.
3. Howard Hendricks, *Teaching to Change Lives* (Sisters, Ore.: Multnomah, 1987), S. xiii.
4. Roy B. Zuck, *Teaching as Jesus Taught* (Grand Rapids, Mich.: Baker, 1995), S. 84.
5. Ebd., S. 67
6. John Wood Oman, *Concerning the Ministry* (New York: Harper, 1937), S. 44.
7. Zuck, *Teaching as Paul Taught* (Grand Rapids, Mich.: Baker, 1988), S. 61.
8. Wilson T. Hogg, *A Hand-Book of Homiletics and Pastoral Theology* (Chicago: Free Methodist Publishing House, 1919), S. 342f.
9. John R. W. Stott, *The Message of l & 2 Thessalonians,* zuerst veröffentlicht als *The Gospel and the End of Time* (Downers Grove, Ill.: InterVarsity, 1991), S. 70.
10. I. Howard Marshall, *The Pastoral Epistles,* ICC (Edinburgh: T & T Clark, 1999), S. 714.
11. John R. W. Stott, *Between Two Worlds: The Art of Preaching in the Twentieth Century* (Grand Rapids, Mich.: Eerdmans, 1982), S. 180.

12. Charles Haddon Spurgeon, *An All-Round Ministry* (1900; aktual. Aufl., London: Banner of Truth Trust, 1960), S. 236.
13. Hendricks, *Teaching to Change Lives,* S. 17.
14. Paul D. Stanley and J. Robert Clinton, *Connecting: The Mentoring Relationships You Need to Succeed in Life* (Colorado Springs: NavPress, 1992), S. 222.
15. Zitiert in Lawrence O. Richards and Gary J. Bredfeldt, *Creative Bible Teaching,* revidierte Aufl. (Chicago: Moody Press, 1998), S. 218.
16. Charles Edward Jefferson, *The Minister as Shepherd* (1912; aktual. Aufl., Fincastle, N. J.: Scripture Truth, o. J.), S. 59f. [dt. *Der Hirtendienst* (Marburg: Francke 1979).]
17. Internetseiten wie *www.bible.org, www.biblegateway.com, www.bibleplaces.com* und *www.biblestudytools.net* sowie Programme wie *Bible Workshop* sind sehr hilfreich.
18. Spurgeon, *An All-Round Ministry,* S. 192f.

15

Geliebte Menschen bewahren und ermahnen

„Ich überführe und züchtige alle, die ich liebe."
(Offb 3,19)

Stellen Sie sich vor, ein Vater behauptet, seine Kinder zu lieben, aber er hält sie nicht davon ab, Drogenabhängige oder Prostituierte zu werden. Oder stellen Sie sich vor, Sie sehen einen Bruder in Christus geradewegs in den Treibsand hineinspazieren, aber sagen nichts und gehen schweigend fort. Das ist keine echte Liebe; das ist Gleichgültigkeit. Das ist nicht die Liebe, die den Nächsten liebt wie sich selbst; das ist nicht die Liebe, mit der Jesus liebte. Aber so verhalten wir uns, wenn wir einen uneinsichtigen Gläubigen nicht ermahnen, Fehlverhalten nicht tadeln und andere nicht vor falschen Lehrern warnen.

Die Bibel sagt, dass wir alle wie Schafe sind; ohne den Schutz eines guten Hirten können wir leicht vom Weg abkommen. In jedem Bereich der Gemeinde brauchen wir Hirten, die ihr Leben geben würden, um die Herde vor wilden Wölfen und anderen Gefahren zu schützen.

Jesus warnte vor Wölfen in Schafskleidern

Als guter Hirte warnte Jesus seine Herde immer wieder vor dem tödlichen Einfluss falscher Lehrer. Viele Menschen – auch die Jünger Jesu – glaubten, dass die Pharisäer und Schriftgelehrten echte und fromme Lehrer des Gesetzes waren. Aber das waren sie nicht. Sie waren hungrige Wölfe, die die Menschen verschlangen. In ihrem religiösen Eifer sprengten sie den Rahmen des Alten Testaments und führten Tausende von Ritualen und Traditionen ein, die für die Menschen unerträglich waren. Sie hielten sich für etwas Besseres und waren voller Selbstgerechtigkeit. Das Schlimmste jedoch war, dass sie die Menschen daran hinderten, Gott richtig kennenzulernen und zu lieben.

Daher warnte Jesus seine Jünger eindringlich: *„Hütet euch vor den falschen Propheten, die in Schafskleidern zu euch kommen! Inwendig aber sind sie reißende Wölfe. An ihren Früchten werdet ihr sie erkennen“* (Mt 7,15-16). Mit beispielloser Entrüstung deckte Jesus ihre bösartigen Lehren und ihre falsche Frömmigkeit auf und sagte ganz offen, wer sie wirklich waren:

> *Wehe aber euch, Schriftgelehrte und Pharisäer, Heuchler! Denn ihr verschließt das Reich der Himmel vor den Menschen* (Mt 23,13).
> *Wehe euch, ihr blinden Führer!* (Mt 23,16).
> *So scheint auch ihr von außen zwar gerecht vor den Menschen, von innen aber seid ihr voller Heuchelei und Gesetzlosigkeit* (Mt 23,28).
> *Schlangen! Otternbrut! Wie solltet ihr dem Gericht der Hölle entfliehen?* (Mt 23,33).
> *Trefflich hebt ihr das Gebot Gottes auf, damit ihr eure Überlieferung haltet … Indem ihr das Wort Gottes ungültig macht durch eure Überlieferung* (Mk 7,9.13).
> *Hütet euch vor den Schriftgelehrten, … die die Häuser der Witwen verschlingen und zum Schein lange Gebete halten!* (Lk 20,46-47).

Jesus sagt seinen Jüngern, dass die Pharisäer als Gelehrte ein schweres Gericht empfangen werden, weil sie die Wehrlosen in die Irre geführt und verschlungen haben (s. Lk 20,46-47).

Jesu Zorn gegenüber den Pharisäern und Schriftgelehrten hört sich nicht besonders liebevoll oder tolerant an, und manche Menschen können sich nicht vorstellen, dass Jesus überhaupt moralische Empörung zeigte oder schwere Gerichtsdrohungen aussprach. Aber es liegt daran, dass sie nicht verstanden haben, wer Jesus Christus ist. Seine Anklage gegen die Pharisäer und die Schriftgelehrten zeigt nur Gottes gerechtes Gericht über sie. Der Gott der Bibel ist nicht nur ein Gott der Liebe, sondern auch ein Gott des heiligen Zorns und Gerichts. Göttliche Liebe kann sowohl gütig als auch streng sein (s. Röm 11,22).

Jesus ist kein gleichgültiger, zorniger Prophet. Er weint, als Jerusalem sein freundliches Angebot der Errettung ablehnt (s. Mt 23,37; Lk 19,41). Er trauert, weil die Menschen und ihre Führer verbittert sind und nicht glauben. Jesus ist Gottes wahrhaftiger Prophet und Lehrer, der sein Leben riskiert, um vor Gefahren zu warnen. Er ist der Wächter auf der Stadtmauer, der mit seinem Ruf die Stadt vor Feinden beschützt.[1] Er ist der mutige Beschützer, der den Wolf, Löwen oder Bären verjagt, weil er seine Schafe liebt. *„Ich bin der gute Hirte; der gute Hirte lässt sein Leben für die Schafe"* (Joh 10,11).

Wenn die Lehrer und Leiter einer Gemeinde die Herde nicht vor falschen Lehrern warnen, dann verletzen sie aufs Äußerste ihre Pflicht, und das wird dazu führen, dass die Herde verschlungen wird (s. Apg 20,28-31). Stellen Sie sich einen Hirten vor, der es versäumt, die Herde vor Wölfen zu schützen, nur weil es eine gefährliche und unangenehme Arbeit ist. Was für ein grotesker Gedanke! Trotzdem gibt es bibelgläubige Gemeinden, deren einzige Sorge darin besteht, andere nicht zu kränken, weil sie an Gemeindegliedern wachsen wollen. So versäumen sie es, die Menschen vor Irrlehrern zu warnen, und sind bereit, die verwundbare und schutzlose Herde der List des Feindes zu überlassen.

Jesus wies seine Jünger zurecht

Manchmal musste Jesus seine Jünger wegen ihres Unglaubens zurechtweisen.[2] Doch war Jesus kein kaltherziger, beleidigender Tyrann; er war ein liebevoller Meister, *„voller Gnade und Wahrheit"* (Joh 1,14). Jesus klagte seine Jünger niemals so an wie die Irrlehrer Israels.

Tatsache ist, dass Jesus sogar bemerkenswert geduldig und freundlich mit seinen Jüngern war, die nur langsam dazulernten. Er wusch ihre Füße, diente ihnen und unterwies sie in der Schrift. Er kümmerte sich um sie und liebte sie, auch als sie ihn in seiner schwersten Stunde verließen. Im Johannesevangelium steht: „… *da er die Seinen, die in der Welt waren, geliebt hatte, liebte er sie bis ans Ende*" (Joh 13,1). Und am Ende starb er für sie.

A. B. Bruce erinnert uns in seinem gewaltigen Werk *The Training of the Twelve* daran, in wie vielen Dingen die Jünger in weniger als drei Jahren umdenken und neu lernen mussten. Nur der beste Lehrer und Leiter – Jesus – konnte das mit diesen zwölf Jüngern erreichen:

> *Zum Zeitpunkt ihrer Berufung waren die Jünger überaus unwissend, engstirnig, abergläubisch, voller jüdischer Vorurteile, hatten falsche Vorstellungen und waren feindselig. Sie mussten in vielen Dingen umdenken und umlernen. Vieles, was sie für schlecht hielten, mussten sie vergessen, und was gut war, mussten sie neu lernen. Es dauerte lange, bis sie beides begriffen. Weil sie an alten Überzeugungen festhielten, war es schwierig, neue religiöse Ideen einzuführen. Sie waren Männer mit einem aufrichtigen Herzen, der Boden ihrer geistlichen Natur war bereit, eine überreiche Ernte einzubringen; aber er war hart und musste erst gut bestellt werden, bevor er Früchte hervorbringen konnte.*[3]

Auch wir müssen die Menschen, die wir leiten und lehren, immer in Liebe und mit Geduld korrigieren und ermahnen. Richtige Zurechtweisung kann eine lebensverändernde und lebensrettende Maßnahme sein. Nur wenn wir das glauben, werden wir es auch tun.

Paulus wehrte Wölfe ab

Als Wölfe die Herde Christi angriffen, verhielt Paulus sich wie ein mutiger Löwe. Er war darauf vorbereitet, für die Gemeinde und für die reine Botschaft des Evangeliums zu kämpfen und zu sterben (ein Beweis hierfür ist der Galaterbrief). Wo er auch das Evangelium predigte und Gemeinden gründete, erschienen schon bald Irrlehrer, die sich gegen die Botschaft vom Kreuz stellten.

Wie Jesus Christus ging Paulus mit den Irrlehrern weder tolerant noch besonders liebevoll um. Über jeden, der *„euch abwendet zu einem anderen Evangelium"*, sagt er: *„Er sei verflucht!"* (Gal 1,6.9). Er nennt sie falsche Lehrer, Betrüger, Heuchler, Zerstörer, böse Arbeiter und Hunde. Und das sind sie auch. Sie geben sich als Lehrer Christi aus, aber in Wirklichkeit sind sie Agenten des Satans:

> *Denn solche sind falsche Apostel, betrügerische Arbeiter, die die Gestalt von Aposteln Christi annehmen. Und kein Wunder, denn der Satan selbst nimmt die Gestalt eines Engels des Lichts an; es ist daher nichts Großes, wenn auch seine Diener die Gestalt von Dienern der Gerechtigkeit annehmen.* (2Kor 11,13-15)

Paulus' heilige Warnungen sind Gottes heilige Warnungen. Paulus' Intoleranz gegenüber falschen Lehrern spiegelt Gottes Intoleranz gegenüber falschen Lehrern wider. Paulus' Aufruf ist der Ruf eines besorgten, liebevollen Vaters, der seine Kinder vor Verführung schützen will. Es ist eine heilige Eifersucht, um die moralische Reinheit der geliebten Gläubigen zu erhalten:

> *Denn ich eifere um euch mit Gottes Eifer; denn ich habe euch einem Mann verlobt, um euch als eine keusche Jungfrau vor den Christus hinzustellen. Ich fürchte aber, dass, wie die Schlange Eva durch List verführte, so vielleicht euer Sinn von der Einfalt und Lauterkeit Christus gegenüber abgewandt und verdorben wird.* (2Kor 11,2-3)

Mit der Aussage *„Deshalb bezeuge ich euch am heutigen Tag, dass ich rein bin vom Blut aller; denn ich habe nicht zurückgehalten, euch den ganzen Ratschluss Gottes zu verkündigen"* (Apg 20,26-27) gebraucht

Paulus das alttestamentliche Bild des Wächters auf der Stadtmauer, der für das Blut der Menschen verantwortlich gemacht wurde, weil er versäumt hatte, sie vor fremden Invasoren zu warnen.

Johannes, Jakobus, Petrus, Judas und der Schreiber des Hebräerbriefes warnen ebenfalls ernstlich vor der Gefahr, durch ein falsches Evangelium oder durch den Glauben an einen falschen Christus verführt zu werden.

Paulus warnte und tadelte die Gläubigen

Paulus warnte nicht nur vor falschen Lehrern, sondern er schützte die Gemeinde auch vor internem Streit und davor, in unmoralische, heidnische sexuelle Handlungen zurückzufallen. Aus diesem Grund ermahnt er die Gläubigen in seinen Briefen immer wieder.

Manchmal geht Paulus mit den Korinthern sehr streng um, weil sie sich wie weltlich gesinnte Heiden und nicht wie gehorsame Nachfolger Jesu Christi verhalten. „Diese strengen Zurechtweisungen oder ernsten Warnungen standen jedoch nicht im Widerspruch zu seiner Liebe. Sie entsprangen seiner Liebe.“[4]

Alle geistlichen Leiter haben die heilige Pflicht, diejenigen, die sie leiten, auch zu ermahnen (s. 1Thes 5,12). Paulus sagt zu Titus: *„Dies rede und ermahne und überführe mit allem Nachdruck!“* (Tit 2,15). Ein anderes Mal sagt er: *„Weise sie streng zurecht!“* (Tit 1,13). Timotheus beauftragt er mit den Worten: *„Predige das Wort, … überführe, weise zurecht, ermahne mit aller Langmut und Lehre!“* (2Tim 4,2).

Manchmal müssen die Hirten einer Gemeinde nicht die Schafe, sondern die anderen Leiter und Lehrer zurechtweisen. Wegen der Sünden der Ältesten beauftragt Paulus Timotheus und die Gemeinde: *„Die da sündigen, weise vor allen zurecht, damit auch die Übrigen Furcht haben!“* (1Tim 5,20). Bei einem anderen Anlass wies Paulus in der Gemeinde in Antiochien Petrus und seinen eigenen Mitarbeiter Barnabas zurecht, weil sie auf Kosten des Evangeliums Kompromisse schlossen und die Einheit der Gemeinde gefährdeten.

Petrus, Barnabas und andere jüdische Gläubige hatten nicht mehr mit ihren heidnischen Brüdern und Schwestern gegessen, um die jüdischen Gläubigen aus Jerusalem zu besänftigen (s. Gal 2,11-14). Um das Unheil abzuwenden, das Petrus' Heuchelei auslösen könnte, konfrontierte Paulus seinen Bruder in Christus öffentlich mit seinem falschen Verhalten. Paulus wusste, dass man hier nicht alles geduldig ertragen sollte, sondern dass sofort gehandelt und eine klare, eindeutige Stellung bezogen werden musste.

Zu einer liebevollen Leiterschaft gehört, dass man vor Gefahren warnt, unangemessenes Verhalten korrigiert und Sünde zurechtweist. Anthony Thiselton drückt das so aus: „Das Gegenteil von Liebe ist nicht Korrektur, sondern Gleichgültigkeit."[5] Als christliche Leiter sind wir aufgefordert, zu ermahnen und zurechtzuweisen. Das kann sogar geraume Zeit in Anspruch nehmen, weil es sich um einen wichtigen Teil des Dienstes handelt, der nicht vernachlässigt werden darf, weil Gott dadurch die Menschen vor Sünde und Verführung rettet. Erst im Himmel werden Sie wissen, wie viel Gutes Sie anderen getan haben, weil Sie Menschen wegen ihrer Sünde zurechtgewiesen oder sie vor Irrlehren gewarnt haben.

Als ich Anfang zwanzig war und eine Jugendgruppe mitleitete, konfrontierte ich einen jungen Christen mit der Sünde seines Drogenkonsums. Da ich keinen Erfolg hatte, ging ich zu seinen Eltern. Ein Jahr lang gab es heftigen Streit, und ich wurde falsch beschuldigt. Schließlich durfte ich die Jugendgruppe nicht mehr leiten. Die Eltern, die eine einflussreiche Stellung in der Gemeinde hatten, glaubten den Entschuldigungen und Lügen ihres Sohnes. Es war eine schmerzliche Erfahrung. Ein Jahr später bereute der junge Mann seinen Drogenkonsum und bekannte seinen Eltern alle Lügen, die er über mich und andere, die ihm helfen wollten, erzählt hatte. Dann entschuldigte er sich bei allen, die er verletzt hatte. Später dankte er mir dafür, dass ich ihn auf seine Drogenabhängigkeit angesprochen hatte. Seit dieser Zeit haben wir eine gute Beziehung, und ich bin sein Ratgeber und Freund geworden.

Wir alle wollen von Natur aus unangenehme Begegnungen vermeiden, aber solche Konfrontationen können, auch wenn sie hart sind, das Leben der Menschen, die wir lieben, buchstäblich retten. *„Ich überführe und züchtige alle, die ich liebe"*, sagt der Herr Jesus (Offb 3,19).

In Liebe tadeln und zurechtweisen

Wenn man jemanden zurechtweisen muss, dann soll das liebevoll und weise in der Kraft des Heiligen Geistes geschehen. Obwohl Paulus auch die *„Rute"* der Disziplin benutzte, sagt uns die Heilige Schrift, dass er es vorzog, in *„Liebe und im Geist der Sanftmut"* mit den Gläubigen umzugehen (1Kor 4,21). Er behandelte die Menschen sanft, demütig, freundlich, geduldig und liebevoll (s. 2Kor 6,3-13; 10,1) und warnte sie unter Tränen (s. Apg 20,31). Er herrschte nicht über den Glauben anderer, sondern arbeitete mit ihnen und half ihnen, im Glauben standhaft zu bleiben (s. 2Kor 1,24). Paulus' Briefe zeigen auf vorbildliche Weise, was Diplomatie und Taktgefühl sind. Nur wenn es keine andere Möglichkeit mehr gab, wurde er ernst und drohte. Aber sogar dann tat er es auf eine von Herzen kommende, zärtliche und liebenswürdige Art, die im Neuen Testament einmalig ist.

Wie wir als Leiter andere warnen und korrigieren, ist sehr wichtig. Wenn Sünder andere Sünder zurechtweisen, muss das in Liebe geschehen (s. 1Kor 16,14). Liebloses Ermahnen, Korrigieren und Zurechtweisen wird die Menschen nur verletzen. Dagegen wird eine in Liebe ausgesprochene Ermahnung eher akzeptiert, und das Leben eines Menschen kann zum Guten verändert werden. Beachten Sie also diese grundlegenden Prinzipien, wenn Sie jemanden in Liebe tadeln oder zurechtweisen.

Prüfen Sie Ihre Haltung – besonders Ihren Ärger

Ein bekannter Leiter einer weltweiten christlichen Organisation wurde gefragt, was seine Hauptaufgabe als Leiter dieser Organisation war. Er erwiderte: „Die inneren Haltungen prüfen". Auch wenn er damit die Haltung der Mitglieder dieser Organisation meinte, können wir aus seinen Worten etwas lernen. Bevor wir jemanden zurechtweisen, müssen wir erst unsere eigene innere Haltung prüfen. Das macht den Unterschied zwischen konstruktiver und destruktiver Konfrontation und Zurechtweisung aus.

Haben Sie acht auf Ihren Stolz, Ihre Rachsucht und Ihre Ungeduld, aber hüten Sie sich ganz besonders vor innerem Ärger. Ermahnen und korrigieren Sie nicht, wenn Sie verärgert sind. Warten Sie, bis der Heilige Geist Ihren Ärger unter Kontrolle hat (s. Gal 5,15-23). William Arnot gibt auf diesem Gebiet hervorragende Ratschläge:

> *Auch wenn ein weiser Mensch das Feuer des Zorns spürt, wird er nichts tun, bis er wieder abgekühlt ist. Wenn Ihre Kleider Feuer gefangen haben, dann wickeln Sie sich, wenn möglich, in Decken ein und ersticken so die Flammen: Genauso ist es auch mit Ihrem Herzen, das wegen Ihres Zorns vor Feuer brennt. Löschen Sie zuerst die Flammen, dann können Sie viel besser ein gerechtes Urteil fällen und einen sicheren Kurs einschlagen.*[6]

Denken Sie daran, dass die Liebe sich nicht leicht erbittern lässt. Doch wenn Sie verärgert sind, dann machen Sie sich klar, dass unkontrollierter Ärger die Gefühle aufputscht, die Dinge übertreibt und eine heilige Korrektur verhindert. Im Zorn ist man weniger rational, sondern eher selbstgerecht und geht erbarmungslos mit Menschen um. Laute und heftige Drohworte können im Gedächtnis eines Menschen ein Leben lang haften bleiben. Daher sagt die Bibel: *„Sei langsam zum Zorn! Denn eines Mannes Zorn wirkt nicht Gottes Gerechtigkeit"* (Jak 1,19-20). An anderer Stelle heißt es: *„Ein zorniger Mann erregt Streit, und ein Hitziger ist reich an Vergehen"* (Spr 29,22).

Folgende Verse betonen, dass ein ruhiger und selbstbeherrschter Geist unerlässlich ist, um sich effektiv mit anderen Menschen auseinanderzusetzen:

Da ist ein Schwätzer, dessen Worte sind Schwertstiche; aber die Zunge der Weisen ist Heilung (Spr 12,18).
Wer seine Worte zügelt, besitzt Erkenntnis; und wer kühlen Geist bewahrt, ist ein verständiger Mann (Spr 17,27).
Ein hitziger Mann erregt Zank, aber ein Langmütiger beschwichtigt den Rechtsstreit (Spr 15,18).
Der Langmütige ist reich an Verständnis, aber der Jähzornige trägt Narrheit davon (Spr 14,29).

Wenn Sie einen anderen Gläubigen zurechtweisen müssen, wird eine sanfte, ruhige Stimme die Situation entschärfen, und der Tadel wird leichter akzeptiert:

Eine sanfte Antwort wendet Grimm ab, aber ein kränkendes Wort erregt Zorn (Spr 15,1).
Gelassenheit der Zunge ist ein Baum des Lebens (Spr 15,4).
Durch langen Atem wird ein Richter überredet, und eine sanfte Zunge zerbricht Knochen (Spr 25,15).
Euer Wort sei allezeit in Gnade, mit Salz gewürzt; ihr sollt wissen, wie ihr jedem Einzelnen antworten sollt! (Kol 4,6).

Wenn Sie andere erfolgreich zurechtweisen möchten, dann überprüfen Sie immer zuerst Ihre eigene Haltung und vergewissern Sie sich, dass Sie unter der Kontrolle durch den Heiligen Geist stehen. Bleiben Sie ruhig und selbstbeherrscht, und sprechen Sie barmherzige und freundliche Worte.

Vermeiden Sie vorschnelle Beschuldigungen

Da keiner falsch beschuldigt werden möchte, beginnen Sie eine Auseinandersetzung nicht mit Beschuldigungen. Ihre Anklage könnte ungerechtfertigt sein. Sie kennen vielleicht nicht alle Fakten und könnten im Unrecht sein. Beginnen Sie, indem Sie das Problem erwähnen, und fragen Sie die betroffene Person nach ihrer Meinung.

Eine Beschuldigung ist erst nach sorgfältiger Prüfung und erst dann, wenn echte Beweise vorliegen, angemessen. Wenn Sie jemanden mit Sünde konfrontieren – besonders wenn Sie ihn beschuldigen müssen – halten Sie sich an die goldene Regel: *„Alles nun, was ihr wollt, dass euch die Menschen tun sollen, das tut ihr ihnen auch!“* (Mt 7,12). Da Sie selbst nicht zu Unrecht angeklagt werden wollen, tun Sie das auch nicht mit anderen.

Hören Sie genau zu, stellen Sie viele Fragen, bleiben Sie höflich, reden Sie nicht ununterbrochen und lassen Sie die Menschen wissen, dass Sie sich alle Mühe geben, gerecht zu sein, und dass Sie auch ihre Seite der Geschichte hören möchten.

> *Gott gab uns zwei Augen, zwei Ohren und nur einen Mund. Viele Menschen lernen nie, dass Sie ihre Augen und Ohren immer zweimal so oft benutzen sollten wie ihren Mund. Man kann es auch mit einem Beispiel aus der Elektronik beschreiben: … Augen und Ohren sind dazu da, den Mund zu programmieren. Das Problem bei vielen zwischenmenschlichen Beziehungen ist, dass es zu viele unprogrammierte Gespräche gibt.*[7]

Oder mit den Worten der Heiligen Schrift:

> *Jeder Mensch sei schnell zum Hören, langsam zum Reden, langsam zum Zorn!* (Jak 1,19).
> *Wer Antwort gibt, bevor er zuhört, dem ist es Narrheit und Schande … Im Recht scheint, wer in seiner Streitsache als Erster auftritt, bis sein Nächster kommt und ihn ausforscht* (Spr 18,13.17).

Einem Pastor wurde berichtet, dass der Jugendleiter der Gemeinde bei einem offiziellen Essen mit der Jugendgruppe Alkohol getrunken hatte. Als das die Eltern hörten, verlangten sie, dass der Jugendleiter seine Aufgabe sofort niederlegte, ansonsten würden sie die Gemeinde verlassen. Der Pastor berief eine Versammlung der Ältesten ein. Ein Ältester meinte, dass der junge Mann ermahnt werden sollte;

ein anderer verlangte, dass ein Brief geschrieben und der Jugendleiter mit sofortiger Wirkung entlassen werden sollte, bevor die anderen Gläubigen die Gemeinde verlassen würden. Ein dritter wiederum vermutete, dass der junge Mann Alkoholiker sei. Schließlich hatte jemand die brillante Idee, mit dem Jugendleiter zu sprechen, um zu sehen, was er selbst dazu zu sagen hätte.

Als sie das taten, stellte sich heraus, dass es sich um eine Verwechslung der Person handelte. An diesem Beispiel sehen wir, wie schnell Menschen bereit sind, Anklage zu erheben. Wie schnell wird jemand ohne wirklichen Grund gerichtet, verdammt und verurteilt!

Denken und planen

Bevor Sie handeln, denken Sie erst nach! Überlegen Sie zuerst, was Sie sagen, bevor Sie jemanden zurechtweisen. Freundliche Worte sind ein Segen (s. Eph 4,29), aber harte Worte können verletzen. Die Bibel sagt, dass richtige Worte heilen, während falsche Worte so scharf wie ein Messer sind.

> *Da ist ein Schwätzer, dessen Worte sind Schwertstiche; aber die Zunge der Weisen ist Heilung* (Spr 12,18).
> *Freundliche Worte sind Honig, Süßes für die Seele und Heilung für das Gebein* (Spr 16,24).
> *Tod und Leben sind in der Gewalt der Zunge, und wer sie liebt, wird ihre Frucht essen* (Spr 18,21).
> *Euer Wort sei allezeit in Gnade, mit Salz gewürzt; ihr sollt wissen, wie ihr jedem Einzelnen antworten sollt!* (Kol 4,6).

Darüber hinaus sollten Sie sich genau überlegen, wo und wann Sie jemanden zurechtweisen, damit niemand vor anderen Menschen in Verlegenheit gebracht wird. „*Die Liebe tut dem Nächsten nichts Böses*" (Röm 13,10). Wenn Sie jemanden ermahnen, dann beleidigen oder bringen Sie ihn nicht unnötig in Verlegenheit. Seien Sie nicht wie der Mann, der an der Tür zornig und lauthals den Prediger angriff, als jeder die Gemeinde verließ. Er schockierte und brachte alle in Verlegenheit. Natürlich gibt es auch geeignete Momente für eine öffentliche Zurechtweisung, aber das muss besonders sorgfältig durchdacht werden (s. 1Tim 5,20; Gal 2,14).

Seien Sie geduldig und halten Sie sich an die Bibel

Die Bibel sagt, dass Tadel, Zurechtweisung und Ermahnung *„mit aller Langmut und Lehre"* geschehen müssen (2Tim 4,2). Mit engstirnigen Irrlehren oder sündhaftem Verhalten umzugehen, ist immer eine schwierige Arbeit, zu der man „alle Langmut" braucht. Die Liebe ist langmütig.

Nach 2. Timotheus 4,2 sollte das Tadeln außerdem mit dem Verweis auf die Heilige Schrift geschehen. Ein paar Verse vorher sagt Paulus, dass alle Schrift *„von Gott eingegeben und nützlich zur Überführung [und] zur Zurechtweisung"* ist (2Tim 3,16). Daher ist alles, was zur Warnung und zur Zurechtweisung anderer notwendig ist, durch das Wort Gottes bereits gegeben. Die Schreiber des Neuen Testaments gebrauchten die Schriften des Alten Testaments, um ihre Warnungen und Lehren zu untermauern. Daher sollten auch wir ausschließlich anhand der Bibel ermahnen.

Denken Sie daran, dass die Heilige Schrift Sie für die Aufgabe des Korrigierens genauso zurüsten wird, wie sie das auch bei jedem anderen guten Werk tut (s. 2Tim 3,17). Je besser Sie die Heilige Schrift kennen, desto besser werden Sie Gemeindeglieder, die einen falschen Weg eingeschlagen haben, warnen und zurechtweisen können.

Ich kenne zum Beispiel einen Mann, der mit Alkoholikern arbeitet. Er ermahnt sie, indem er mit ihnen sorgfältig alle Stellen der Bibel über Betrunkenheit studiert und ihnen auch die medizinischen Tatsachen über Alkoholismus aufzeigt. Er hilft ihnen, Gottes Perspektive und die gefährliche und zerstörerische Wirkung des Alkohols zu sehen. Seine Korrektur ist nicht einfach seine Meinung, sondern Gottes Sicht. Die Heilige Schrift gibt seinen Worten Gewicht. Diese Methode lenkt ab von demjenigen, der ermahnt, und richtet den Blick auf Gott und die Bibel. Die gleiche Methode kann auch bei anderen Sünden und Abhängigkeiten angewandt werden.

Seien Sie sanftmütig

Im Vietnamkrieg wurden viele Fehler gemacht, aber man konnte auch einige gute Lektionen lernen. Eine gute Lektion war, als man die Herzen und den Verstand der Vietcong und der nordvietnamesischen Berufssoldaten gewann, weil man ihnen versprach, sie fair, freundlich und großzügig zu behandeln, wenn sie sich ergeben würden. Außerdem wurden ihnen gutes Essen, medizinische Versorgung, Bildung, gute Arbeit und die Möglichkeit, wieder mit ihren Familien zusammenzukommen, zugesagt. Das Programm hieß *Chieu Hoi* (frei übersetzt: „offene Arme"). Das Ziel war, den Feind zur Aufgabe zu ermutigen und seine Denkweise über den Kommunismus zu verändern. Obwohl man mit dem Programm keine fanatischen, kommunistischen Aufständischen gewinnen konnte, kam es doch bei ungefähr 200 000 Kämpfern zur Sinnesänderung. Die Kommunisten nahmen den Erfolg des Programms „offene Arme" ernst und taten alles, um es zu zerstören. Sie fürchteten die Kraft der Freundlichkeit und Großzügigkeit, weil sie letztlich mächtiger als Bomben und Kugeln ist.

Das Neue Testament betont, dass man Menschen sanftmütig behandeln soll, besonders wenn man sie zurechtweist, oder wenn man abgefallene Gläubige ermahnt. Mit Menschen sanftmütig umzugehen, bedeutet, freundlich, herzlich, liebenswürdig und ruhig zu ihnen zu sein - nicht streng oder aggressiv. Als Paulus die Korinther mit einem ernsten Problem konfrontiert, ermahnt er sie *„durch die Sanftmut und Milde Christi"* (2Kor 10,1). Er ermahnt die Gläubigen, einen Christen, der sündigt, im *„Geist der Sanftmut wieder zurechtzubringen"* (Gal 6,1). Er sagt zu Timotheus, dass ein *„Knecht des Herrn"* seine *„Widersacher in Sanftmut zurechtweisen"* soll (2Tim 2,24-25). Der Grund dafür ist, dass Sanftmut die Chance erhöht, dass ein Mensch zur Erkenntnis der Wahrheit kommt: „... *ob ihnen Gott* *nicht etwa Buße gibt zur Erkenntnis der Wahrheit und sie wieder aus dem Fallstrick des Teufels heraus nüchtern werden, nachdem sie von ihm gefangen worden sind für seinen Willen*" (2Tim 2,25-26). Als ein „*Mensch Gottes*" soll Timotheus danach streben, sanftmütig zu sein (1Tim 6,11), wenn er sich mit Menschen und ihren Problemen auseinandersetzen muss.

Wenn Menschen sanftmütig zurechtgewiesen werden, sind sie bereitwilliger, ihre Herzen und ihren Verstand wirklich zu verändern. In einer Gesellschaft, die Konflikte und Zurechtweisung im Allgemeinen vermeidet, ist es umso notwendiger, freundlich und sanftmütig zu sein, wenn man einem Menschen sagt, dass er sich falsch verhält.

Das rechte Maß an Tadel und Ermutigung

Versuchen Sie, Ihren Tadel mit ermutigenden und zuversichtlichen Worten auszugleichen. Genau das tut Paulus in seinen Briefen. Wenn er tadelt, dann ermutigt, tröstet, bestärkt und lobt er auch. Der Bibelausleger Paul Barnett sagt über Paulus' Dienst der Ermutigung: „Dieser wunderbare Hirtendienst der Ermutigung – und gleichzeitig der Ermahnung – ist eine Stärke, die einer näheren Betrachtung wert ist."[8]

Nach dem heftigem Tadel und der Wiederherstellung eines rebellischen Gemeindeglieds versichert Paulus den Geschwistern in Korinth, immer zuversichtlich gewesen zu sein, dass sie das Richtige tun würden.

> *Groß ist meine Freimütigkeit euch gegenüber, groß mein Rühmen über euch; ich bin mit Trost erfüllt, ich bin überreich an Freude bei all unserer Bedrängnis … Ich freue mich, dass ich in allem Zutrauen zu euch habe.* (2Kor 7,4.16)

Als der Vater meines Schwagers unerwartet starb, rief ich diesen an, um ihm mein Beileid auszusprechen und ihn zu fragen, wie es ihm gehe. Über seinen Vater, zu dem er ein sehr herzliches Verhältnis hatte, sagte er: „Ich werde ihn wirklich vermissen. Mein Vater hat mich immer sehr ermutigt." Was für ein wunderbares Lob von einem Sohn! Von solch einem Vater möchte ein Sohn gern zurechtgewiesen werden. Tatsächlich würden die meisten Menschen auf die Kritik einer Person besser reagieren, wenn sie von ihr im Laufe ihres Lebens auch schon ermutigt worden wären. Wenn Sie sich also mit der schlechten Seite eines Menschen auseinandersetzen müssen, dann denken Sie auch an die guten Seiten, und erwähnen Sie alles, was lobenswert ist (s. Phil 4,8). Wenn Sie kein starker Ermutiger sind, werden Sie wahrscheinlich auch ein schwacher Ermahner sein.

Beten

Beten Sie um Weisheit, Mut und Selbstbeherrschung. Beten Sie auch, dass der Herr die andere Person bzw. die anderen Personen darauf vorbereitet, Ihren Tadel anzunehmen. *Wenn Menschen Korrektur nicht annehmen wollen, dann werden sie unweigerlich Sie beschuldigen, sich ihnen gegenüber lieblos zu verhalten.* Sie werden versuchen, den Spieß herumzudrehen, und Ihnen die Schuld geben. Vergewissern Sie sich also, dass Sie Ihr Bestes getan haben, um liebevoll zu handeln. Wenn das geschehen ist, dann sind es die anderen, die nicht in Liebe darauf reagieren.

Der weise König Salomo sagte einmal, dass stolze Spötter Tadel nicht annehmen, sondern diejenigen hassen, die sie zurechtweisen. Die Weisen jedoch freuen sich über Korrektur und lieben diejenigen, die sie ermahnen und unterweisen:

> *Wer den Spötter zurechtweist, holt sich nur Schande; und wer den Gottlosen rügt, holt sich selbst einen Makel. Rüge nicht den Spötter, damit er dich nicht hasst; rüge den Weisen, so wird er dich lieben!* (Spr 9,7-9)

Anmerkungen zu Kapitel 15

1. Hes 3,17-21; 33,7-8.
2. Mt 16,8.11; Mk 8,17-18.32-33; 16,14; Lk 9,41; 12,29.
3. A. B. Bruce, *The Training of the Twelve,* 2. Auflage (1877; aktual. Aufl., Grand Rapids, Mich.: Kregel, 1988), S. 14.
4. Roy B. Zuck, *Teaching as Paul Taught* (Grand Rapids, Mich.: Baker, 1998), S. 104.
5. Anthony C. Thiselton, *The First Epistle to the Corinthians,* NIGTC (Grand Rapids, Mich.: Eerdmans, 2000), S. 1089.
6. William Arnot, *Studies in Proverbs* (1884; aktual. Aufl., Grand Rapids, Mich.: Kregel, 1978), S. 398.
7. Reuel L. Howe, „*The Responsibility of the Preaching Task*“, in: *Preaching: A Journal of Homiletics* 4 (Nov/Dez 1969), S. 10.
8. Paul Barnett, *The Second Epistle to the Corinthians,* NICNT (Grand Rapids, Mich.: Eerdmans, 1997), S. 364.

16

Ungehorsame bestrafen und wieder aufrichten

„Denn wen der Herr liebt, den züchtigt er;
er schlägt aber jeden Sohn, den er aufnimmt.“
(Hebr 12,6)

Ein Mann in einer Gemeinde lebte offen mit der Frau seines Vaters, seiner Stiefmutter, zusammen. Er lebte also in einer inzestuösen Beziehung, und jeder in der Gemeinde wusste davon. Noch schlimmer war allerdings, dass, mit Ausnahme einiger Leute, die Gemeinde keinen Anstoß daran nahm.

Diese Art der verbotenen Beziehung wurde von der römischen und jüdischen Gesellschaft nicht toleriert.[1] Anstatt über die Sünde bekümmert zu sein, war die Gemeinde arrogant. Sie tolerierte eine schwerwiegende Sünde, obwohl sie *„Gottes Tempel“* (1Kor 3,16) und *„Christi Leib“* war (1Kor 12,27). Diese wahre Geschichte können Sie in 1. Korinther 5 nachlesen.

Paulus, der Gründungsmissionar dieser Gemeinde, war kein passiver Leiter. Anstatt abzuwarten, was passieren würde, handelte er sofort und forderte die Gemeinde auf, den Mann aus der Gemeinde auszuschließen:

> *Und ihr seid aufgeblasen und habt nicht etwa Leid getragen, damit der, welcher diese Tat begangen hat, aus eurer Mitte entfernt würde!* (1Kor 5,2)

... einen solchen im Namen unseres Herrn Jesus dem Satan zu überliefern zum Verderben des Fleisches, damit der Geist errettet wird am Tage des Herrn (1Kor 5,5).
Fegt den alten Sauerteig aus (1Kor 5,7).
Nun aber habe ich euch geschrieben, keinen Umgang zu haben, ...
Mit einem solchen nicht einmal zu essen (1Kor 5,11).
Tut den Bösen von euch selbst hinaus! (1Kor 5,13).

Ein scheinbarer Widerspruch

Die Frage, die die meisten Menschen heutzutage beschäftigt, ist: Wie kann Paulus solch eine öffentliche, ernste Gemeindezucht fordern und im selben Brief glühende Worte über die Liebe schreiben (s. 1Kor 13)? Sagt Paulus nicht „*Alles bei euch geschehe in Liebe!*" (1Kor 16,14)? Sagt er nicht, dass die Liebe „*langmütig*" ist und alles „*erduldet*" (1Kor 13,4.7)? Die Antwort auf diesen scheinbaren Widerspruch ist, dass die Liebe sowohl liebevoll als auch streng sein kann.

Die christliche Liebe erfordert Handeln – auch wenn es wehtut –, um einen sündigen Bruder und die ganze Gemeinde zu retten. Die Bibel sagt: „*Denn wen der Herr liebt, den züchtigt er; er schlägt aber jeden Sohn, den er aufnimmt*" (Hebr 12,6). Jesus warnte die lauwarme Gemeinde in Laodicea: „*Ich überführe und züchtige alle, die ich liebe*" (Offb 3,19). Da der Herr seine Kinder liebt, überführt er sie und züchtigt sie manchmal schwer.

Lieben heißt nicht nur glücklich lächeln oder freundliche Worte austeilen. Ob wir wirklich und wahrhaftig lieben, zeigt sich darin, ob wir bereit sind, uns mit denen, die wir lieben, auseinanderzusetzen und sie von Sünde zu überführen. Nichts ist schwerer, als einen Bruder oder eine Schwester in Christus, wenn sie in Sünde gefallen sind, zu bestrafen. Es tut immer weh – und es ist oft unerfreulich, kompliziert und erfolglos; es bedeutet emotionalen Stress und kann zur Trennung führen. Darum vermeiden die meisten Leiter Gemeindezucht um jeden Preis. Aber das hat nichts mit Liebe zu tun! Es fehlt vielmehr an Mut und Gehorsam dem Herrn Jesus Christus gegenüber, der selbst Anweisungen gegeben hat, wie man sich gegenüber einem sündigen Gläubigen zu verhalten hat:

> *Wenn er aber nicht auf sie hören wird, so sage es der Gemeinde; wenn er aber auch auf die Gemeinde nicht hören wird, so sei er dir wie der Heide und der Zöllner! Wahrlich, ich sage euch: Wenn ihr etwas auf der Erde bindet, wird es im Himmel gebunden sein, und wenn ihr etwas auf der Erde löst, wird es im Himmel gelöst sein.* (Mt 18,17-18)

Bestrafung geschieht aus Liebe

Der Apostel, der die wichtigsten und meisten Aussagen über die Liebe machte, äußerte sich auch am meisten über die Gemeindezucht.

> Die Gemeinde in Ephesus wurde von Irrlehrern lebensgefährlich bedroht. Um sie zu retten, bestrafte Paulus die beiden Anführer Hymenäus und Alexander. Über die Bestrafung dieser Männer schreibt Paulus: „*… unter ihnen sind Hymenäus und Alexander, die ich dem Satan übergeben habe, damit sie zurechtgewiesen werden, nicht zu lästern*“ (1Tim 1,20).
>
> Paulus beauftragt Titus und die Gemeinde auf der Insel Kreta: „*Einen sektiererischen Menschen weise nach einer ein- und zweimaligen Zurechtweisung ab*“ (Tit 3,10).
>
> Zu den Christen in Rom sagt Paulus Ähnliches: „*Habt acht auf die, welche entgegen der Lehre, die ihr gelernt habt, Zwistigkeiten und Anstöße zur Sünde anrichten, und wendet euch von ihnen ab!*“ (Röm 16,17).

Im 1. Brief an die Korinther erinnert Paulus die Geschwister daran, dass er ihnen schon früher geschrieben hatte, keinen Umgang mit den unbußfertigen, unmoralischen Gemeindegliedern zu haben. Aber sie hatten ihn missverstanden. Also schreibt er ihnen wieder: „*Nun aber habe ich euch geschrieben, keinen Umgang zu haben, wenn jemand, der Bruder genannt wird, ein Unzüchtiger ist … mit einem solchen nicht einmal zu essen*“ (1Kor 5,11).

Einige Gläubige in der Gemeinde in Thessalonich waren faul und taten nichts. Sie arbeiteten nicht für ihren eigenen Unterhalt, sondern lebten auf Kosten anderer. Paulus befiehlt der Gemeinde, diese Leute zu bestrafen. Die Zukunft der Gemeinde und ihr Zeugnis für die Ungläubigen hingen von dieser praktischen Angelegenheit ab: „*Wir gebieten euch aber, … dass ihr euch zurückzieht von jedem Bruder, der unordentlich … wandelt … Wenn aber jemand unserem Wort durch den Brief nicht gehorcht, den bezeichnet, habt keinen Umgang mit ihm, damit er beschämt wird; und seht ihn nicht als einen Feind an, sondern weist ihn zurecht als einen Bruder!*“ (2Thes 3,6.14-15).

Im 2. Korintherbrief wiederholt Paulus, wie sehr er die Gläubigen liebt. Trotzdem droht er wegen ihres sündigen Verhaltens mit Strafe: „*… und sind bereit, allen Ungehorsam zu strafen*“ (2Kor 10,6). „*Ich habe es im Voraus gesagt und sage es im Voraus, wie das zweite Mal anwesend, so auch jetzt abwesend, denen, die vorher gesündigt haben, und allen Übrigen, dass, wenn ich wiederkomme, ich nicht schonen werde*“ (2Kor 13,2). Doch die Aussicht, Gemeindeglieder zu bestrafen, machte Paulus traurig. Er wollte, dass sie sich selbst beurteilten und wieder zurechtbrachten. Daher ermahnt er sie, zu bereuen und ihr Verhalten zu ändern, bevor er sie wieder besuchte: „*Deswegen schreibe ich dieses abwesend, damit ich anwesend* *nicht Strenge anwenden muss nach der Vollmacht, die der Herr mir gegeben hat zur Erbauung und nicht zur Zerstörung*" (2Kor 13,10).

Hätte Paulus die Korinther nicht geliebt, so hätte er sich von ihnen abgewandt und sie in ihren eigenen Sünden treiben lassen. Stattdessen handelt er. Er konfrontiert, warnt, schreibt, besucht und demütigt sich sogar selbst vor ihnen (s. 2Kor 2,5-10; 12,21). So handelt *„ungeheuchelte Liebe"*, die dem anderen dient (2Kor 6,6).

Die Liebe greift ein, um wiederherzustellen

Echte Liebe bestraft nicht nur, sondern sie heilt auch und stellt wieder her. Das beste Beispiel für erfolgreiche Gemeindezucht und liebevolle Wiederherstellung im Neuen Testament wird im 2. Korintherbrief beschrieben, der uns einen kleinen Einblick in das liebevolle Herz eines der größten Diener Gottes gibt. Das Leid, die Qual und die Tränen, die Paulus wegen der Sünde und des Ungehorsams der Gemeinde selbst durchlebte, sind Teil des Preises, den ein liebevoller Leiter bei der Züchtigung und Wiederherstellung bezahlt. Doch beginnen wir von vorn:

Nachdem Paulus den 1. Korintherbrief geschrieben hatte, erreichten ihn weitere Nachrichten über die immer schlechter werdende Lage in dieser schwierigen Gemeinde. Daraufhin reiste Paulus von Ephesus, wo er lebte, zu einem kurzen seelsorgerlichen Besuch nach Korinth. Aber der Besuch wurde eine Katastrophe. Bibellehrer nennen diesen Besuch den „schmerzlichen Besuch".[2]

Als er in Korinth ankam, widersetzte sich jemand, der nicht mit Namen genannt wird, den Ermahnungen des Paulus', beleidigte und demütigte ihn.[3] Aber noch schlimmer war, dass die Gemeinde sich weigerte, sich auf Paulus' Seite zu stellen und den Betroffenen zu bestrafen. Das belastete die Beziehung zwischen Paulus und den Korinthern enorm. Es musste etwas geschehen.

Der Tränenbrief

Nachdem er nach Ephesus zurückgekommen war, schrieb Paulus einen sorgenvollen Brief an die Gemeinde und drängte sie dazu, etwas gegen den Täter zu unternehmen und ihr eigenes verkehrtes Verhalten zu beurteilen. Dieser Brief ist verloren gegangen und steht nicht im Neuen Testament. Bibellehrer nennen ihn den „Tränenbrief".[4]

Im 2. Korintherbrief offenbart Paulus, dass er den Tränenbrief geschrieben hat, damit die Korinther die *„Liebe erkennen"*, die er zu ihnen hat:

> *Denn aus viel Bedrängnis und Herzensangst schrieb ich euch [im Tränenbrief] mit vielen Tränen, nicht um euch traurig zu machen, sondern* ***damit ihr die Liebe erkennt, die ich besonders zu euch habe.*** (2Kor 2,4)

Paulus schrieb den Tränenbrief nicht, um sich für das Leid, das sie ihm zugefügt hatten, zu rächen, sondern er wollte ihnen zeigen, wie sehr er sie liebte. Liebe, und nicht ungeduldiger Zorn, drängte ihn dazu, die Gemeinde mit ihrer moralischen Oberflächlichkeit zu konfrontieren. Indem er sie damit konfrontierte und ihnen schrieb, bewies er, dass er sie wirklich liebte. Seine *„Tränen"* waren die Tränen eines liebenden Vaters, der mit seinen geliebten Menschen streng umgehen, ja ihnen sogar Schmerzen zufügen muss. Bestrafung und Zurechtweisung fielen Paulus genauso wenig leicht wie uns.

Obwohl es ein sehr ernster Brief war, wirkte er. Als Antwort auf den Tränenbrief bereuten die meisten in der Gemeinde ihr Verhalten und bestraften die betreffende Person.[5]

Diese Bestrafung hatte wiederum die Buße des Mannes zur Folge. Jetzt entstand ein weiteres Problem: Was sollte die Gemeinde mit ihm tun? Wieder weiß Paulus ganz genau, was zu tun ist: Die Gemeinde muss vergeben und ihn wieder in die liebevolle Gemeinschaft aufnehmen. Paulus drängt mit derselben Kraft darauf, zu vergeben und zu ermuntern, mit der er vorher die Bestrafung gefordert hatte.[6]

Bekräftigende Liebe

Die Liebe heilt die leidende Seele wie keine andere Medizin. Hier sehen wir ein lebendiges Beispiel von 1. Korinther 13. Paulus fordert die Gemeinde auf, dem bußfertigen Gemeindeglied zu vergeben und ihn zu trösten (s. 2Kor 2,7). Die Wiederherstellung des reuigen Sünders ist für die Gemeinde genauso wichtig wie die Bestrafung.

Phillip Hughes sagt treffend:

> *Einem reuigen Sünder alle Hoffnung zu nehmen, wieder in die vertraute und sichere Gemeinschaft aufgenommen zu werden, ist genauso skandalös, wie unverhohlene Sünde im Leib Christi ungestraft zu lassen.*[7]

Man sollte nicht nur vergeben und trösten, sondern auch Liebe zeigen. Paulus schreibt mitfühlend: „*Darum ermahne ich euch, zu beschließen, ihm gegenüber Liebe zu üben*" (2Kor 2,8). Er möchte nicht, dass sich der bußfertige Mann über die Liebe der Gemeinde Sorgen machen muss. So fordert er die Gemeinde auf, ihre Liebe deutlich zum Ausdruck zu bringen, wahrhscheinlich durch einen öffentlichen Beschluss.[8] Wie der Vater, der seinem verlorenen Sohn freudig entgegenlief, um ihn mit offenen Armen zu begrüßen (s. Lk 15,11-32), muss auch die Gemeinde ihren traurigen Sohn mit Vergebung, Trost und Liebe willkommen heißen.

Die Liebe in Verbindung mit Bestrafung und Wiederherstellung

Wie Paulus mit den Korinthern umging, zeigt, dass erzieherische Gemeindezucht und Wiederherstellung von der Liebe nicht zu trennen sind. Das trifft in vielerlei Hinsicht zu.

Erstens: Die Liebe zum Herrn Jesus Christus drängt uns dazu, erzieherische Maßnahmen zu ergreifen. Gemeindezucht ist ein Gebot

Christi (s. Mt 18,15-20), und die Liebe gehorcht seinen Geboten: *„Wenn ihr mich liebt, so werdet ihr meine Gebote halten“* (Joh 14,15). Also ist Gemeindezucht ein Kennzeichen der Liebe zu Christus.

Zweitens: Die Liebe empfindet moralische Entrüstung über das Böse und dessen sinnlose Vernichtung der geliebten Menschen. Die Liebe verabscheut alles Böse und hält am Guten fest (s. Röm 12,9). Die Liebe nennt das Böse nicht gut und das Gute nicht böse (s. Jes 5,20). *„Die ihr den Herrn liebt, hasst das Böse!“*, sagt der Psalmist (Ps 97,10). Die Liebe verharmlost weder den Ernst der Sünde und seine korrupte Macht, noch schmälert sie die Norm für richtig und falsch. Daher können liebevolle Leiter sündigen Gemeindegliedern gegenüber nicht gleichgültig bleiben. Sie müssen reagieren, zurechtbringen und retten. Züchtigung ist ein Kennzeichen liebevoller Leiterschaft.

Gemeindezucht ist keine mittelalterliche, schändliche Tat. Jede verantwortungsbewusste Gesellschaft hat ein Bestrafungssystem, um sich vor dem gesetzlosen Verhalten seiner Mitglieder zu schützen. Das trifft auf die Polizei, das Militär, juristische und medizinische Organisationen wie auch auf die Welt der Politik und Unternehmen zu.

Mit Sünde muss man sich immer auseinander setzen (entweder persönlich oder gemeinsam), weil sie von Natur aus vernichten will: *„Denn der Lohn der Sünde ist der Tod“* (Röm 6,23). Daher fordert Gott zum Wohl aller Gemeinden und des reulosen Sünders eine heilsame Gemeindekorrektur. James Denny sagt treffend: „Gemeindezucht ist das Werkzeug der Liebe Gottes. In dem Augenblick, da die sündige Seele es akzeptiert, fängt die erlösende Kraft zu wirken an.“[9]

Drittens: Christen sollen sich mit einer unvergleichlichen Geschwisterliebe lieben. Welche Geschwisterliebe schaut untätig zu, wenn ein Familienmitglied in Sünde fällt oder von der Familie abirrt? Daher fordert Jakobus die Gläubigen auf, den irrenden Bruder oder die irrende Schwester zu retten. Er schließt seinen Brief mit der Aussage: Wenn ein Bruder oder eine Schwester *„von der Wahrheit abirrt und jemand ihn [oder sie] zurückführt“* zur Wahrheit, dann hat er etwas Gutes getan, sodass er *„dessen Seele vom Tode retten und* *eine Menge von Sünden bedecken wird*" (Jak 5,19-20). Wir sind unsres „*Bruders Hüter*" (1Mo 4,9). Züchtigung und Wiederherstellung sind ein selbstloser Akt der brüderlichen Liebe.

Viertens: Die Liebe zeigt, wie man Gemeindezucht und Wiederherstellung richtig ausführt. Die Liebe ist geduldig und freundlich; die Liebe ist mitfühlend; sie hat Mitleid mit dem Elend des reulosen Sünders; sie versucht, den Schmerz zu lindern und vor dem Tod zu retten. Liebende Hände sind heilende Hände, sie sind zärtlich und streng zugleich (siehe Kapitel 15 und 17 für praktische Vorschläge, wie man mit schwierigen Situationen und Menschen in Liebe umgeht). Wenn wir daher einen sündigen Bruder oder eine Schwester durch liebevolle Bestrafung wieder auferbauen, dann tragen wir, mit den Worten der Schrift, „*des anderen Last*" und erfüllen so „*das Gesetz des Christus*" (Gal 6,2).

Die Liebe in Verbindung mit dem Richten

In der Bergpredigt sagt Jesus: „*Richtet nicht, damit ihr nicht gerichtet werdet!*" (Mt 7,1). Dieser Vers ist zu einem modernen Slogan geworden. Selbst Menschen, die noch nie in der Bibel gelesen haben, kennen diesen Vers. Für sie ist das der Beweis dafür, dass Jesus Toleranz lehrte, unvoreingenommen und undogmatisch war, niemanden verdammen und niemals richten würde. Leider missbrauchen auch einige Gläubige diesen Vers. Sie sagen, dass wir kein Recht dazu haben, Gemeindezucht zu üben, andere Menschen zu beurteilen oder über das Verhalten oder den Glauben einer anderen Person etwas Negatives zu sagen! Dabei werden Jesu Worte allerdings missbraucht.

Jesus verbietet nicht grundsätzlich jedes Richten, das wäre absurd. Wenn er das täte, hätte er sich selbst verurteilt, weil niemand die Pharisäer und die Schriftgelehrten mehr kritisierte als er. Im gleichen Kapitel fordert er seine Jünger auf, zu beurteilen, ob ein Lehrer ein echter Lehrer der Wahrheit oder nur ein Wolf in Schafskleidern ist

(s. Mt 7,15-20). Wir sollen unsere Augen vor falschem Verhalten oder vor Irrlehren nicht einfach verschließen, sondern lernen, zu unterscheiden. In Johannes 7,24 sagt uns Jesus: *„Richtet nicht nach dem Anschein, sondern richtet ein gerechtes Gericht."*

Was Jesus in Matthäus 7,1-6 verbietet, ist sündhaftes, unangemessenes Richten. Es ist das heuchlerische Verdammen anderer Menschen und das gleichzeitige Ignorieren der eigenen Sünde. Jesus verbietet selbstgerechte Kritik, einen übertriebenen Kritikgeist und eine erbarmungslose, nörglerische Geisteshaltung. Das Verhalten der Pharisäer und Schriftgelehrten war stolz und selbstgerecht. Ihr Urteil war unerbittlich und unbarmherzig; ihre eigenen sündigen Herzen hingegen hatten sie nicht gerichtet.

In Vers 2 warnt Jesus davor, dass in dem Maß, wie wir andere richten (und das werden und müssen wir), auch wir wieder von anderen gerichtet werden, besonders von Gott: *„Denn mit welchem Gericht ihr richtet, werdet ihr gerichtet werden, und mit welchem Maß ihr messt, wird euch zugemessen werden."* Jene, die andere gnadenlos richten, werden die gleiche Behandlung erfahren. Aber alle, die demütig, freundlich und barmherzig sind, werden genauso gerichtet werden.

In Vers 3 fragt Jesus die heuchlerischen Pharisäer: *„Was aber siehst du den Splitter, der in deines Bruders Auge ist, den Balken aber in deinem Auge nimmst du nicht wahr?"* (Mt 7,3). Es ist einfach, die kleinen Sünden und Fehler bei den anderen zu sehen, aber die eigenen Sünden, die viel schlimmer sind und Gott noch mehr abstoßen, zu übergehen. Solch ein Richten anderer ist Heuchelei! *„Heuchler, zieh zuerst den Balken aus deinem Auge! Und dann wirst du klar sehen, um den Splitter aus deines Bruders Auge zu ziehen"* (Mt 7,5).

Wie man andere richtig beurteilt

Es ist kein Fehler, wenn man einem Menschen dabei helfen will, von seinen Sünden loszukommen. Die Liebe sucht das Gute in allem, was man liebt; und da ein Splitter im Auge schmerzt, muss er entfernt werden. Aber Jesus sagt, dass wir zuerst die Balken der Selbstgerechtigkeit, des Stolzes, des Zorns und der Heuchelei in unserem eigenen Leben entfernen sollen. Erst dann können wir anderen wirklich helfen. Jesus ermahnt, zuerst sich selbst zu richten und die eigenen Sünden zu erkennen. Nur wenn Sie sich selbst ehrlich geprüft haben, werden Sie in der Lage sein, andere klar zu beurteilen: *„Dann wirst du klar sehen, um den Splitter aus deines Bruders Auge zu ziehen"* (Mt 7,5). Ein Richten im Sinne Gottes muss in Demut und mit einem reinen Herzen geschehen.

Jesus sagt abschließend: *„Gebt nicht das Heilige den Hunden; werft auch nicht eure Perlen vor die Schweine, damit sie diese nicht etwa mit ihren Füßen zertreten und sich umwenden und euch zerreißen!"* (Mt 7,6). Nachdem Jesus seine Jünger ermahnt hat, nicht so wie die Heuchler zu richten, warnt er sie vor der anderen Gefahr – nämlich davor, unkritisch und naiv zu sein. So sollen auch wir uns gegenüber Menschen, die die wunderbaren Wahrheiten des Evangeliums aufs Äußerste ablehnen, nicht töricht verhalten. In manchen Situationen ist es sogar angebracht, solchen Menschen das Evangelium nicht zu sagen. Genau so verhielt Jesus sich bei König Herodes (s. Lk 23,9).[10]

Dadurch sollen die Gemeinde und das Evangelium vor Leuten geschützt werden, die sich hinsichtlich der herrlichen Wahrheit des Christentums wie Hunde und Schweine verhalten. Solche Menschen sind Gegner, die die Wahrheit hassen. Alles, was sie wollen, ist, diese Wahrheit und die Menschen, die sie verkündigen, zu vernichten! Christen sollen daher aufmerksam sein; das heißt, sie sollen die Menschen richtig einschätzen können.

Die Heilige Schrift verlangt, dass die christliche Leitung und Lehre moralisch und geistlich sorgfältig geprüft werden. Das Evangelium wäre in der Welt verloren gegangen, und die Gemeinde hätte sich schon längst an die weltliche Gesellschaft angepasst, wenn wir nicht zwischen Wahrheit und Irrtum, zwischen Christus und Satan kritisch unterscheiden würden. Daher befiehlt uns die Schrift: *„Geliebte, glaubt nicht jedem Geist, sondern prüft die Geister, ob sie aus Gott sind! Denn viele falsche Propheten sind in die Welt hinausgegangen"*

(1Jo 4,1). Jesus Christus lobt die Gemeinde in Ephesus aufrichtig, weil sie das Böse nicht ertragen und die Werke der Nikolaiten gehasst hat, die auch Jesus hasste (s. Offb 2,2.6). Die Liebe verabscheut Lügen und Falschheit, weil beides den Menschen zerstört.

Christus fordert auch, dass die Gemeinden unmoralisches Verhalten unter ihren Gläubigen richten, damit sie sich nicht der unmoralischen Welt anpassen. Das war eines der Probleme in der Gemeinde in Korinth: Sie richteten nicht die reulosen Sünder in ihrer Mitte (s. 1Kor 5,12).

Daher ordnen Christus und seine Apostel an, dass sündiges Verhalten oder Irrlehren unter den Gläubigen gerichtet werden sollen. Das soll nicht selbstgerecht geschehen, sondern demütig, freundlich und in der Furcht vor dem Herrn. Wie Jesus sagt: *„Richtet das gerechte Gericht“* (Joh 7,24). Denken Sie an die Warnung des Paulus': *„Gib auf dich selbst acht, dass nicht auch du versucht wirst!“* (Gal 6,1).

Liebe und Toleranz

Paulus' Anweisungen an die Christen in Korinth, ein Gemeindemitglied wegen sexueller Sünde zu richten und aus der Gemeinschaft auszuschließen, halten zeitgenössische, weltlich gesinnte Menschen für erbarmungslos, weil die körperlichen und emotionalen Bedürfnisse des Paares nicht berücksichtigt werden. Diese Menschen glauben, dass hier der Lebensstil eines anderen Menschen vorschnell beurteilt werde, dass Gemeindezucht lieblos und intolerant sei und Trennungen verursache. Solch eine Reaktion ist verständlich, wenn man berücksichtigt, dass an der Welt orientierte Menschen Gottes moralischen Absolutheitsanspruch, wie ihn die Heilige Schrift offenbart, ablehnen. Sie halten sich an die Philosophie des moralischen Relativismus, nach dem es keine universellen moralischen Prinzipien gibt und alle moralischen Überzeugungen nur eine Frage unserer gesellschaftlichen und kulturellen Normen sind. Sie definieren Toleranz neu und meinen damit nicht nur Respekt und Nachsicht bei Meinungsverschiedenheiten, sondern auch

Zustimmung und Akzeptanz der moralischen und religiösen Überzeugungen anderer Menschen.

Daher halten einige Paulus' Gebot, Gemeindezucht zu üben, für herzlos und intolerant. Leider denken auch einige Christen ähnlich, obwohl sie sagen, dass sie an die Wahrheit des Evangeliums glauben und die göttliche Autorität der Heiligen Schrift akzeptieren. Sie wollen die Aussagen zur Gemeindezucht nicht akzeptieren und den biblischen Grundsätzen nicht folgen. Christen, die in einem Meer weltlicher Gesinnung und im Relativismus leben, wo Gott verachtet und die Bibel angeklagt wird, können wahrhaftige Toleranz und Liebe, so wie Gott diese Begriffe definiert, nur durch die Erneuerung ihres Denkens verstehen, indem sie sich ganz vom Wort Gottes durchdringen lassen (s. Röm 12,2; Joh 17,17).

Was also versteht Gott unter Toleranz? Was sagt sein Wort über dieses Thema?

Die Toleranz der Liebe

Wahrhaftige christliche Liebe ist in dem Sinn tolerant, dass sie gegenüber Andersdenkenden nachsichtig und freundlich ist. Paulus erinnert die Gläubigen daran, wie wichtig es ist, einander mit aller Langmut (oder Toleranz) in Liebe zu ertragen (s. Eph 4,2). Ohne richtig verstandene Toleranz wäre ein Zusammenleben in der Ehe, Gemeinde, Familie und in der Gesellschaft nicht möglich.

Christliche Liebe ist auch in der Hinsicht tolerant, dass sie demütig über sich selbst und ihre Erkenntnis denkt. Sie ist nicht arrogant oder überheblich. Sie ist bei Meinungsverschiedenheiten nicht sofort verärgert. Sie vergibt und hegt keinen Groll. Darüber hinaus fordert christliche Liebe uns auf, unseren Feinden Gutes zu tun; sogar denen, die uns intolerant nennen, weil wir glauben, dass Jesus Christus der einzige und wahre Erlöser der Welt ist. Christliche Liebe verbietet, jene zu verspotten oder zu verachten, die eine andere Meinung haben als wir. Stattdessen sagt die Liebe: *„Alles nun, was ihr wollt, dass euch die Menschen tun sollen, das tut ihr ihnen auch!"* (Mt 7,12).

Wenn wir denen, die unseren Glauben ablehnen oder unserem Glauben gegenüber feindselig eingestellt sind, Christus bezeugen, dann sagt die Bibel: *„Euer Wort [zu dem Ungläubigen] sei allezeit in Gnade, mit Salz gewürzt“*, und: *„Seid aber jederzeit bereit zur Verantwortung jedem gegenüber, der Rechenschaft von euch über die Hoffnung in euch fordert, aber mit Sanftmut und Ehrerbietung!“* (Kol 4,6; 1Petr 3,15-16). Christen dürfen diejenigen, die eine andere Meinung haben, nicht hassen. Wir lieben sie und beten für sie. Wir versuchen, sie von der Wahrheit des Evangeliums zu überzeugen, jedoch mit Verstand, sanft und mitfühlend.

Christen wissen, dass alle Menschen nach dem Bild Gottes geschaffen wurden und in Gottes Augen wertvoll sind; daher sollen alle Menschen mit Respekt und Liebe behandelt werden. Wie Paulus sagt: *„Eure Milde* [oder ‚sanfte Nachsicht‘] *soll allen Menschen* [besonders den Ungläubigen] *bekannt werden“* (Phil 4,5).

Die Intoleranz der Liebe

Christliche Liebe darf aber auch intolerant sein. Sie ist nicht tolerant, wenn es darum geht, Unmoral oder Unwahrheit – das Wort Gottes definiert das genau – zu billigen oder zu akzeptieren. Die Liebe kann nicht gegenüber Dingen tolerant sein, die das menschliche Leben zerstören oder die Lügen über das Evangelium verbreiten. Die Liebe bricht nicht das Gesetz, sondern *„die Liebe ist die Erfüllung des Gesetzes“* (Röm 13,10). Die Liebe *„freut sich nicht über die Ungerechtigkeit, sondern sie freut sich mit der Wahrheit“* (1Kor 13,6).

Tatsache ist, dass niemand allen Dingen gegenüber tolerant ist. *Toleranz* an sich ist ein neutrales Wort. Ob etwas für gut oder für schlecht gehalten wird, hängt davon ab, wen oder was man toleriert. Sogar diejenigen, die am lautesten nach Toleranz schreien, sagen, dass sie „null Toleranz“ bei sexuellem Missbrauch von Kindern, Vergewaltigung und Rassendiskriminierung haben – und das sollten sie auch. Trotz ihrer Behauptung, dass sie moralische Relativisten seien, haben sie moralische Prinzipien und sind bereit, dafür zu kämpfen.

Sie sind mehr als bereit, am Arbeitsplatz und per Gesetz all jene hart zu bestrafen, die diese moralischen Prinzipien verletzen.

Ironischerweise ist der sogenannte säkulare Relativismus ziemlich intolerant gegenüber denen, die nicht mit ihrer Philosophie der Wahrheit und ihren ideologischen Überzeugungen übereinstimmen. Zahlreiche Bücher und Artikel, sowohl aus der säkularen als auch aus der religiösen Perspektive, haben die Arroganz und Heuchelei des Toleranzbegriffs der Relativisten aufgedeckt.[11] A. J. Conyers schreibt: „Offensichtlich hat sich die moderne Vorstellung von der Toleranz gegen sich selbst gerichtet, denn sie hat mehr Fanatismus hervorgebracht als irgendetwas, was sie auszurotten versuchte."[12]

Tatsächlich wird das Wort *Toleranz* als Knüppel gebraucht, um Menschen, die nicht vor dem moralischen und religiösen Relativismus auf die Knie fallen, einzuschüchtern und ins Abseits zu drängen. Das Wort selbst wird eigentlich dazu benutzt, um die Intoleranz gegen alle Gegner des säkularen Relativismus und ähnlich Denkende zu fördern. C.S. Lewis beklagte, dass die sogenannten undogmatischen und toleranten Menschen ihm gegenüber am intolerantesten und härtesten waren.[13] Diese neue Toleranz sieht den Splitter der Intoleranz im Auge des anderen, aber nicht den eigenen Balken der Intoleranz, des Dogmatismus, des Stolzes, des Absolutismus, der Diskriminierung, des Autoritarismus und der Lieblosigkeit.

Im Gegensatz dazu glauben bibeltreue Christen, dass Gott allgemeingültige, objektive moralische Gebote gegeben hat und dass er die höchste Autorität ist, vor der sich einmal alle Menschen rechtfertigen müssen. Wenn also ein bekennender Gläubiger immer wieder Gottes moralische Gebote verletzt und es trotz Ermahnung ablehnt, Buße zu tun, dann verlangt Gott, dass er in Liebe zurechtgewiesen und bestraft wird.

Es ist nicht intolerant, unmoralisches sexuelles Verhalten zu bestrafen. Es ist nicht intolerant, Lügen aufzudecken oder Irrlehren zu kritisieren. Es ist nicht intolerant, sich an moralische Überzeugungen und an die Wahrheit zu halten. Die Welt tut das auch. Die weltlich gesinnten Menschen halten an bestimmten moralischen

Überzeugungen fest. Wenn man sich also weigert, einen Gläubigen im Namen der Toleranz und der Liebe einer Sünde oder der falschen Lehre zu überführen, dann ist das letztlich eine falsche Toleranz und eine Verzerrung der Liebe.

Paulus liebte die Gläubigen in Korinth, also griff er hinsichtlich der Gemeindezucht entschieden durch. Er hatte nichts Böses im Sinn und war auch nicht intolerant. Die Situation verlangte es, dass sofort Strafmaßnahmen ergriffen wurden, um die Gemeinde vor moralischer und geistlicher Korruption zu retten (s. 1Kor 5,6-8). Toleranz ist nicht immer angebracht. Es ist möglich, dass man falschen Dingen gegenüber tolerant ist. Es ist möglich, etwas zu tolerieren, was Gott nicht toleriert. Toleranz ist nicht die höchste Tugend. Tatsache ist, dass eine falsche, aufgeblasene Sicht der Toleranz eine Gemeinde oder Nation vernichten wird.

Paulus bestrafte den in Unmoral lebenden Mann und forderte die Gemeinde aus Liebe auf, dasselbe zu tun. Paulus konnte das unmoralische Verhalten des Mannes nicht tolerieren, weil er Gott, die Wahrheit, die Gemeinde und auch den Sünder liebte. Nur aufgrund dieser strengen Bestrafungsmaßnahme - und nicht etwa wegen der Lustlosigkeit und Toleranz der Gemeinde - bekam das sündige Gemeindeglied wieder Hoffnung und Hilfe, damit sein *„Geist errettet wird am Tag des Herrn“* (1Kor 5,5).

Anmerkungen zu Kapitel 16

1. 3Mo 18,8; 20,11; 5Mo 22,30; 27,20.
2. 2Kor 2,1; 12,14.21; 13,1-2.
3. 2Kor 2,5-10; 7,12.
4. Einige Bibellehrer halten den 1. Korintherbrief für diesen Tränenbrief; doch die meisten Bibelgelehrten heutzutage glauben, dass er zwischen dem 1. und 2. Korintherbrief geschrieben wurde und verloren gegangen ist.
5. 2Kor 2,5-10; 7,11-12.15.
6. Paul Barnett, *The Second Epistle to the Corinthians,* NICNT (Grand Rapids, Mich.: Eerdmans, 1997), S. 127.
7. Philip Hughes, *Paul's Second Epistle to the Corinthians,* NICNT (Grand Rapids, Mich.: Eerdmans, 1962), S. 66f.
8. Das griechische Verb für „beschließen" *(kyrosai)* ist ein Rechtsbegriff und bedeutet: etwas „bestätigen" oder „ratifizieren". Gemeint ist damit der Beschluss, den Mann nach der Gemeindezucht wieder in die brüderliche Gemeinschaft aufzunehmen.
9. James Denny, *The Second Epistle to the Corinthians,* The Expositor's Bible (New York: Funk&Wagnalls, 1900), S. 75.
10. Mt 10,14; 15,14; Apg 13,44-51; 18,5-6; 28,17-28.
11. Zum Thema der säkularen liberalen Toleranz gibt es das leicht verständliche Buch von Josh McDowell und Bob Hostetler, *Die Neue Toleranz* (Bielefeld: CLV, 2001). Für eine tiefergehende Betrachtung zum Thema der neuen Toleranz siehe Brad Stetson und Joseph G. Conti, *The Truth about Tolerance: Pluralism, Diversity, and the Culture Wars* (Downers Grove, Ill.: InterVarsity, 2005).
12. A. J. Conyers, zitiert in Stetson und Conti, *The Truth about Tolerance,* S. 113.
13. Lyle W. Dorsett, *Seeking the Secret Place: The Spiritual Formation of C. S. Lewis* (Grand Rapids, Mich.: Brazos Press, 2004), S. 77.

17

Konflikte nach dem „noch besseren Weg" lösen

„Die Liebe bedeckt eine Menge von Sünden."
(1Petr 4,8)

Die erste Sünde, von der uns nach Adams und Evas Ungehorsam im 1. Buch Mose berichtet wird, ist Kains Mord an seinem Bruder Abel. Seitdem bringen die Menschen sich gegenseitig um. Der Krieg unter den Menschen ist eine der schrecklichen Folgen des Sündenfalls, und unsere Geschichte ist von endlosen Kriegen und Auseinandersetzungen gekennzeichnet.

Leider trifft das auch auf die Geschichte des Christentums zu. Das Schlimme dabei ist, dass es bei unseren Auseinandersetzungen noch nicht einmal um wichtige Angelegenheiten geht, wie falsche gegen biblische Lehre oder liberale gegen konservative Ansichten. Bibelgläubige Gemeinden, die in 95% aller lehrmäßig fundamentalen Lehrfragen übereinstimmen, kämpfen und streiten wegen unbedeutender Dinge. Der jüdische Philosoph Benedictus de Spinoza machte folgende traurige Beobachtung bei Christen und ihren Auseinandersetzungen:

> *Ich habe mich schon oft darüber gewundert, dass Menschen, die mit ihrem christlichen Glauben prahlen, nämlich mit Liebe, Freude, Friede, Selbstbeherrschung und Wohltätigkeit gegenüber allen Menschen, sich gegenseitig so feindselig bekämpfen und sich täglich bitter hassen, sodass dies eher ein Kennzeichen ihres Glaubens ist, als die Tugenden, die sie bekunden.*[1]

Eine der erfolgreichsten Strategien Satans, um Gemeinden zu schwächen und kraftlos zu halten, sind innergemeindliche Auseinandersetzungen und unbereinigte Konflikte. *Bei diesem Thema geht es für unsere Gemeinden um Leben und Tod.* Christliche Leiter werden daher nicht nur mit vielen Konflikten konfrontiert, sondern sie müssen sie auch nach biblischen Prinzipien lösen.

Wie die Liebe mit Konflikten umgeht

Es ist kein Fehler, wenn Christen unterschiedlicher Meinung sind und sich gegenseitig von der Richtigkeit ihrer Meinung zu überzeugen versuchen. Falsch jedoch ist ein liebloser Streit, der in Hass und Bitterkeit endet. *„Wenn ihr aber einander beißt und fresst, so seht zu, dass ihr nicht voneinander verzehrt werdet"* (Gal 5,15). *Als Leiter müssen Sie in der Lage sein, die Prinzipien der christlichen Liebe zu lehren, mit deren Hilfe Konflikte abgebaut, entschärft und geheilt werden können.* Bevor Sie jedoch diese Prinzipien anderen beibringen, müssen Sie sie zuerst selbst kennen und in Ihrem eigenen Leben anwenden.

In seinem Buch *The Mark of the Christian (Das Kennzeichen des Christen)* sagt Francis Schaeffer aufgrund seiner jahrelangen Erfahrung, dass es bei vielen Konflikten nicht um das eigentliche Thema geht, sondern um die Wortwahl, die Taten und die Äußerungen während des Streits:

> *Eines habe ich bei Auseinandersetzungen* unter wahren Christen *in vielen Ländern beobachtet: Was wahre Christen voneinander trennt und scheidet – und es hinterlässt Bitterkeit, die 20, 30, 40 Jahre (oder 50 oder 60 Jahre im Gedächtnis eines Sohnes oder einer Tochter) anhalten kann – ist nicht in erster Linie die Lehre oder der Glaube, die zum Streit führten. Es ist immer der Mangel an Liebe – und die hässlichen Dinge, die von wahren Christen im Streit gesagt werden.*[2]

Die Liebe fördert Tugenden, die vereinen (Geduld, Freundlichkeit, Demut, Vergebung) und verbietet die vielen schlechten Eigenschaften, die zum Streit führen und Uneinigkeit verstärken (Eifersucht, Arroganz, Egoismus, Unversöhnlichkeit). Es ist kein Wunder, dass Paulus auf den *„noch besseren Weg“* der Liebe hinweist, um die Konflikte unter den Christen in Korinth zu lösen. Die fünfzehn Aussagen, die die Liebe beschreiben, sollten im Blick auf mögliche Konflikte in der Gemeinde gelesen werden (s. 1Kor 13,4-7).

Die Liebe steht unter der Kontrolle durch den Heiligen Geist

Bei der Konfliktbewältigung sollte man immer zuerst an das Wichtigste denken: Verlieren Sie nicht die Kontrolle, sondern lassen Sie sich vom Heiligen Geist lenken![3] Lassen Sie sich nicht vom Fleisch und dem Teufel beherrschen. Das Fleisch erzeugt nur Zwietracht und Zorn und ruft Spaltung hervor: *„Offenbar aber sind die Werke des Fleisches; es sind: … Feindschaften, Streit, Eifersucht, Zornausbrüche, Selbstsüchteleien, Zwistigkeiten, Parteiungen, Neidereien“* (Gal 5,19-21). Wenn Sie jedoch vom Heiligen Geist kontrolliert werden, dann werden Sie liebevoll und selbstbeherrscht sein. Sie werden freundlich, gütig, geduldig und friedliebend sein (s. Gal 5,22-23). Ein vom Geist geführter Leiter wird Konflikte nach dem *„noch besseren Weg“* lösen.

Die Liebe kontrolliert die zerstörende Macht des Zorns

Hüten Sie sich in jedem Konflikt vor Zorn (s. Eph 4,26-27). Unkontrollierter Zorn tötet die Liebe und trennt Menschen. Hüten Sie sich besonders vor bösen Worten, die nur die Gefühle aufstacheln und vom eigentlichen Thema abbringen. Wenn Menschen zornig werden, kümmern sie sich oft nicht um das, was sie sagen oder tun. Sie werfen mit lieblosen Worten um sich wie mit Messern, die verletzen und töten können. Sie benutzen Ausdrücke, um sich zu rächen. Solche Worte verletzen tief und können bis zum Lebensende im Gedächtnis haften bleiben.

Gemeindeleiter müssen immer daran denken, dass sie Gottes Liebe widerspiegeln, dass sie aufbauen und nicht zerstören sollen. Psalm 145,8 sagt: „*Gnädig und barmherzig ist der Herr, langsam zum Zorn und groß an Gnade.*“ Liebvolle Leiter sollen Gottes Charakter widerspiegeln und sich nicht schnell zum Zorn reizen lassen (s. 1Kor 13,5). Sie sind ruhig und geduldig. Unsere Sprache und unser Verhalten gegenüber den Menschen sollten von der Liebe durchdrungen sein. Wenn wir mit einem Bruder oder einer Schwester überhaupt nicht übereinstimmen, dann sollten wir unsere Gefühle kontrollieren, unsere Worte sorgfältig wählen und nicht polemisch werden. Denken Sie an Jakobus 1,19: „*Sei schnell zum Hören, langsam zum Reden, langsam zum Zorn!*“ Leider verhalten sich viele Christen bei einem Streit ganz anders, sie sind dann „langsam zum Hören, schnell zum Reden, schnell zum Zorn“.

Die Liebe handelt demütig

Der Grund für die meisten ungelösten Gemeindekonflikte liegt im menschlichen Stolz. Der schlimmste Stolz ist der fromme Stolz, nämlich der pharisäische Hochmut der Selbstgerechtigkeit und das Überlegenheitsgefühl.

Die Bibel sagt: „*Durch Übermut gibt es nur Zank*“ (Spr 13,10). Aus lauter Stolz und Egoismus wollte Diotrephes der Erste sein (s. 3Jo 9). Aber liebevolle Leiter sind selbstlos und blähen sich nicht auf (s. 1Kor 13,4). Sie prahlen nicht und sind nicht streitsüchtig.

Als Paulus der Gemeinde in Philippi schrieb, wies er sie an, dass sie Christi demütige Haltung einnehmen sollten: „*Habt diese Gesinnung in euch, die auch in Christus Jesus war*“ (Phil 2,5). Diese Haltung ist wichtig, um Konflikte zu entschärfen, Meinungsverschiedenheiten zu klären, anderen Menschen wirklich zuzuhören, die eigenen Fehler zu erkennen, sich gegenseitig unterzuordnen, und sich zu vergeben und zu versöhnen. Petrus drückte es folgendermaßen aus: „*Umkleidet euch mit Demut im Umgang miteinander!*“ (1Petr 5,5).

Stellen Sie sich ein Zimmer voller Klaviere vor. Wenn Sie alle mit derselben Stimmgabel stimmen würden, wären sie vollkommen aufeinander abgestimmt. Stimmen Sie jedoch alle Klaviere untereinander, so wären sie schon bald verstimmt. Das Gleiche trifft auf die Gemeinde zu. Jeder Gläubige muss seine Gesinnung an die Gesinnung Christi anpassen, und diese Gesinnung ist Demut. Ein Sprichwort sagt: „Es kommt immer auf die Gesinnung an.“ Aber für einen Christen geht es noch einen Schritt weiter: „Es kommt auf die Gesinnung Christi an.“

Die Liebe stiftet Frieden

Frieden stiften ist eine Liebestat, die der Herr Jesus Christus segnet (s. Mt 5,9). Frieden ist für die Einheit und das Wachstum aller Gemeinden notwendig. Paulus schreibt an die streitsüchtigen Christen in Rom: *„Die Liebe sei ungeheuchelt … Wenn möglich, soviel an euch ist, lebt mit allen Menschen in Frieden!“* (Röm 12,9.18). Später fügt er noch hinzu: *„So lasst uns nun dem nachstreben, was dem Frieden dient“* (Röm 14,19). Um die gläubigen Juden und Heiden zu ermutigen, untereinander Frieden zu halten, schreibt Paulus: *„Wandelt würdig der Berufung, mit der ihr berufen worden seid, mit aller Demut und Sanftmut, mit Langmut, einander in Liebe ertragend! Befleißigt euch, die Einheit des Geistes zu bewahren durch das Band des Friedens“* (Eph 4,1-3). Gemeindeleiter müssen daher energisch für Frieden und Eintracht kämpfen. Sie müssen Friedensstifter sein, keine Unruhestifter. Darum sollen die Ältesten einer Gemeinde *„kein[e] Schläger, sondern milde“* und *„nicht streitsüchtig“* sein (1Tim 3,3).

Frieden stiften ist harte Arbeit. Man braucht sehr viel Weisheit und Selbstbeherrschung und die Fähigkeit, das Wohlergehen des anderen an die erste Stelle zu setzen. Friedensstifter verleugnen sich selbst und geben sich alle Mühe, Menschen in Konfliktsituationen zu einer Lösung, zu Gerechtigkeit und Versöhnung zu verhelfen (s. Phil 4,2-3). Leider werden sie oft falsch verstanden und als Feiglinge oder als Menschen verleumdet, die den anderen alles recht machen wollen.

Wenn wir über Frieden stiften reden, meinen wir nicht Frieden um jeden Preis oder Frieden auf Kosten der Wahrheit unter dem Deckmantel der Liebe. Das ist kein echter Friede. Dennis Johnson warnt vor den Gefahren eines solchen vermeintlichen Friedens:

> *Der Friede Gottes existiert nicht friedlich neben Falschheit, Heuchelei oder Ungerechtigkeit. Deshalb können die Friedensstifter Gottes Sünde und Irrtum, die den Frieden zerstören, nicht einfach ignorieren. Genauso wenig darf ein Chirurg eine infizierte Wunde zunähen, weil sie sich sonst entzündet.*[4]

Bei vielen Gemeindekonflikten geht es gar nicht um zentrale Fragen des Evangeliums, sondern um zweitrangige Themen, persönliche Konflikte und Veränderungen der Gemeindeprogramme. Das kann und sollte von einem liebevollen sowie vom Heiligen Geist erfüllten Leiter friedlich gelöst werden. Einmal ermahnte solch ein Leiter seine Gemeinde, die untereinander zerstritten war, öffentlich: „Es ist an der Zeit, ‚Frieden zu führen'." Frieden führen ist schwer und eine aufopfernde Arbeit, aber sie muss getan werden.

Die Liebe bedeckt eine Menge von Sünden

In seiner typisch humorvollen Art sagt Howard Hendricks: „Viele von uns sind wie Stachelschweine, die sich in einer bitterkalten Nacht aneinander kuscheln, um sich gegenseitig zu wärmen. Aber je näher wir aneinander rücken, desto mehr stechen und verletzen wir uns gegenseitig." Als Geschwister „stechen und verletzen" wir uns zu keinem Zeitpunkt stärker als bei einer Auseinandersetzung. Ohne brennende Liebe könnten wir solche Verletzungen nicht überleben und die Einheit der Familie nicht aufrechterhalten. Darum schreibt Petrus: *„Vor allen Dingen aber habt untereinander eine anhaltende Liebe! Denn die Liebe bedeckt eine Menge von Sünden"* (1Petr 4,8).

Die Liebe bedeckt alle möglichen Fehltritte, Verletzungen, Beleidigungen, Enttäuschungen und Sünden, die uns andere zugefügt haben. Nur die Liebe hat die Macht, über alle Maße und immer wieder zu vergeben, die Schwächen und Nöte der Menschen zu verstehen, die Dinge ins rechte Licht zu rücken und die Fehler anderer zuzudecken. Die Liebe Jesu zu seinen Jüngern bedeckte viele ihrer Sünden. Er verstand ihre Schwächen, aber seine Liebe bedeckte sie alle, sonst hätte er nicht mit ihnen leben können.

Das bedeutet keineswegs, dass die Liebe die Sünde ignoriert oder entschuldigt. Die Liebe bedeckt eine Menge von Sünden – aber nicht alle. Manchmal muss die Liebe zum Wohl des Einzelnen und der Gemeinde die Sünde aufdecken und bestrafen. Die Liebe weiß, wann sie be- und wann sie aufdecken soll, damit die Person bereuen und wieder aufgerichtet werden kann.

Mit *„Liebe bedeckt"* meint Paulus, dass die Liebe sich nicht erbittern lässt (s. 1Kor 13,5). Wenn man immer nur klagt und an die verletzten Gefühle denkt, können Konflikte nicht gelöst werden. Die Liebe führt keine Liste mit verletzten Gefühlen und Fehltritten, sondern will vergeben. Vergebung ist eine der wichtigsten Eigenschaften der Liebe (s. Eph 4,32; Kol 3,13).

Liebevolle Leiter sind weder verbittert, noch stehen sie im ständigen Krieg mit denen, die sie verletzt oder beleidigt haben. Sie bringen den Menschen und ihren Problemen großes Verständnis entgegen. Sie vergeben und versöhnen. Sie bedecken eine Menge von Sünden.

Weil die Liebe vergibt, kann sie auch heilen. Die Schrift sagt, die Liebe überwindet das Böse mit Gutem (s. Röm 12,21).

Die Liebe kümmert sich um das Wohlergehen des schwachen Gläubigen

Von Beginn des christlichen Zeitalters an haben sich Christen über den Gebrauch ihrer Freiheit in Christus gestritten. Unter Juden- und Heidenchristen in Rom entbrannte ein Streit über Speisevorschriften und das Einhalten von Festtagen. Paulus nennt diese Dinge *„zweifelhafte Fragen"* (Röm 14,1). Damit meint er, dass es sich bei ihrer Meinungsverschiedenheit nicht um fundamentale Grundsätze handelt, sondern um zweitrangige, persönliche Ansichten. Auch heute noch streiten sich Christen über solch unwichtige Dinge.

Bei den Prinzipien, die Paulus zur Beilegung dieses Konflikts nennt, steht die Liebe an erster Stelle: *„Denn wenn dein Bruder wegen einer Speise betrübt wird, so wandelst du nicht mehr nach der Liebe. Verdirb nicht mit deiner Speise den, für den Christus gestorben ist!“* (Röm 14,15). Die Liebe „betrübt“ und „verdirbt“ andere Christen nicht wegen zweitrangiger Themen wie Essen. Die Liebe sucht nicht ihren eigenen Vorteil (s. 1Kor 13,5). Die Liebe opfert sich für das Wohlergehen eines schwachen Gläubigen auf. Die Schrift erinnert uns daran: *„Jeder von uns gefalle dem Nächsten zum Guten, zur Erbauung! Denn auch der Christus hat sich nicht selbst gefallen“* (Röm 15,2-3).

Die Liebe beschützt schwache und irregeleitete Brüder und Schwestern (s. Röm 14,15). Ein liebevoller Lebensstil verlangt von einem Gläubigen, die ihm gegebenen Freiheiten im Blick auf das geistliche Wohl des schwachen Gläubigen ernsthaft zu überprüfen. Die Liebe sagt: *„Darum, wenn eine Speise meinem Bruder Anstoß gibt, so will ich nie und nimmermehr Fleisch essen, damit ich meinem Bruder keinen Anstoß gebe“* (1Kor 8,13). Stolz und Egoismus jedoch hindern uns daran, zum Wohl des schwachen Gläubigen auf die eigenen Rechte und Freiheiten zu verzichten. Der lieblose Gebrauch der Freiheit wird sich auf andere und auf einen selbst immer zerstörend auswirken. Die biblische Antwort auf den Missbrauch der christlichen Freiheiten ist: *„Gebraucht nicht die Freiheit als Anlass für das Fleisch, sondern dient einander durch die Liebe!“* (Gal 5,13). Als Leiter und Lehrer sind wir dazu verpflichtet, jene Liebe vorzuleben, die zum Wohl des Nächsten auf die persönliche Freiheit verzichtet und nicht versucht, sich *„selbst zu gefallen“* (Röm 15,1).

Die Liebe segnet die Feinde

Jesus lehrt uns, dass es nichts Besonderes ist, die Menschen zu lieben, die auch uns lieben. Sogar diejenigen, die für die meisten

Menschen nicht viel Liebe übrig haben, lieben jene, von denen sie zurückgeliebt werden. Erst wenn wir diejenigen lieben, die uns hassen und uns feindlich gesinnt sind, haben wir eine göttliche Liebe. Diese Art der Liebe, so erklärt Jesus, macht uns dem himmlischen Vater ähnlicher:

> *Ich aber sage euch: Liebt eure Feinde, und betet für die, die euch verfolgen, damit ihr Söhne eures Vaters seid, der in den Himmeln ist! Denn er lässt seine Sonne aufgehen über Böse und Gute und lässt regnen über Gerechte und Ungerechte. Denn wenn ihr liebt, die euch lieben, welchen Lohn habt ihr? Tun nicht auch die Zöllner dasselbe? Und wenn ihr allein eure Brüder grüßt, was tut ihr Besonderes? Tun nicht auch die von den Nationen dasselbe? Ihr nun sollt vollkommen sein, wie euer himmlischer Vater vollkommen ist.* (Mt 5,44-48; siehe auch Lk 6,27-28)

Der Lehre unseres Herrn folgend schreibt Paulus:

> *Segnet, die euch verfolgen; segnet, und flucht nicht!* (Röm 12,14)

> *Wenn nun dein Feind hungert, so speise ihn; wenn ihn dürstet, so gib ihm zu trinken* [eine Liebestat]! *Denn wenn du das tust, wirst du feurige Kohlen auf sein Haupt sammeln* [durch Freundlichkeit wird die Person beschämt und ändert vielleicht ihre Gesinnung]." (Röm 12,20)

Es macht keinen Unterschied, ob die Menschen, die für Sie Hass empfinden, feindselige Ungläubige oder Gläubige sind. Sie sollen sie trotzdem segnen, für sie beten, ihnen in ihrer Not Barmherzigkeit zeigen und ihre Herzen durch Liebe und Freundlichkeit gewinnen. Jonathan Edwards erinnert uns daran, dass „die Liebe von Natur aus den guten Willen hat", dem Nächsten Gutes zu tun.[5] Dieser gute Wille schließt sogar unsere Feinde mit ein.

Die Liebe sinnt nicht auf persönliche Vergeltung oder Rache

Wenn Menschen in ihren Gefühlen verletzt worden sind, dann glauben sie, dass jedes Mittel recht ist, um sich zu rächen. Sie meinen, die Gemeinde verlassen zu können, die Gemeinde spalten, ihren Ärger unkontrolliert herauslassen und lügen zu dürfen sowie andere ausgrenzen, hassen und verleumden zu können. Ihr eigenes boshaftes Verhalten entschuldigen sie einfach mit den Worten „Ich bin eben verletzt!". Die Bibel jedoch verbietet die Vergeltung, die Wie-du-mir-so-ich-dir-Mentalität, die den Menschen so sehr plagt. Das klare Gebot lautet: *„Vergeltet niemandem Böses mit Bösem"* (Röm 12,17; s. auch 1Thes 5,15; 1Petr 3,9). Wenn man uns beleidigt, sollen wir das nicht heimzahlen; wenn wir angegriffen werden, sollen wir nicht Vergeltung üben; wenn wir kritisiert werden, sollen wir nicht verleumden; wenn wir verletzt werden, sollen wir nicht zurückschlagen.

Außerdem verbietet die Bibel persönliche, private Rache sowie das Recht, diese in die eigene Hand zu nehmen: *„Rächt euch nicht selbst, Geliebte, sondern gebt Raum dem Zorn Gottes! Denn es steht geschrieben: ‚Mein ist die Rache; ich will vergelten, spricht der Herr'"* (Röm 12,19). Es ist Gottes Vorrecht, das Böse zu bestrafen, und das wird er auch tun. Denken Sie auch daran, dass er Regierungen und Gerichte eingesetzt hat, um diejenigen zu bestrafen, die Böses tun (s. Röm 13,1-7).

Anstatt nach Vergeltung zu trachten, sollen Christen *„das Böse mit dem Guten"* überwinden (Röm 12,21). Als Leiter sollen wir Vorbilder sein und das Böse mit Güte und Vergebung überwinden und darauf vertrauen, dass Gottes Gerechtigkeit schließlich alle Dinge zurechtbringt.

Je größer die Konflikte, desto mehr Liebe braucht man

Konflikte zwischen Brüdern und Schwestern in Christus zeigen, wie tief unsere Liebe wirklich ist, da wir doch oft darin versagen, Christi

Liebe zu zeigen. Francis Schaffer, der in seinem Leben viele Konflikte zu bewältigen hatte, erinnert uns daran, was wir oft vergessen: Je schwieriger und explosiver der Konflikt unter echten Gläubigen ist, desto notwendiger ist es, mehr und nicht weniger Liebe zu zeigen:

> *Je ernster der Konflikt ist, desto wichtiger ist es, die Heiligkeit Gottes zu zeigen und zu sagen, was falsch ist. Je ernster der Streit wird, desto wichtiger ist es, dass wir auf den Heiligen Geist schauen, der uns befähigt, gegenüber den Gläubigen, mit denen wir im Konflikt stehen, wahre Liebe zu zeigen. Wenn es sich nur um einen kleinen Streit handelt, fällt es nicht schwer, Liebe zu zeigen. Je ernster der Konflikt jedoch wird, desto mehr sind wir gefordert, Gottes Heiligkeit widerzuspiegeln. Und umso wichtiger ist es, der Welt zu zeigen, dass wir uns immer noch lieben. Menschlich gesehen funktionieren wir genau andersherum: Je unbedeutender der Konflikt ist, desto größer ist die Liebe, die wir den wahren Gläubigen entgegenbringen. Wenn jedoch der Streit ernster wird, dann neigen wir dazu, weniger Liebe zu zeigen. Es sollte jedoch genau umgekehrt sein: Je ernster der Streit unter wahren Gläubigen ist, desto mehr sollten wir darauf achten, zu lieben und eine Liebe zu zeigen, die ein Zeugnis für die Welt ist.*[6]

Wir fallen immer wieder in unsere alten, fleischlichen Gewohnheiten zurück (s. Gal 5,20). Das sollte nicht passieren. Konflikte geben uns die Möglichkeit, dem Liebes-Gebot der Bibel zu gehorchen und Liebe aktiv vorzuleben. Nutzen Sie diese Gelegenheit, um in der Liebe zu wachsen, und lehren Sie auch andere, zu lieben.

Anmerkungen zu Kapitel 17

1. Benedictus de Spinoza, *A Theologico-Political Treatise and a Political Treatise*, übers. v. R. H. M. Elwes (1883; aktual. Aufl., New York: Dover, 1951), S. 6.
2. Francis Schaeffer, *The Mark of the Christian* (Downers Grove, Ill.: InterVarsiry, 1970), S. 22. [dt. *Das Kennzeichen des Christen* (Wuppertal: Brockhaus, 1973).]
3. Eph 4,26-27.30-31; Eph 5,18; Gal 5,14-16.19-26).
4. Dennis E. Johnson, „*Peacemakers*", Anhang in John M. Frame, *Evangelical Reunion* (Grand Rapids, Mich.: Baker, 1991), S. 171.
5. Jonathan Edwards, *Charity and Its Fruits* (1852; aktual. Aufl., Edinburgh: Banner of Truth, 1978), S. 196.
6. Schaeffer, *The Mark of the Christian*, S. 27.

18

Den Geboten Christi gehorchen und andere Gehorsam lehren

„Wenn ihr mich liebt,
so werdet ihr meine Gebote halten."
(Joh 14,15)

Helen Keller verlor als kleines Kind ihr ganzes Seh- und Hörvermögen. Wie sie sich aus einem unkontrollierbaren, ängstlichen und taubstummen Kind in eine intelligente und freundliche Frau verwandelte, die vierzehn Bücher schrieb und von führenden Persönlichkeiten auf der ganzen Welt respektiert wurde, erzählen ihr Buch *Die Geschichte meines Lebens* und der Film *Licht im Dunkel.*

Am Anfang schien es aussichtslos, Helen Keller, die in einer dunklen, stillen Welt lebte, das Sprechen und Disziplin zu lehren. Aber ihre Lehrerin, Anne Sullivan, wollte ihr unbedingt die Sprache beibringen. Ihre Beziehung begann mit einem Willenskrieg. Helen aß mit ihren Fingern und nahm sich Essen von den Tellern anderer Leute. Manchmal lag sie schreiend und strampelnd auf dem Boden. Als Anne versuchte, ihr Disziplin beizubringen, schlug sie schreiend um sich. Trotz dieser aussichtslosen Lage konnte Anne Sullivan sie das Sprechen lehren und ihr zeigen, was Liebe ist. In einem Brief an einen Freund offenbart Anne Sullivan das geheime „Tor", durch das sich Helen für das Wissen und für die Liebe öffnen würde:

> *Ich denke, dass ich mit diesem kleinen Mädchen noch viel kämpfen muss, bis sie lernt, dass die einzigen wichtigen Dinge, die ich ihr beibringen kann, Gehorsam und Liebe sind.*[1]

> *Schon bald wurde mir klar, dass ich für Helen nichts tun könnte, solange sie in der Familie blieb, die ihr keinen einzigen Wunsch verwehrte. Helen tyrannisierte alle … und wie alle Tyrannen hält sie zäh an ihrem angeborenen göttlichen Recht fest, alles zu tun, was ihr gefällt … Mir wurde klar, dass ich ihr weder das Sprechen noch sonst etwas beibringen könnte, solange sie nicht lernte, mir zu gehorchen. Ich habe viel darüber nachgedacht, und je mehr ich darüber nachdenke, desto fester bin ich davon überzeugt, dass Gehorsam das Tor ist, durch das Wissen, ja, und sogar Liebe die Seele des Kindes erobern können.*[2]

Anne Sullivan, eine außergewöhnlich begabte Lehrerin, erkannte, wie wichtig Gehorsam im Lernprozess ist. Sie wusste, dass Gehorsam und Liebe zusammengehören. Auch wir müssen erkennen, dass treuer Gehorsam für das geistliche Wachstum eines Christen wichtig und für eine fruchtbare christliche Leiterschaft unerlässlich ist.

Liebe und Gehorsam miteinander verbinden

Als Lehrer und Leiter der Gemeinde Gottes müssen wir verstehen, dass unser Gehorsam oder Ungehorsam viele Menschen – ja sogar Gemeinden – entweder gut oder schlecht beeinflusst. In der ganzen Heiligen Schrift stehen Gehorsam und Liebe miteinander im Zusammenhang. Schauen wir uns doch mal an, was die Bibel über diesen Zusammenhang sagt.

Gehorsam ist ein Gebot

Die Bibel befiehlt uns, Gott, unseren Nächsten, unsere Glaubensgeschwister, unsere Feinde und alle Menschen zu lieben. Das sind nicht nur Vorschläge, sondern Gebote. Daher sind wir verpflichtet, Gott und unseren Nächsten zu lieben. Johannes weist auf diese Pflicht hin, wenn er schreibt: „*Wir sind schuldig, für die Brüder das*

Leben hinzugeben" (1Jo 3,16). Alexander Ross fasst diesen Punkt gut zusammen:

> *Die Liebe ist kein Gefühl, das wir, wie es uns beliebt, hin und wieder ausdrücken können; sie ist eine Pflicht, die Gott zu allen Zeiten von uns fordert, und Kinder Gottes sollen ihrem himmlischen Vater gehorchen.*[3]

Durch Gehorsam drücken wir unsere Liebe zu Gott aus

Unsere Liebe zu Gott drücken wir am besten mit unserem Gehorsam ihm gegenüber aus. Johannes macht das deutlich: „*Denn dies ist die Liebe zu Gott, dass wir seine Gebote halten, und seine Gebote sind nicht schwer*" (1Jo 5,3). Auch im Alten Testament steht die Liebe zu Gott immer im Zusammenhang mit dem Gehorsam gegenüber seinen Geboten.[4]

Jesus Christus ist das größte Vorbild für diese wichtige Arbeit: „*… aber damit die Welt erkennt, dass ich den Vater liebe und so tue, wie mir der Vater geboten hat*" (Joh 14,31). Bruce Ware schreibt: „Jesus möchte, dass andere wissen, dass seine Liebe zum Vater durch seinen Gehorsam zum Ausdruck kommt, … den er so gern und kompromisslos leistet."[5] Jesu Gehorsam seinem Vater gegenüber war ein Gehorsam „*bis zum Tod, ja, zum Tod am Kreuz*" (Phil 2,8). Auch wir zeigen unsere Liebe zu Gott und Christus, indem wir bereit sind, vollkommen zu gehorchen. Unser Herr Jesus drückt es so aus: „*Wer meine Gebote hat und sie hält, der ist es, der mich liebt*" (Joh 14,21).

Gehorsam beweist unsere Liebe zu Gott

Johannes lehrt, dass unser Gehorsam gegenüber Gottes Wort der Beweis dafür ist, dass wir Gott kennen und lieben: „*Und hieran erkennen wir, dass wir ihn erkannt haben; wenn wir seine Gebote halten … Wer aber sein Wort hält, in dem ist wahrhaftig die Liebe Gottes* [die Liebe zu Gott] *vollendet* [sie ist genau das, was sie sein sollte]" (1Jo 2,3.5).

Unsere Liebe zu Christus zeigt sich durch unseren Gehorsam ihm gegenüber: „*Wer meine Gebote hat und sie hält, der ist es, der mich liebt*“ (Joh 14,21). Gehorsam offenbart unsere Liebe zu Gott. Ungehorsam dagegen verrät einen Mangel an Liebe: „*Wer mich nicht liebt*“, sagt Jesus „*hält meine Worte nicht*“ (Joh 14,24).

Nur im Gehorsam kann man Christus fröhlich nachfolgen

Zu seinen Jüngern sagte Jesus: „*Wenn ihr meine Gebote haltet, so werdet ihr in meiner Liebe bleiben, wie ich die Gebote meines Vaters gehalten habe und in seiner Liebe bleibe*“ (Joh 15,10). Wir können Christi Liebe nicht durch unsere Werke verdienen oder die Errettung durch unseren Gehorsam, aber der Gehorsam ist die Bedingung dafür, dass unsere Gemeinschaft mit Christus wachsen kann und wir Freude daran haben. Dieses Prinzip drückt ein altes Loblied *Trust and Obey* von John Sammis aus:

Glaube und gehorche,
denn es gibt keinen anderen Weg,
in Jesus froh zu sein,
als durch Glauben und Gehorsam.

Der ungehorsame Gläubige hingegen verliert diese Freude.

Jesus erfüllt diese biblische Wahrheit auf höchst vorbildliche Weise. Während seiner Zeit auf der Erde war er stets der gehorsame Sohn. Er freute sich und blieb in der Liebe seines Vaters, indem er dessen Geboten gehorchte (s. Joh 10,17; 14,31; 15,10). Dann ermahnt Jesus die Jünger, in seiner Liebe zu bleiben, indem sie seinen Geboten gehorchen. Bruce Ware schreibt dazu:

> *Seine Jünger sollten erkennen, dass Gehorsam und Liebe zu dem, dem man gehorsam ist, untrennbar miteinander verbunden sind – und das ist nichts Neues oder Merkwürdiges. Jesus macht klar, dass es auch zwischen ihm selbst (dem Sohn) und seinem*

Vater so war ... In der Beziehung zwischen Gott dem Vater und Gott dem Sohn sind also Liebe und Gehorsam untrennbar miteinander verbunden.[6]

Gehorsam ist eine Frucht der Liebe

Es liegt in der Natur der christlichen Liebe, den Willen Gottes zu tun. Dem Vater zu gehorchen, war für Jesus eine Freude, weil er seinen Vater liebte: „*... damit die Welt erkennt, dass ich den Vater liebe und so tue, wie mir der Vater geboten hat*" (Joh 14,31). Wenn wir Christus lieben, dann lieben wir auch seine Gebote. Wir halten seine Gebote, weil wir ihn erfreuen möchten und weil das diejenigen erfreut, die wir lieben.

Jesus sagt: „*Wenn ihr mich liebt, so werdet ihr meine Gebote halten*" (Joh 14,15). Damit meint Jesus einen Gehorsam, der bereitwillig aus dem Herzen kommt, und nicht einen erzwungenen Gehorsam ohne Freude. Die Liebe motiviert uns, zu gehorchen. Und der Heilige Geist gibt uns die Kraft, zu lieben (s. Joh 14,15-31; siehe auch 5Mo 30,6).

Christliche Leiter kümmern sich um Gehorsam

Jesus Christus und seine Apostel waren gehorsame Diener, die anderen zeigten, wie man Gott liebt und ihm gehorcht. Das Gleiche gilt auch für christliche Leiter und Lehrer heute. Wir sind damit beschäftigt, Gehorsam gegenüber Gott zu lehren und darin selbst ein Vorbild zu sein.

Andere Menschen Gehorsam lehren

Der Missionsbefehl lautet: „*Geht nun hin und macht alle Nationen zu Jüngern ... und lehrt sie alles zu bewahren, was ich euch geboten habe!*" (Mt 28,19-20). Die Menschen zu unterweisen, den Geboten Christi zu gehorchen, ist Teil des Missionsbefehls. Es genügt nicht, die Fakten über Christus zu lehren. Wir sollen lehren, ermahnen und die Jünger dazu anhalten, nach den Geboten Christi zu leben.

> *Christliche Leiter, die glauben, dass man im Glauben wächst, indem man nur das Wort Gottes besser kennenlernt, ohne sich auch daran zu halten, produzieren Gemeinden voller passiver Christen. Man kann das mit Menschen vergleichen, die zu viel essen und zu wenig Sport machen.*[7]

Unser geistlicher Dienst, egal ob zu Hause, in der Gemeinde oder in einem Bibelseminar, soll zum Ziel haben, den Gehorsam gegenüber Christus zu fördern. Manchmal übersehen wir diese Aspekte unseres Dienstes. Als ich auf der Bibelschule war, gab es Studenten, die viele Stunden im Unterricht oder im Bibelstudium verbrachten, aber sie gingen zu keinem Gottesdienst, redeten mit niemandem über ihren Glauben und übernahmen keine Aufgaben in der Gemeinde. Ihr Lebensstil unterschied sich nicht von dem eines Ungläubigen. Sie hatten Freude am Bibelstudium und fanden die Bibel theologisch gesehen interessant, aber sie wendeten das Gelernte nicht an, noch erlebten sie eine Veränderung in ihrem Leben. Das deckt sich nicht mit Jesu Vorstellung, die Menschen zu Jüngern zu machen und sie zu unterweisen. Er sagt, wir sollen hingehen und *„alle Nationen zu Jüngern"* machen, indem wir sie lehren, *„alles zu bewahren, was ich euch geboten habe"* (Mt 28,19-20).

Jesus warnte auch vor der Gefahr, ihn „Herr" zu nennen und sein Wort zu hören, aber dem Wort nicht zu gehorchen und es nicht umzusetzen (Mt 7,21-23; Lk 6,46-49; 8,21).

Gehorsam vorleben

In einer Welt, die gegen Gott rebelliert, brauchen die Menschen Vorbilder, die nach den Geboten der Bibel leben. Menschen lernen, indem sie ihre Leiter beobachten und ihnen zuhören. Immer wieder versuchen Mächte – wie Sünde, Satan, das Fleisch, die Welt und unsere eigene Faulheit – uns dazu zu verführen, dem Willen Gottes nicht zu gehorchen, doch fromme, gehorsame Vorbilder motivieren und ermutigen uns dazu, gehorsam zu sein.

Im Alten Testament waren Esra und Nehemia zwei hervorragende vorbildliche Leiter, die den Gehorsam vorlebten und lehrten. Als Esra, ein Lehrer, Priester und Schriftgelehrter aus Babylon, nach Jerusalem kam, um den im Exil Lebenden zu dienen, sah er, dass die fremden Nationen Gottes Volk dazu gebracht hatten, sich mit ihnen zu verheiraten. Diese Sünde war laut Gottes Gesetz strikt verboten (s. Esr 9,1-2; 10,18).

Wie alle verantwortungsbewussten Leiter handelte Esra sofort. Zuerst brachte er das Volk dazu, seine Sünde zu bekennen und zu bereuen (s. Esr 9,3–10,1). Dann erstellte Esra einen Plan, um ihre sündigen Entscheidungen rückgängig zu machen, und das Volk antwortete mit Gehorsam.

Esra war nicht nur ein Lehrer, sondern auch jemand, der gehorsam war und sich an die biblischen Wahrheiten hielt. Er hatte *„sein Herz darauf gerichtet, das Gesetz des Herrn zu erforschen und* ***zu tun*** *und in Israel die Ordnung und das Recht des Herrn zu lehren"* (Esr 7,10). Ohne seinen vorbildlichen Gehorsam wäre seine Lehre und Reform kraftlos gewesen. Später kam Nehemia aus Persien nach Jerusalem, um die zerfallene Mauer der Stadt wieder aufzubauen, die 140 Jahre zuvor von den Babyloniern zerstört worden war. So wie Esra musste auch Nehemia die Führer des Volkes ermahnen, dem Gesetz Gottes zu gehorchen.

Manche Führer hielten sich nicht an das alttestamentliche Gesetz gegen Wucher und beuteten die schlechte Wirtschaftslage ihres eigenen Volkes geradezu aus (s. Neh 5,7-13). Nehemia tadelte sie für ihre Gier und ging ihnen mit gutem Beispiel voran. Mit seinem eigenen Geld kaufte er die Juden zurück, die wegen ihrer Schulden versklavt worden waren. Als Statthalter von Judäa nahm er nicht sein volles Gehalt an und belastete das Volk nicht mit ungebührlichen Steuern. Aufgrund seiner Treue, Weisheit und Liebe gehorchte das Volk Gott und blühte wieder auf. Auch heute ist er für uns ein Vorbild.

Der Gehorsam oder Ungehorsam eines Leiters wirkt sich auf andere Menschen aus

Die alttestamentlichen Könige Israels zeigen deutlich, welchen Segen ein gehorsamer Leiter und welches Unglück ein ungehorsamer Führer mit sich bringt. Während der Ära der Könige Israels, die ungefähr 460 Jahre von der Ernennung von König Saul bis zur babylonischen Gefangenschaft (586 v. Chr.) dauerte, zeigt sich ein Muster, das mit einem Satz beschrieben werden kann: Wie der Hirte, so die Herde.

Ungehorsame Könige

Einige Könige Israels zeigten ganz offen ihren Ungehorsam gegenüber den Geboten Gottes. Sie opferten heidnischen Götzen, schändeten den Tempel, missachteten das Passahfest und den Sabbat, verletzten den Bund, verloren die Schriftrollen mit Gottes Geboten, lehnten Gottes Propheten ab und führten das Volk in den geistlichen Ruin und unter das göttliche Gericht. Diese Führer liebten weder ihren Herrn und Gott mit ihrem ganzen Herzen, mit ihrer ganzen Seele und mit ihrer ganzen Kraft (s. 5Mo 6,4-5), noch lehrten sie das Volk, Gott zu lieben und seine Gebote zu halten (s. 5Mo 6,7-9). Da sie Gott weder liebten noch ihm vertrauten, gehorchten sie ihm auch nicht. Stattdessen liebten und gehorchten sie den Göttern der anderen Nationen.

Wie die ungehorsamen Könige Israels bringen auch christliche Theologen und Kirchenfunktionäre den Menschen im Namen der Toleranz eine falsche Lehre und sexuelle Unmoral bei. Sie nennen das Böse gut und das Gute böse und sagen, dass ein liebevoller Gott die Menschen nicht richtet. Christliche Begriffe und Grundsätze werden von ihnen neu interpretiert, um sie den Götzen unserer säkularen Kultur anzupassen. Es ist eine Tragödie, aber die Geschichte vom Ungehorsam Israels wiederholt sich auch heute unter vielen bekennenden Christen.

Halbherzige Könige

Manche Könige wandten sich von Gott ab; andere waren nur halbherzig gehorsam und führten nur halbherzige Veränderungen ein. Sie wandten sich nur an den Herrn, wenn sie ihre eigenen Ziele verfolgten, und gingen bei der Anbetung Jahwes Kompromisse ein, indem sie die Stätten der Götzenanbetung nicht zerstörten. Am Ende hinterließen sie der Nachwelt ein schlechtes Vermächtnis, weil sie dem Volk immer mehr erlaubten, von Gott abzukommen.

Im Alten Testament ist König Saul ein anschauliches Beispiel dafür, welche Folgen Ungehorsam haben kann. Gott befahl dem König, die Stadt Amalek mit all ihren Tieren vollkommen zu vernichten. Aber Saul gehorchte nur teilweise: Er vernichtete die Stadt, aber er behielt die besten Tiere und das Beste der Beute für sich und sein Volk. Als der Prophet Samuel ihn wegen seines Ungehorsams dem Herrn gegenüber zur Rede stellte, rechtfertigte Saul seinen Ungehorsam mit der Aussage, dass die Tiere für religiöse Opfer für Gott gedacht wären. Samuels Antwort fiel heftig aus:

> *Hat der HERR so viel Lust an Brandopfern und Schlachtopfern wie daran, dass man der Stimme des HERRN gehorcht? Siehe, Gehorchen ist besser als Schlachtopfer, Aufmerken besser als das Fett der Widder. Denn Widerspenstigkeit ist eine Sünde wie Wahrsagerei, und Widerstreben ist wie Abgötterei und Götzendienst.* (1Sam 15,22-23)

Wenn wir ehrlich mit uns selbst sind, dann müssen wir zugeben, dass viele der Probleme und Konflikte in unseren Gemeinden auf einen halbherzigen Gehorsam gegenüber Gottes Wort zurückzuführen sind. Viele Auseinandersetzungen und Spaltungen innerhalb der Gemeinde resultieren aus dem Ungehorsam gegenüber den grundlegenden biblischen Verhaltensregeln: christlicher Tratsch und Verleumdung, persönliche Rachegelüste, gegenseitige Anklagen und die Weigerung, zu vergeben und sich zu versöhnen. Dieser Ungehorsam führt zu Spaltungen innerhalb der Gemeinden, zu kaputten Beziehungen und zu verbitterten, desillusionierten Gläubigen. Wir wundern uns, warum unsere Gemeinden schwach sind und Probleme haben. Der Grund ist einfach: Wir ernten, was wir säen (s. Gal 6,7-8).

Gehorsame Könige

Während viele Könige ungehorsam waren, gab es auch einige gute Könige, die den Herrn liebten und ihm voll und ganz gehorchten. König Josia, so sagt die Bibel, kehrte um zum Herrn *„mit seinem ganzen Herzen und mit seiner ganzen Seele und mit seiner ganzen Kraft nach dem ganzen Gesetz des Mose“* (2Kö 23,25). Das bedeutet nur, dass er dem Gebot gehorchte, den Herrn, seinen Gott, mit seinem ganzen Herzen, mit seiner ganzen Seele und mit seiner ganzen Kraft zu lieben (s. 5Mo 6,5).

Aus seiner aufrichtigen Liebe und seinem Gehorsam dem Herrn und seinem Wort gegenüber vernichtete Josia die Götzen Baals und verbannte die falschen Propheten, zerstörte die Götzenaltäre, reinigte die Stadt Jerusalem von allem, was Gott verunehrte, und befreite das Land von Wahrsagern und männlichen Prostituierten. Er stellte auch den Tempel wieder her, um Jahwe anzubeten, setzte die Priester wieder ein und bekam das Gesetzbuch Moses wieder. Als er die Worte des Gesetzes hörte, demütigte Josia sich und tat alles, was darin geschrieben stand (s. 2Kö 22,11.13). Er erneuerte den Bund mit Gott, leitete das Volk im Gebet, im Bekenntnis der Sünde und in der Buße, lehrte das Gesetz Gottes und setzte die jährliche Feier des Passahfestes wieder ein (s. 2Kö 22,1-23.25).

Josia liebte den Herrn, seinen Gott, mit seinem ganzen Herzen, mit seiner ganzen Seele und mit seiner ganzen Kraft. So versuchte er aufrichtig, alles zu tun, was der Herr in seinem Gesetz befohlen hatte. Dadurch wurde die ganze Nation wieder belebt und reformiert. Alle nachfolgenden Reformen und jede Wiederbelebung haben auf die gleiche Weise begonnen, nämlich mit einem Herzen, das vom Heiligen Geist bewegt wurde, das Wort des Herrn zu lieben und ihm zu gehorchen.

Leiterschaft, die sich am Gehorsam orientiert

Einer der größten Segen, die eine Gemeinde haben kann, sind Leiter und Lehrer, die den Herrn lieben und Freude daran haben, seinem Wort zu gehorchen. Es ist faszinierend, wenn man eine Gemeinde sieht, deren Leiter von ganzem Herzen der Heiligen Schrift gehorchen wollen und danach trachten, Gottes Willen zu tun und die Gemeinde so zu führen, dass es den Herrn erfreut. Solche Leiter sind bessere Leiter, weil sie viel weniger dazu neigen, ihre von Gott gegebenen Pflichten als Hirten zu vernachlässigen.

Gehorsam ist eine gewaltige motivierende Kraft. Gehorsame Leiter werden ihre Mitgläubigen aufopferungsvoll lieben und ihnen dienen, weil die Bibel sagt: „*Wir sind schuldig, für die Brüder das Leben hinzugeben*“ (1Jo 3,16). Und sie sind bereit, sündiges Verhalten zurechtzuweisen, weil die Heilige Schrift sagt: „*Überführe, weise zurecht, ermahne mit aller Langmut und Lehre!*“ (2Tim 4,2). Sie werden sich bei der Leitung viel Mühe geben, weil das Wort Gottes sagt, dass diejenigen, die leiten, dies „*mit Fleiß*“ tun sollen (Röm 12,8). Sie werden sich mit viel Einsatz um Gottes Herde kümmern, weil sie glauben, dass der Heilige Geist sie als Hirten der Herde eingesetzt hat (s. Apg 20,28). Sie werden ihre Pflichten erfüllen, weil sie gehorsame Diener sind.

Täter der Liebe

Wenn wir den Gehorsam nicht lehren und vorleben, dann werden wir auch die christliche Liebe nicht lehren und vorleben. Denn ohne Gehorsam können wir auch nicht über die Liebe sprechen. Diese kann nur wachsen, wenn sie ihre Wurzeln im Boden echten Gehorsams hat.

Die Bibel sagt: „*Seid aber Täter des Wortes und nicht allein Hörer, die sich selbst betrügen!*“ (Jak 1,22). Wenn wir Gottes Worte hören, ihnen aber nicht gehorchen, dann betrügen wir uns selbst und seine Worte haben keine Kraft, uns auf Dauer zu verändern (s. Jak 1,22-25). Es reicht nicht aus, die biblischen Aussagen über die Liebe nur zu hören. Wir müssen uns auch dazu entschließen, „*Täter des Wortes*" zu sein. Der Bibelausleger R. V. G. Tasker erinnert uns daran, dass „das Christentum eigentlich ein Leben ist, das gelebt werden muss".[8]

Es reicht nicht, die biblische Lehre über die Liebe nur zu kennen und sie zu akzeptieren. Nur jene, die hören und das Gehörte *auch tun*, sind „gesegnet", sagt Jakobus - nicht diejenigen, die in der Gemeinde sitzen und alles hören, aber es sofort wieder vergessen (s. Jak 1,25). Jakobus' Anweisung kommt direkt von unserem Herrn: „*Glückselig, die das Wort hören und befolgen!*" (Lk 11,28). „*Wenn ihr dies wisst, glückselig seid ihr, wenn ihr es tut!*" (Joh 13,17).

Anmerkungen zu Kapitel 18

1. Helen Keller, *The Story of My Life: The Restored Edition,* Hg. James Berger (New York: Modern Library, 2003), S. 223. [dt. *Mein Weg aus dem Dunkel: blind und gehörlos – das Leben einer mutigen Frau, die ihre Behinderung besiegte* (München: Droemer Knaur, 1997).]
2. Ebd., S. 223f.
3. Alexander Ross, *The Epistles of James and John,* NICNT (Grand Rapids, Mich.: Eerdmans, 1954), S. 208.
4. 2Mo 20,6; 5Mo 10,12-13; 11,1; 13,22; 19,9; 30,16.19-20. Leon Morris erklärt: „Es besteht eine beachtliche Abneigung gegen die Einstellung, dass der Gehorsam gegenüber Gottes Geboten aus der Liebe entspringt. Wir glauben lieber, dass Gehorsam wenig mit Liebe zu tun hat. Aber die Menschen des Alten Testaments waren da anderer Meinung." *Testaments of Love* (Grand Rapids, Mich.: Eerdmans, 1981), S. 58.
5. Bruce A. Ware, *Father, Son, and Holy Spirit* (Wheaton, Ill.: Crossway, 2005), S. 86.
6. Ebd., S. 86f.
7. Kenneth B. Mulholland, „*Teaching Them ... All Things: Three Dots and a Pilgrimage*", in: *Teaching Them Obedience in All Things: Equipping for the 21st Century,* Hg. Edgar J. Elliston (Pasadena, Calif.: William Carey Library, 1999), S. 10.
8. R. V. G. Tasker, *The General Epistle of James,* TNTC (Grand Rapids, Mich.: Eerdmans, 1957), S. 51.

Anhang der biblischen griechischen Wörter

Die meisten Christen kennen das griechische Wort für Liebe, *agape*, jedoch nicht die anderen Ausdrücke für Liebe im griechischen Alten und Neuen Testament. Dieser kurze Überblick soll zu einem besseren Verständnis des griechischen Wortes Liebe beitragen – und falsche Vorstellungen korrigieren.

Griechische Ausdrücke für Liebe in der Septuaginta

Das Alte Testament wurde auf Hebräisch geschrieben, mit einigen Ausnahmen auf Aramäisch.[1] Zwischen 250 v. Chr. und 150 v. Chr. wurden die hebräischen Schriften jedoch ins *Koiné*-Griechisch übersetzt. Diese griechische Übersetzung wurde *Septuaginta* genannt und oft mit der römischen Zahl LXX, 70, abgekürzt. Die Septuaginta enthält neben den göttlich inspirierten hebräischen Schriften (unserem kanonischen Alten Testament) auch die Apokryphen[2] (nicht inspirierte Bücher, aber trotzdem wichtige historische Werke).

Die Schreiber des Neuen Testaments und die ersten Christen lasen und kannten das griechische Alte Testament (die Septuaginta). Die Schreiber des Neuen Testaments zitierten immer wieder daraus. J. Julius Scott erklärt: „80 % der alttestamentlichen Zitate des Neuen Testaments wurden der Septuaginta entnommen."[3] Er sagt weiter, dass „die Septuaginta die Bibel der frühen Kirche wurde".[4]

In der Septuaginta kommt das griechische Wort für Liebe, *agapao,* 271-mal vor.[5] Also war *agapao* kein neues Wort, das von den Schreibern des Neuen Testaments erfunden wurde. Es wurde nicht nur in der Septuaginta überwiegend für Liebe benutzt, sondern auch von der griechisch sprechenden Bevölkerung im ersten Jahrhundert nach Christus.

In der Septuaginta wird *agapao* für alle möglichen Ausdrucksformen der Liebe gebraucht, einschließlich und vor allen Dingen auch für Gottes Liebe zu seinem Volk und umgekehrt. Diese Benutzung des Wortes in der Septuaginta ermöglichte den Schreibern des Neuen Testaments, Gottes Liebe, die Liebe zu Gott und die Liebe unter den Gläubigen, der Familie Gottes, auszudrücken.

Das andere vorherrschende griechische Wort für Liebe in der Septuaginta ist *phileo.* Obwohl es im klassischen Griechisch das vornehmlich gebrauchte Wort für Liebe war, wurde es nur 32-mal in der Septuaginta (geschrieben im *Koiné-* Griechisch) benutzt, und zwar meistens im Zusammenhang mit *küssen.* In einigen Fällen wurde es wechselweise mit *agapao* benutzt. In der Septuaginta wird *phileo* nie für Gottes Liebe zu seiner Gemeinde oder umgekehrt benutzt. Das Substantiv *philia* kann Liebe bedeuten, steht in der Septuaginta aber meistens für Freundschaft.

Das Substantiv für Liebe, *agape,* das uns heute wegen des häufigen Gebrauchs im Neuen Testament am geläufigsten ist, erscheint in der Septuaginta nur 19-mal. Elf Mal erscheint *agape* im Hohenlied Salomos. Nachfolgend stehen einige Beispiele für den Gebrauch von *agape* im kanonischen Alten Testament. Bei allen Stellen wird *agape* auf die sexuelle Liebe bezogen:

> *Der Hass, mit dem er* [Amnon] *sie* [Tamar] *hasste, war größer als die Liebe, mit der er sie geliebt hatte* (2Sam 13,15).
> *Er hat mich ins Weinhaus hineingeführt, und sein Zeichen über mir ist Liebe* (Hl 2,4).
> *Denn stark wie der Tod ist die Liebe* (Hl 8,6).
> *Mächtige Wasser sind nicht in der Lage, die Liebe auszulöschen … Wenn einer den ganzen Besitz seines Hauses für die Liebe geben wollte, man würde ihn nur verachten* (Hl 8,7).

In den Apokryphen wird *agape* für die Liebe zur Weisheit, die zu Gott führt, für die Liebe zu Gott und möglicherweise sogar für Gottes Liebe zu seinem Volk benutzt.

> *Wer aber nach Unterweisung trachtet, der hat die Weisheit lieb; und wer sie lieb hat, der hält ihre Gebote, wer aber die Gebote hält, dem ist unvergängliches Leben gewiss* (Weish 6,18).
> *Die auf ihn vertrauen, werden die Wahrheit erkennen, und die treu sind in der Liebe, werden bei ihm bleiben* (Weish 3,9).
> *Wohl denen, die dich gesehen haben und in Liebe zu dir entschlafen sind!* (Sir 48,11).

Das Adjektiv *agapetos,* welches das griechische Wort für „Geliebte" ist, kommt in der Septuaginta 24-mal vor; das Substantiv *agapesis,* „Liebe", 13-mal. Der Ausdruck wird im Neuen Testament nicht benutzt. Somit erscheinen die Wörter aus der *agapao*-Wortgruppe in der Septuaginta 327-mal.

Griechische Wörter für Liebe im Neuen Testament

Die griechischen Wörter *agapao, agape* und *agapetos* – die Wörter, die hauptsächlich für die christliche Liebe stehen – kommen ganze 320-mal im Neuen Testament vor. Das Verb *agapao* erscheint 143-mal. Für die Schreiber des Neuen Testaments war es ganz natürlich, diesen Ausdruck zu benutzen, da dieses Wort in der Septuaginta immer wieder mit Bezug auf Gott und auf die Religion verwendet wurde. Christi Lehre von der Liebe und seine außergewöhnliche Liebestat gaben dem Wort eine neue Bedeutung.

Vor dem zweiten und dritten Jahrhundert nach Christus erscheint das Substantiv *agape* in der griechischen außerbiblischen Literatur fast gar nicht. In der Septuaginta erscheint das Substantiv *agape* 19-mal, hauptsächlich in Bezug auf körperliche, sinnliche Liebe, und ein oder zwei Mal in Bezug auf Gottes Liebe zu seinem Volk. Im Gegensatz dazu erscheint *agape* im Neuen Testament 116-mal, am häufigsten gebraucht von Paulus (75-mal) und von Johannes (30-mal). Die ersten christlichen Schreiber entschieden sich, dieses kaum benutzte Substantiv für Liebe *(agape)* zu einem allgemeinen und häufig gebrauchten Ausdruck zu machen, der die Liebe zu Gott und Christus und die menschliche Liebe im Allgemeinen ausdrückt. Natürlich hatte diese Entscheidung etwas damit zu tun, dass das Wort *agape* eindeutig mit seinem Verb *agapao* verbunden ist und andere griechische Substantive für Liebe einfach nicht passend waren. Also benutzten die ersten Christen das Substantiv *agape* und bereicherten es mit ihrem großen Konzept der Liebe, die durch Christi Lehre und sein Kreuz zum Ausdruck kam. Das gab dem Wort seine beispiellose christliche Bedeutung.

Das griechische Adjektiv *agapetos* bedeutet „Geliebte", oder „jemand, der geliebt wird". Im Neuen Testament kommt *agapetos* 61-mal vor, 27-mal davon bei Paulus. Jesus Christus wird der *„geliebte Sohn"* genannt, und die Gläubigen sind die *„Geliebten Gottes"* (Röm 1,7). Letztere bezeichnen sich selbst häufig auch als *„Geliebte"* und drücken damit die Vertrautheit und die Liebe ihrer familiären Beziehung aus.

Außer dem Verb *agapao* gibt es noch ein anderes Verb für die Liebe, nämlich *phileo.* Es ist das am zweithäufigsten benutzte Wort für Liebe im Neuen Testament (25-mal) und wird meistens von Johannes in seinem Evangelium gebraucht. Trotz der unterschiedlichen Bedeutung der Wörter *agapao* und *phileo* – je nach Textzusammenhang – werden die Verben manchmal wechselweise und unterschiedslos gebraucht.[6] Mit *phileo* und *agapao* kann man die verschiedenen Arten der Liebe bezeichnen. Allgemein kann man sagen: *phileo* gebraucht man für „küssen", für die Liebe zwischen Freunden, für die Liebe des Vaters zu seinem Sohn (s. Joh 5,20) und für unsere Liebe zu Jesus Christus (s. 1Kor 16,22). *Agapao* hingegen ist eindeutig das vorherrschende Wort für Liebe im Neuen Testament, besonders mit dem Bezug auf Gottes Liebe, die unsere Liebe zueinander erst möglich macht.

Schließlich erscheint im Neuen Testament das griechische Wort *philadelphia*, „brüderliche Liebe", ein familiärer Ausdruck, um die Eigenschaft der Liebe auszudrücken, die alle Christen vereint.[7] Diese Liebe ist die vertraute, beständige Liebe in einer Familie. Die ersten Christen verstanden sich als eine echte Familie von Brüdern und Schwestern in Christus. Bezüglich der großen Bedeutung und Wichtigkeit dieser Art der Liebe in der Gemeinde bemerkt James Moffatt, dass „aus der Sicht Gottes keine Gemeinde eine Aussicht auf Stabilität und Fortbestand hat, wenn sie die brüderliche Liebe vernachlässigt."[8]

Anmerkungen

1. Esr 4,8–6,18; 7,12-26; Dan 2,4-7.28; Jer 10,11.
2. Die Apokryphen wurden nach dem Abschluss des Alten Testaments und vor Christi Geburt geschrieben. Sie gehören nicht zum hebräischen Kanon der Bibel. Die Hauptbücher sind: Esra (Ergänzung), Judith, Tobias, 1. – 4. Buch der Makkabäer, die Lieder Salomos, die Weisheit Salomos, Sirach, die Psalmen Salomos, das Buch Baruch, Brief des Jeremias, die Geschichte von Susanna, Bel und der Drache.
3. J. Julius Scott Jr., *Jewish Backgrounds of the New Testament* (Grand Rapids, Mich.: Baker, 1995), S. 135.
4. Ebd., S. 136.
5. Die Zahlen entstammen der Accordance Bible Software: Oak Tree Software, *https://www.accordancebible.com/oaktree-software.*
6. Siehe W. Günther und H.-G. Link, „*Love*", in: *The New International Dictionary of New Testament Theology*, Band 2, S. 538; 542.
7. Das Substantiv *philadelphia*, „brüderliche Liebe", tritt auf in Röm 12,10; 1Thes 4,9; Hebr 13,1; 1Petr 1,22; 2Petr 1,7. Das Adjektiv *philadelphos* tritt auf in 1Petr 3,8.
8. James Moffatt, *Love in the New Testament* (London: Hodder and Stoughton, 1929), S. 244.

Namensverzeichnis

Bibelstellenverzeichnis

Apostelgeschichte

Römer

1. Korinther

2. Korinther

Danksagung

Mein besonderer Dank gilt meiner Tochter und Sekretärin, Alexis Smelker. Ohne sie hätten mich die kleinen und vielen Dinge des Alltags so gefangen genommen, und dieses Buch wäre nie fertig geworden.

Ganz besonders möchte ich mich auch bei meinen Herausgeberinnen, Amanda Sorenson und Shannon Wingrove bedanken. Shannon hat dieses Buch nicht nur bearbeitet, sondern auch druckfertig gemacht und mir viele wertvolle Ratschläge gegeben. Ich kann ihr nicht genug danken.

Außerdem möchte ich mich auch bei Danny Pasquale und Cody Newcome bedanken, die viele Stunden in Bibliotheken mit der Materialsammlung beschäftigt waren und jeden Abschnitt des Buches rezensierten. Herzlichen Dank auch an Dr. David MacLeod für seine technische Hilfe und weisen Ratschläge.

Auch viele liebe Freunde lasen das Manuskript und gaben praktische Ratschläge, um dieses Buch zu verbessern. Dazu gehören auch Doug Faulkner, Paula Dodson, Jay Brady und Barbara Peek, die den letzten Entwurf des Manuskripts sorgfältig korrigierten.

Natürlich kann keine Arbeit ohne die liebevolle Unterstützung des Ehepartners getan werden. Wenn wir auf die Liebe zu sprechen kommen, dann hat sich wohl kaum jemand so aufopferungsbereit um so viele Menschen gekümmert wie meine geliebte Marilyn. *„Viele Töchter haben sich als tüchtig erwiesen, du aber übertriffst sie alle!"* (Sprüche 31,29).

Weitere Bücher von Alexander Strauch

Mit Liebe leiten – Praxis
Lernen am Beispiel von R. C. Chapman

Vorbilder für Leiter werden heute dringend gesucht. Robert Chapman – Prediger und Evangelist aus dem 19. Jahrhundert – war bekannt für seinen liebevollen Dienst. Episoden aus seinem Leben lassen ihn als Vorbild lebendig werden. Dieses Werk bildet das Praxisbuch zu „Mit Liebe leiten".

Gb., 96 S., 13,5 × 20,5 cm
Best.-Nr. 273804
ISBN 978-3-89436-804-3

Füreinander

Wie man Konflikte in der Gemeinde überwindet

Mit diesem Buch möchte Alexander Strauch zu einem besseren Verständnis der biblischen Lehre über Konflikte beitragen und gläubigen Christen helfen, nach biblischen Prinzipien auf Konflikte zu reagieren. Es geht ihm nicht um Praktiken zur Schlichtung oder Versöhnung, sondern um allgemeine und besondere Prinzipien, die den Umgang mit Konflikten betreffen und zeigen, wie wir zerstörende Verhaltensweisen und unnötige Verletzungen in der Gemeinde vermeiden können.

Gb., 208 S., 13,5 × 20,5 cm
Best.-Nr. 271866
ISBN 978-3-86353-866-8

Biblische Ältestenschaft

Ein Aufruf zu schriftgemäßer Gemeindeleitung

Dieses Buch ist ein mutiger Aufruf zum Überdenken der eigenen Gemeindestruktur und zur Rückkehr zu der schlichten neutestamentlichen Form der Gemeindeleitung nach dem Modell von Philipper 1,1: „Heilige, Aufseher und Diener“.

Gb., 384 S., 13,5 × 20,5 cm
Best.-Nr. 271904
ISBN 978-3-86353-904-7

Reißende Wölfe kommen
Habt acht auf die Herde

In seiner Abschiedsrede (Apg 20,17-38) warnt Paulus die Ältesten von Ephesus eindringlich vor der Gefahr durch falsche Lehrer. Alexander Strauch legt diesen Bibelabschnitt, der heute noch genauso aktuell und nötig ist wie damals, gründlich und praktisch aus.

Gb., 288 S., 13,5 × 20,5 cm
Best.-Nr. 271040
ISBN 978-3-86353-040-2

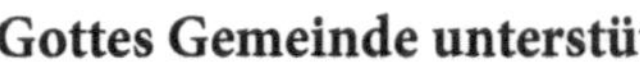

Gottes Gemeinde unterstützen
Paulus' Sicht vom Dienst des Diakons

Was lehrt die Bibel über Diakone und ihre Gemeinde-Rolle? Die Ansichten darüber variieren sehr. Strauch will Diakone und Älteste ermutigen, kritisch über ihr Reden und Tun im Licht der Bibel nachzudenken. Wer dem biblischen Modell von Gemeinde folgen will, sollte dieses Buch nicht ignorieren.

Pb., 192 S., 13,5 × 20,5 cm
Best.-Nr. 271621
ISBN 978-3-86353-621-3